Diemut Kucharz · Thomas Irion · Bernd Reinhoffer

Grundlegende Bildung ohne Brüche

Jahrbuch Grundschulforschung
Band 15

Diemut Kucharz · Thomas Irion
Bernd Reinhoffer

Grundlegende
Bildung
ohne Brüche

VS VERLAG

Bibliografische Information der Deutschen Nationalbibliothek
Die Deutsche Nationalbibliothek verzeichnet diese Publikation in der
Deutschen Nationalbibliografie; detaillierte bibliografische Daten sind im Internet über
<http://dnb.d-nb.de> abrufbar.

1. Auflage 2011

Lektorat: Dorothee Koch | Sabine Schöller

VS Verlag für Sozialwissenschaften ist eine Marke von Springer Fachmedien.
Springer Fachmedien ist Teil der Fachverlagsgruppe Springer Science+Business Media.
www.vs-verlag.de

Umschlaggestaltung: KünkelLopka Medienentwicklung, Heidelberg
Gedruckt auf säurefreiem und chlorfrei gebleichtem Papier
Printed in Germany

ISBN 978-3-531-18108-0

Inhaltsverzeichnis

**Grundlegende Bildung und Übergänge aus grundschulpädagogischer
Sicht im Rahmen von Schul- und Unterrichtsprozessen**

Grundlegende Bildung und Übergänge in fachdidaktischer Sicht

Grundlegende Bildung und Übergang zwischen Regel- und Förderschule

Grundlegende Bildung und Übergang in die Sekundarstufe

Grundlegende Bildung und Übergänge: Kompetenzen von pädagogischen Fachkräften und Lehrerbildung

Übergänge - Grundlegende Bildung ohne Brüche

Diemut Kucharz, Thomas Irion & Bernd Reinhoffer

Die 19. Grundschulforschungstagung der DGfE-Kommission Grundschulforschung mit dem Titel „Grundlegende Bildung ohne Brüche" widmete sich dem zentralen Thema der Übergänge, das derzeit sowohl in der Bildungspolitik und der breiten Öffentlichkeit, als auch in den Bildungswissenschaften engagiert diskutiert wird.

Im Fokus stehen die systembedingten Übergänge vom Kindergarten in die Grundschule, zwischen Grundschule und Förderschule und von der Grundschule in die weiterführenden Schulen bzw. in die Sekundarstufe. Neben diesen formalen Übergängen können jedoch viele weitere, häufig kleine, auch tägliche Übergänge ausgemacht werden: von der Familie in die Institution und zurück, von einer Lehrperson und Lerngruppe zur nächsten, von einem Lernraum in einen anderen, von einem Fach und einem Lernthema zum nächsten und von einer Lernform zu einer anderen, etc. Ein besonderes Problem stellen Brüche in Übergangssituationen dar, die zu einem Misslingen von Übergängen führen können und damit grundlegende Bildung erschweren. Aus diesem Grund richtet sich die Aufmerksamkeit in diesem Band vor allem auf problematische Übergänge, deren Bedingungen und auf die betroffenen Kinder und Jugendlichen: Wo finden sich in der Bildungslandschaft potentiell kritische Übergänge und wie gestalten Bildungspolitik und Institutionen diese? Welche Merkmale weisen Kinder auf, denen diese Übergänge schlecht oder nur unter Schwierigkeiten gelingen? Welche Unterstützung bekommen sie oder brauchen sie von institutioneller und pädagogischer Seite? Wie kann Unterstützung effektiv gestaltet werden?

Die Grundschule hat die Aufgabe, grundlegende Bildung zu ermöglichen. Sie sichert inhaltliche Grundlagen wie die Begegnung mit Welt und den Erwerb von Kulturtechniken. Ferner sollen Kinder offene Lernprozesse und systematisches Lernen als gewinnbringende Strategien im eigenen Bildungsprozess erfahren. Wenn Kinder Freude am Lernen empfinden und sich beim Lernen als erfolgreich und aktiv erleben können, sind gute Grundlagen für lebenslanges Lernen geschaffen. Der Tagungstitel weist mit dem Zusatz „ohne Brüche" daraufhin, dass diese grundlegenden Bildungserfahrungen durch solche Brüche gefährdet sein können. Und Brüche entstehen häufig in Übergangssituationen, wie sie oben skizziert wurden.

Andererseits bilden Übergänge wichtige Grundlagen für Lern- und Entwicklungsprozesse und können Kinder in ihrer Entwicklung stärken. Als wesentliche Bezugsgrößen dienen hier die Transitionsforschung, nach der Übergänge zum Leben gehören, für die Persönlichkeitsentwicklung von großer Bedeutung sind und die Bewältigung von Übergängen demnach als Entwicklungsaufgabe zu verstehen ist, sowie die Resilienzforschung, die sich mit den Unterstützungsfaktoren für eine erfolgreiche Bewältigung von Übergängen beschäftigt (Griebel/Niesel 2004). Diesem Thema widmet sich der Beitrag von Katja Mackowiak. In ihrem Hauptvortrag stellte sie die Frage *Übergänge – Herausforderung oder Überforderung?*, um die jeweiligen Entwicklungsbedingungen von Kindern und hilfreichen Unterstützungen von Seiten Erwachsener aufzuzeigen. Damit steckte sie den theoretischen und empirischen Rahmen des Tagungsthemas.

Die Forschung zeigt, dass ein zwar kleiner, aber dennoch deutlich bestimmbarer Teil von Kindern offenbar nicht über ausreichende Resilienz verfügt und von dergestalt negativen Brüchen bei Übergängen betroffen ist. Ihre grundlegenden Bildungserfahrungen sind dadurch teilweise nachhaltig beschädigt: das betrifft vor allem Kinder aus Familien mit Migrationserfahrung und Kinder aus so genannten bildungsfernen Familien bzw. aus sozial benachteiligten Familien (IGLU 2006; Gomolla/Radtke 2002, OECD 2001).

Seit einigen Jahren sind Forschung und Bildungspolitik mit vielfältigen Maßnahmen darum bemüht, einerseits besser zu verstehen, wie solche Brüche entstehen bzw. wodurch sie bedingt werden, und andererseits Interventionen zu erproben, die dem Misslingen erfolgreich vorbeugen.

Auf institutioneller Seite wird nach Formen der „besseren" Gestaltung des jeweiligen Übergangs gesucht. Kooperationen zwischen den beteiligten Bildungsinstitutionen und ihren Pädagoginnen sollen institutionelle Diskriminierung überwinden helfen. Immer wieder kommt das Selbstverständnis der Institutionen in den Blick. Dabei tritt immer deutlicher zu Tage, dass sich Institutionen der Frage stellen müssen, ob sie sich als monolinguale und -sprachliche oder als multikulturelle und mehrsprachige Einrichtungen sehen.

Ein großer Teil der Beiträge der Tagung beschäftigte sich mit diesem Thema. Darunter sind Einzelmaßnahmen, die an einigen Kindergruppen erprobt und evaluiert wurden, genauso wie großangelegte politisch motivierte Förderprogramme, von deren Wirksamkeit berichtet wurde. Bernhard Hauser berichtet in seinem Hauptbeitrag *Der Übergang Kindergarten – Primarschule Kommentierte Befunde aus der Schweiz* kritisch von den politischen und pädagogischen Hoffnungen, die mit dem großangelegten Modellversuch Basis- und Grundstufe in der Schweiz verbunden waren, und deren uneindeutigen und teilweise ernüchternden Evaluationsergebnissen.

Grundlegende Bildung und der Übergang Kindergarten - Grundschule

Ein Themenfeld, das schon lange im Fokus der Aufmerksamkeit steht ist der Übergang von vorschulischen Einrichtungen in die Grundschule. Viele Beiträge beschäftigen sich mit dieser Perspektive. Neben den direkten Gestaltungsmöglichkeiten eines institutionellen Wechsels durch strukturelle Veränderungen der Schuleingangsphase oder Modellen der Kooperation zwischen Erzieherinnen und Lehrerinnen geraten hier zunehmend auch gemischte Kindergruppen in den Fokus, deren Mitglieder aus verschiedenen Institutionen kommen, die aber im selben Setting betreut werden.

Mit der Frage, wie *Bildungsungleichheiten an Übergängen aus der Perspektive von Primarschullehrkräften, Eltern und Kindern* gesehen werden und entstehen, beschäftigt sich Tanja Betz und skizziert dabei die Anlage des Forschungsprojekts „educare".

Forschungsergebnisse zu verschiedenen Modellen zur Gestaltung der Schuleingangsphase werden von einer Autorengruppe berichtet und verglichen: Barbara Berthold widmet sich in der jahrgangsgemischten Schuleingangsphase der *Rekonstruktion entwicklungskritischer Kernaufgaben im Unterricht*; Dana Schmidt berichtet über die *Schuleingangsphase in Sachsen, die einen deutschen Sonderweg* darstellt und Bea Zumwald und Franziska Vogt stellen Untersuchungsergebnisse zum *Schweizer Modell der Basisstufe/Grundstufe* vor.

Eine Forschungsgruppe stellt erste Ergebnisse zum *Modellprojekt Bildungshaus 3-10* vor, in dem für Kindergarten- und Grundschulkinder institutionenübergreifend gemeinsame Bildungsangebote gemacht werden: Michaela Sambanis u.a. stellen die *wissenschaftliche Begleitung des Modellprojekts* vor, bevor Teilergebnisse berichtet werden. Petra Arndt beschäftigt sich mit den *sprachlichen und mathematisch-logischen Kompetenzen von Kindern im Bildungshaus*; Doris Drexl stellt *erste Ergebnisse zur Unterrichtsqualität im Modellprojekt „Bildungshaus 3-10"* vor; Julia Höke geht in einer *Wirkungsanalyse* der Frage nach, welche Veränderungsprozesse *auf der Ebene der Einrichtungen* stattgefunden haben und Nicole Sturmhöfel beleuchtet die sozialen und emotionalen Kompetenzen von Kindern im Bildungshaus 3-10.

Eva Gläser und Andrea Becher untersuchen *Historische Kompetenzen im Elementar- und Primarbereich* mithilfe von leitfadengestützten problemzentriert-fokussierten Befragungen von Kinder im Alter zwischen fünf und acht Jahren.

In zwei Beiträgen stellen Anna Hein, Melanie Eckerth und Petra Hanke Ergebnisse aus dem FIS-Projekt zur Bewältigung des Übergangs vom Kindergarten in die Grundschule vor: einmal aus der Kindperspektive *Analysen der sozial-emotionalen Entwicklung von Kindern im Übergang von der Kita zur Grund-*

schule am Beispiel des Selbstkonzepts der Schulfähigkeit, das andere Mal aus der Erwachsenenperspektive *die Bewältigung des Übergangs von der Kita in die Grundschule durch Kinder aus der Sicht von Erzieherinnen, Erziehern und Eltern.*

Bianca Kreid und Anna Knoke beschäftigen sich in ihrem Beitrag damit, wie *Bildung gemeinsam gestaltet* werden kann, indem die *Kooperation von Kitas und Grundschulen begleitet und unterstützt* wird. Sie berichten dabei aus Erfahrungen aus den Übergangsprogrammen der Deutschen Kinder- und Jugendstiftung.

Ulrike Beate Müller u.a. berichten aus einem weiteren Kooperationsprojekt zur *Verzahnung von Elementar- und Primarbereich (VELP.)* Sie widmen sich der Frage, inwieweit sich Erstklässler unterscheiden, die eine an der Grundschule integrierte Vorschule besucht haben, von Erstklässlern an Schulen ohne integrierte Vorschule hinsichtlich ihrer Integration in die Kindergruppe, ihres Lernverhaltens und ihrer Kompetenzstände

Kathrin Racherbäumer beleuchtet, wie *hochbegabte Kinder im Übergang vom Kindergarten in die Grundschule* gefördert werden und sieht die Umsetzung dieses Anspruchs allerdings eher als Ausnahme.

Zwei Beiträge berichten Ergebnissen aus dem TransKiGs-Projekt in NRW: Benedikt Rathmer u.a. beschäftigen sich mit *Formen und Klima der Kooperation zwischen Kindertageseinrichtung und Grundschule in der Übergangsphase vom Elementar- zum Primarbereich,* während Johanna Backhaus u.a. die *Bedingungen der Kooperation in Netzwerken im Rahmen der Gestaltung des Übergangs von der Kita zur Grundschule* beleuchten. Dazu wurden die beteiligten Akteure in einer repräsentativen Fragebogenerhebung bzw. mithilfe von Experteninterviews befragt.

Elke Reichmann beleuchtet die *Auswirkungen einer pädagogischen Gestaltung des Übergangs vom Kindergarten in die Grundschule auf die Einstellungen von Kindern,* in der Schul- und Kindergartenkinder miteinander kooperativ lernen.

Thomas Royar und Christine Streit stellen in ihrem Beitrag *Mathematik lernen im Übergang vom Kindergarten zur Grundschule: mit dem KSM-Modell Übergänge ohne Brüche gestalten* ein gemeinsam mit Akteuren des Feldes entwickeltes Konzept zur Unterstützung einer Lernbiografie ohne Brüche vor.

Christa Urech stellt den *Übergang in die Basisstufe* in der deutschsprachigen Schweiz dar. Sie zieht erste Schlüsse aus fünf best-practice Beispielen.

Der Beitrag von Evelyne Wannack und Kirsten Herger zum *Classroom Management als verbindendes Element zwischen Kindergarten und Grundschule* fokussiert Regeln und Prozeduren, um Kindern vielfältige Spiel- und Lernmöglichkeiten in einem förderlichen Spiel- und Lernklima anzubieten.

Grundlegende Bildung und Übergänge aus grundschulpädagogischer Sicht im Rahmen von Schul- und Unterrichtsprozessen

Betrachtet man aus grundschulpädagogischer Sicht eher die kleineren Übergänge innerhalb von Unterricht und Schulleben, so lassen sich verschiedene Aspekte grundlegender Bildung identifizieren.

Sarah Alexi analysiert mit der dokumentarischen Methode *Kommunikative Brüche in Gesprächen schulischer Akteure und die Herstellung generationaler Ordnung.* Am Beispiel eines Gruppeninterview zu den Selbstbestimmungsmöglichkeiten von Kindern werden generational bedingte kommunikative Brüche konstatiert.

Angela Brosch präsentiert unter *Evaluation positiver Peerkultur in der Grundschule* Ergebnisse einer Befragung von Grundschulkindern zum Klassenrat, der eine hohe Zustimmung in der Schülerschaft erfährt.

Interkulturelle Bildung gehört in einer Migrationsgesellschaft zur grundlegenden Bildung. Petra Büker erforscht *Brüche zwischen Schein und Sein- Zu den Chancen, Risiken und unbeabsichtigten Nebenwirkungen interkultureller Bildung für Grundschulkinder.* Die Ergebnisse ihres qualitativen Projektes verweisen auf Brüche zwischen Unterrichtskonformität und Authentizität.

Eisenstein et al. stellen in ihrem Beitrag *Brüche mit pädagogischem Potential?! Videogestützte Praxisbeobachtungen in der Lehrerbildung* Potentiale von Unterrichtsvideos für die Lehrerbildung dar, indem unterrichtliche Brüche medial rekonstruiert werden können.

Johanna Hochstetter und Matthea Wagener befragten Grunschulkinder, wie sie den *Klassenwechsel in jahrgangsgemischten Lerngruppen* erleben, der jährlich durch den Weggang der älteren und Neuzugang von jüngeren Kindern eine neue Klassenzusammensetzung mit sich bringt.

Ilka Hutschenreuter beleuchtet unter *"Verzieh dich oder komm rein!" – Übergänge im Grundschulalltag.* Ausgewählte Szenen zeigen, dass Übergänge zwar negativ konnotiert sein können, aber ganz selbstverständlich zum Schulalltag gehören.

Martin Pape beschäftigt sich mit der *Entscheidung von Lehrkräften zur längeren Verweildauer von Kindern in jahrgangsgemischten Klassen.* In einer explorativen Feldstudie untersuchte er das Lehrerhandeln und befragte sie zu ihren Entscheidungsgrundlagen.

Grundlegende Bildung und Übergänge in fachdidaktischer Sicht

Grundlegende Bildung ohne Brüche zeigt sich auch in fachdidaktischer Perspektive.

Iris Baumgardt erhebt Daten zu *Fußballstar, Schauspielerin oder Großkatzenforscherin - Berufliche Orientierungen in der Grundschule*, in der geschlechtsspezifische Unterschiede deutlich werden. Die Autorin hält im Hinblick auf Chancengleichheit und grundlegende Bildung eine systematische Berufsorientierung bereits ab der Grundschule für notwendig.

Es scheint unumstritten, dass die Naturwissenschaften eine Dimension von grundlegender Bildung darstellen. Simone Halder u. a. sehen in *Experimentieren im naturwissenschaftlichen Sachunterricht der Grundschule: Gespräche beim Experimentieren* als Teil der prozeduralen Scientific Literacy. Die Bedeutung von Gesprächen im naturwissenschaftlichen Sachunterricht scheint den befragten Lehrkräften bewusst zu sein, die sie nur z. T. in der Unterrichtspraxis umsetzen können. Es ergeben sich dadurch Brüche zwischen Wissen und Handeln.

Maik Herrmann und Miriam Ludwig beleuchten in ihrem Beitrag *Übergänge in der Gruppenarbeit – Betrachtung einer Schreibkonferenz aus dem DFG-Projekt KoText* Entscheidungsprozesse in einer Schreibkonferenz.

Heran-Dörr et al. beschäftigen sich mit der Frage *Modellvorstellung zum Magnetismus – in der Grundschule oder erst später?* Das Antwortverhalten in Wissenstests verdeutlicht, dass der erfolgreiche, nachhaltige Erwerb einer Modellvorstellung zum Thema „Magnetismus" sowohl für Gymnasiasten als auch für Grundschulkinder möglich ist, sofern instruktional unterstützt gelernt wird.

Astrid Kaiser und Stine Albers konstatieren in ihrem Artikel *Schulbuchaufgaben für das Fach Sachunterricht: ein Bruch zum Allgemeinbildungspostulat?* auf der Grundlage einer qualitativen Analyse einen Bruch zwischen dem Allgemeinbildungspostulat und der Gestaltung von Lernaufgaben in Sachunterrichtsschulbüchern, die sich weitgehend auf kognitive Förderung beschränken.

Die *Unterrichtsbeobachtung im Projekt PERLE* (Persönlichkeits- und Lernentwicklung von Grundschulkindern) von Miriam Lotz u. a. sucht Zusammenhänge zu weiteren Daten, z. B. zur Leistung in den Bereichen Lesen, Rechtschreiben, Schreibkompetenz, Mathematik und Kreativität oder zur Selbstkonzeptentwicklung sowie zur Motivation. Die Studie kann eine Teilantwort auf die Frage liefern, welche Bedingungen für die grundlegende Bildung in der Grundschule zentral sind und wie diese in Unterricht und Schulleben umgesetzt werden können.

Ramseger et al. betonen im Beitrag *Naturwissenschaftliche Elementarbildung zwischen Anspruch und Wirklichkeit. Ausgewählte Befunde aus „pri-*

ma®forscher" die Bedeutung einer fundierten Lehrerbildung zur Begleitung naturwissenschaftlicher Lernprozesse von Kindern.

Gudrun Schönknecht und Petra Maier beschäftigen sich mit den *Diagnose und Förderkompetenzen von Studierenden*. In einer Befragung wird ein Bruch zwischen dem weitgehend bekannten Erfordernis der individuellen Förderung und der Umsetzung dieser im Unterrichtsgeschehen deutlich.

Grundlegende Bildung und Übergang zwischen Regel- und Förderschule

Nur einmal wurde auf der Tagung der Übergang zwischen Regelschule und Förderschule thematisiert. Susanne Siebholz widmet sich in ihrem Beitrag der *Schulfindung am Übergang von der Grund- in die Sekundarschule bei Kindern in Heimen*. Die schulfindungsbezogenen Orientierungen von Kindern in Heimen typisiert sie in drei Dimensionen.

Grundlegende Bildung und Übergang in die Sek

Ein weiterer institutioneller Übergang, der von der Grundschule in die Sekundarstufe wird derzeit unter mehreren Aspekten diskutiert. Es rücken die Perspektiven der Schülerinnen und Schüler ebenso in den Blickpunkt wie die Lehrkräfte und deren Unterrichtskompetenz.

Liselotte Denner stellt in ihrem Beitrag *Übergänge: Erleben, Lernen und Verbleib in Haupt- und Realschulen* ausgewählte Ergebnisse einer längsschnittlich angelegten Untersuchung aus Sicht der beteiligten Akteure in einer ländlichen Region dar.

Frank Hellmich beleuchtet *Implizite Fähigkeitstheorien von Grundschulkindern vor dem Übergang auf die weiterführenden Schulen*. Er berichtet enge Zusammenhänge zwischen den dynamisch angelegten Fähigkeitstheorien und der Lernmotivation von Kindern.

Thilo Kleickmann fragt *Was passiert mit dem Interesse an Physik im Übergang von der Primar- in die Sekundarstufe?* Grundschüler weisen im Bereich Sachunterricht ein deutlich höheres Sach- und Fachinteresse auf als Schüler an Hauptschule oder Gymnasium im Bereich Physik.

Kim Lange u.a. suchen *Unterschiede im fachspezifisch-pädagogischen Wissen von Primar- und Sekundarschullehrkräften*. Die im PLUS-Projekt gefundenen Differenzen in den Bereichen „Transmission", „anwendungsbezogenes Lernen" und „Diskussion" könnten auf Unterschiede in den Unterrichtsstilen im Übergang hinweisen. Die Autorinnen stellen die Frage, wie es Primarschullehrkräfte schaffen, bei geringerem Fachwissen ähnlich gute Werte im PCK-Test zu erreichen wie Sekundarstufenlehrkräfte.

Thomas Wiedenhorn beschäftigt sich mit *Bildungsentscheidungen aus Sicht von Schülern, Eltern und Lehrerinnen.* Er unterscheidet in einer längsschnittlichen Untersuchung vier Verlaufsformen der Schulartwahl.

Zeinz et al. untersuchen *Effekte von Interventionsmaßnahmen zur Abfederung des Übergangs von der Grundschule in die Sekundarstufe.* Ausgangspunkt ihrer Untersuchung ist das bayrische Realschulprojekt KOMPASS – Kompetenz aus Stärke und Selbstbewusstsein.

Grundlegende Bildung und Übergänge: Kompetenzen von pädagogischen Fachkräften und Lehrerbildung

Einigkeit besteht darin, dass die mit Übergängen befassten Pädagogen Kindern frühzeitig die notwendige Unterstützung geben sollten, damit diese in den Übergängen nicht scheitern. Auf Pädagogenseite stellt sich in der Folge die Frage nach den erforderlichen diagnostischen und Förderkompetenzen und geeigneten Fortbildungskonzepten.

In ihrem Beitrag *Studierende im Übergang: Zwischen der Konstruktion hilfebedürftiger Migrantenkinder und der Reflexion eigener Konstruktionsprozesse* berichten Patricia Baquero Torres und Heike de Boer von einem Projekt, in dem Studierende Lebenswelt, Familie und Alltag von Migrantenkindern kennen lernen und Einblicke in kulturelle Zusammenhänge gewinnen konnten.

Mit der diagnostischen Kompetenz von Erzieherinnen beschäftigt sich der Beitrag von Sonja Dollinger und Angelika Speck-Hamdan zur *Einschätzung schulrelevanter Kompetenzen durch Erzieher/innen*

Katja Gramelt stellt in *Reflexion als Schlüsselkompetenz für den Umgang mit Vielfalt – Fortbildungen zur vorteilsbewussten Bildung und Erziehung nach dem Anti-Bias Ansatz* Ergebnisse einer explorativ-qualitativen Studie über Fortbildungen zur vorurteilsbewussten Bildung und Erziehung vor.

Der Beitrag von Christa Kieferle und Anja Seifert fokussiert die Kompetenzen und Einstellungen von Pädagoginnen zum Thema *Mehrsprachigkeit im Übergang vom Elementar- zum Primarbereich*: Sie berichten dabei aus dem europäischen Projekt „Transitions and Mulitlingualism, das Erkenntnisse für bedarfsgerechte Fortbildungsangebote generieren will.

Ingrid Ober untersucht bei Lehrkräften deren *Diagnose- und Förderkompetenzen im Schriftspracherwerb als wichtige Voraussetzung zur Erleichterung des Übergangs vom Kindergarten in die Schule.* Sie evaluiert dazu drei verschiedene Fortbildungskonzepte hinsichtlich ihrer Wirksamkeit.

Auch Astrid Rank analysiert in ihrem Beitrag *Lehrerfortbildung zur Förderdiagnostik im Schriftspracherwerb – eine Maßnahme zu einer „Bildung ohne Brüche"?* die Potentiale von Lehrerfortbildungen mit situierten Teilelementen.

Silke Willmann untersucht die *domänenspezifische Professionalität von Lehrpersonen im Rahmen der Schuleingangsphase am Beispiel des Faches Kunst,* das fast ausschließlich von Klassenlehrerinnen fachfremd unterrichtet wird.

Auch Lehrkräfte erleben Übergänge. Veronika Fain (geb. Blaschke) u.a. untersuchen im *Forschungsprojekt ALPHA Lehrerinnen und Lehrer im ersten Jahr ihres Berufseinstiegs* und erfassen deren professionelle Kompetenzentwicklung im Übergang vom Studium in die Berufsphase.

Als Fazit der Darstellungen kann konstatiert werden, dass es kleinere Teilerfolge gibt, aber der große Durchbruch noch nicht zu erkennen ist. So bleibt immer noch weitgehend unklar, wie vor allem nicht privilegierte Kinder von nachhaltigen Brüchen in ihrer Bildungsbiographie verschont bleiben können. Das Thema der Gestaltung von Übergängen unter der Ermöglichung einer grundlegenden Bildung ohne Brüche ist offensichtlich weder theoretisch erschöpfend bearbeitet, noch empirisch ausreichend erforscht.

Literatur

Gomolla, M. & Radtke, F.-O. (2002). Institutionelle Diskriminierung. Die Herstellung ethnischer Differenz in der Schule. Opladen: Leske + Budrich.

Griebel, W./Niesel, R. (2004): Transitionen. Fähigkeit von Kindern in Tageseinrichtungen fördern, Veränderungen erfolgreich zu bewältigen. Weinheim: Beltz.

IGLU 2006: Bos, W., Hornberg, S., Arnold, K.-H., Faust, G., Fried, L., Lankes, E.-M., Schwippert, K. & Valtin, R. (Hrsg.) (2007): IGLU 2006. Lesekompetenzen von Grundschulkindern in Deutschland im internationalen Vergleich. Münster: Waxmann.

OECD (2001): Starting Strong: Early Childhood Education and Care. OECD. Paris

Danksagung

Ganz herzlich möchten wir an dieser Stelle allen denen danken, die zur Erstellung dieses Tagungsbandes beigetragen haben: den zahlreichen Autorinnen und Autoren, die sich auf die knappe Darstellung ihre vielfältigen Projekte eingelassen haben sowie der DGfE für die finanzielle Unterstützung der Publikation; ganz besonderer Dank geht aber an diejenigen, die für die Fertigstellung des Manuskriptes sorgten: allen voran Katja Wagner, aber auch Christine Behr. Auf ihre zuverlässige und kompetente Unterstützung hätten wir nicht verzichten können!

Übergänge - Herausforderung oder Überforderung?

Katja Mackowiak

Übergänge im Entwicklungsverlauf

Im Laufe ihrer Entwicklung werden Kinder und Jugendliche (aber auch Erwachsene) mit einer Reihe von Übergängen konfrontiert: der Übergang von der Familie in die Krippe und/oder in den Kindergarten, der Übergang vom Kindergarten in die Grundschule und von dort in die weiterführende Schule, der Übergang von der Schule in die Ausbildung oder das Studium. Diese Übergänge werden in der Literatur sehr unterschiedlich konnotiert. Eher neutral werden sie als normative Veränderungen, Transitionen (Beelmann 2006; Griebel/Niesel o.J., 2004, 2006), ökologische Übergänge (Bronfenbrenner 1981) oder Entwicklungsaufgaben (Havighurst 1953) diskutiert. Umschreibungen wie stressreiche Phase (Lazarus 1995; Beelmann 2006), kritisches Lebensereignis (Filipp 1995), Krise oder gar Risikofaktor (Beelmann 2006) lösen dagegen eher negative Assoziationen aus. Optimistischer klingen Übergänge, wenn sie als Entwicklungs- und Lernchance interpretiert werden (Griebel/Niesel 2004). Einig sind sich die Autoren aber, dass alle Arten von Übergängen vielfältige Anpassungsleistungen erfordern, und zwar nicht nur für die Betroffenen, sondern für alle an diesem Prozess Beteiligten.

Entsprechend bezieht Wörz (2004) Übergänge oder besser Transitionen auf Lebensereignisse,

> „die eine Bewältigung von Veränderungen auf mehreren definierten Ebenen erfordern – der individuellen, interaktionalen und kontextuellen – und in der Auseinandersetzung des einzelnen und seines sozialen Systems mit gesellschaftlichen Anforderungen Entwicklung stimulieren und als bedeutsame biografische Erfahrungen in der Identitätsentwicklung ihren Niederschlag finden" (Wörz 2004, 36).

Der Übergang vom Kindergarten in die Schule hat in der (frühpädagogischen) Forschung ganz besonderes Interesse erlangt. Griebel und Niesel (2004; Griebel 2010) haben die Veränderungen auf den drei o.a. Ebenen für diesen Übergang beschrieben.

Individuelle Ebene

Kinder erleben beim Übergang vom Kindergarten in die Grundschule eine Veränderung ihrer Identität; sie werden zum Schulkind, eine Rolle, die mit neuen Aufgaben und Anforderungen, aber auch mit mehr Kompetenzen verbunden ist. Dieser Wechsel ist in der Regel mit starken positiven (z.B. Vorfreude, Neugier, Stolz) und/oder negativen (z.B. Unsicherheit, Angst) Emotionen verbunden, die zu bewältigen sind. Durch den Erwerb von Fähigkeiten und neuen Verhaltensweisen nimmt das Ausmaß an Autonomie zu, was sich auch auf die zweite Ebene auswirkt.

Interaktionale Ebene

Der Eintritt in die Schule ist mit dem Aufbau neuer Beziehungen zu Lehrer/innen und Mitschüler/innen verbunden. Soziale Kontakte müssen geknüpft und gestaltet werden, was vielfältige soziale Kompetenzen (z.B. Gestaltung von Gesprächen und Interaktionen, Kooperation mit anderen, Konfliktlösefähigkeiten) voraussetzt. Andererseits verliert das Kind auch wichtige Bezugspersonen wie Erzieher/innen und Freunde aus dem Kindergarten. Häufig verändern sich auch die Beziehungen in der Familie, Tagesabläufe müssen neu strukturiert, neue Aufgaben (z.B. Gestaltung der Hausaufgabensituation) bewältigt werden. Die Rolle des Kindes als Schulkind ist mit bestimmten Erwartungen auf Seiten der Eltern und Lehrer/innen verbunden, welche das Kind erst mit der Zeit zu erfüllen lernt.

Kontextuelle Ebene

In dieser Phase sind Kinder besonders gefordert, verschiedene Lebenskontexte (Familie, Schule, Freizeit) miteinander zu vereinbaren und sich situationsangemessen zu verhalten. Während es im Kindergarten viele Freiräume für eine eigene Gestaltung des Tagesablaufs gibt, ist der Schulalltag sehr viel stärker strukturiert: durch den Lehrplan, durch einen 45 Minuten Takt, durch die Fächeraufteilung und den damit verbundenen Wechsel von Lehrer/innen sowie durch bestimmte Regeln (z.B. Sitzenbleiben während des Unterrichts, sich Melden, um etwas zu sagen). Möglicherweise kommen noch weitere Veränderungen hinzu (z.B. die Rückkehr eines Elternteils in den Beruf), die weitere Veränderungen mit sich bringen (Griebel/Niesel 2004; Griebel 2010).

Die genannten Entwicklungsaufgaben erfordern vielfältige Anpassungsleistungen; je nach Passung mit den kindlichen Kompetenzen können diese mehr oder weniger gut bewältigt werden. Bedeutsam sind hierbei die individuellen Entwicklungsbedingungen des jeweiligen Kindes sowie seine Vorerfahrungen in Familie und Kindergarten (Margetts 2003; Beelmann 2006). Die Bewältigung des Übergangs muss somit immer vor dem Hintergrund der bisherigen Entwicklung und des jeweiligen sozialen Kontextes gesehen werden. Nach Griebel und Niesel haben Übergänge in der Regel massive Lernprozesse zur Folge und gehen mit deutlichen Entwicklungsfortschritten einher; sie betonen damit den positiven Charakter dieser Lebensphase (Griebel 2004; Griebel/Niesel 2004).

Resilienz als zentrale Kompetenz bei Übergängen

Wann kann ein Übergang als gelungen interpretiert werden? Zeigen Kinder zu Beginn einer Übergangsphase Anpassungsprobleme in Form von Verhaltensauffälligkeiten und/oder emotionale Reaktionen, so kann dies noch nicht als eindeutiger Indikator für ein Misslingen des Übergangs gewertet werden. Vielmehr können dies Bewältigungsversuche des Kindes sein, die allerdings nicht funktional sind. Auch die Dauer der Bewältigungsbemühungen liefert keinen Anhaltspunkt für eine erfolgreiche Anpassung. Kinder zeigen hier in den verschiedenen oben genannten Bereichen ein unterschiedliches Tempo in ihrer Anpassung. Das Gelingen kann daher nur längerfristig bewertet werden: Zeigt das Kind im Verlauf des Übergangsprozesses längerfristig entwicklungsangemessene Verhaltensweisen (emotional, psychisch, physisch, sozial und kognitiv), fühlt es sich wohl im neuen Lebenskontext, kann es die gestellten Anforderungen bewältigen sowie die Lern- und Bildungsangebote optimal nutzen, dann ist von einem gelungenen Übergang auszugehen.

Bei der Frage, wer für das Gelingen eines Übergangs (z.B. vom Kindergarten in die Grundschule) „verantwortlich" gemacht werden kann, sind zwei Perspektiven möglich. Richtet sich der Blick eher auf die Umwelt, so steht die Gestaltung des Übergangs im Mittelpunkt: Wie können Kinder beim Übergang unterstützt und entlastet werden, um Brüche zu vermeiden und Entwicklungsbeeinträchtigungen zu verhindern? Die Kooperation zwischen den verschiedenen Lebenskontexten (z.B. Familie, Kindergarten und Schule) ist hier eine wesentliche Konsequenz, die vielfach diskutiert wird (vgl. Reichmann 2010). Auf der anderen Seite steht das Kind, das den Übergang als Entwicklungsaufgabe zu bewältigen hat und dabei eine aktive Rolle einnimmt. In diesem Zusammenhang kommt in der neueren Forschung das Konzept der Resilienz zum Tragen.

Resilienz (Stressresistenz, Widerstandsfähigkeit, psychische Robustheit) ist nach Wustmann (2004) die Fähigkeit, mit Belastungen umzugehen und Bewältigungskompetenzen zu entwickeln. Diese sollte sich auch und vor allem unter akuten Stressbedingungen (wie z.B. bei der Einschulung) zeigen. Resilienz ist aber kein angeborenes Persönlichkeitsmerkmal, sondern eine Kompetenz, die in der Interaktion mit der Umwelt erworben wird. Herausforderungen werden dabei als notwendig angesehen, um diesen Entwicklungsprozess anzuregen.

In der Literatur werden eine Vielzahl von Resilienzfaktoren diskutiert, unter anderem kindliche Temperamentsmerkmale, soziale und Problemlösekompetenzen sowie Selbstwirksamkeitsüberzeugungen und eine optimistische Lebenseinstellung (zusammenfassend Wustmann 2004). Die Fähigkeit zur Selbstregulation sowie ein aktives und flexibles Bewältigungsverhalten spielen dabei eine ganz besondere Rolle, da Übergänge genau diese Fähigkeiten in hohem Maße erfordern. Studien zeigen zudem, dass funktionale Selbstregulationsstrategien (z.b. problemfokussiertes Coping) mit erhöhtem Wohlbefinden (z.b. Markstrom et al. 2000), dysfunktionale Regulationsstrategien (z.b. Vermeidung und kognitive Verzerrung) dagegen mit geringerem Wohlbefinden und der Entwicklung psychischer Störungen einhergehen (z.b. Seiffge-Krenke/Klessinger 2000; Garnefski et al. 2001, 2002; Grob/Smolenski 2005).

Im Folgenden werden die Ergebnisse einer eigenen Untersuchung präsentiert, anhand derer die Bedeutung der kindlichen Selbstregulation für die erfolgreiche Bewältigung des Übergangs vom Kindergarten in die Schule exemplarisch verdeutlicht werden kann.

Studie zum Thema Ängstlichkeit und Selbstregulation von Kindern im Kindergarten und in der Grundschule

Ausgangspunkt der Überlegungen war das Ergebnis einer Befragung im Rahmen eines Forschungsprojekts zum Thema „Ängstlichkeit, Selbstregulation und Entwicklung kognitiver Kompetenzen" (Mackowiak 2007; Mackowiak/Lengning 2008). Es wurden über 1000 Kindergarten- und Grundschulkinder unter anderem zu ihren Ängsten im Alltag sowie ihren Bewältigungsstrategien im Umgang mit ihrer Angst (Regulation) befragt. Zu insgesamt 26 potenziell angstauslösenden Alltagssituationen sollten die Kinder zum einen ihre Angst einschätzen (subjektives Erleben) und zum anderen angeben, was sie in einer solchen Situation tun würden (Regulation/Bewältigung).

In einem ersten Analyseschritt wurde das Ausmaß an Ängsten von Jungen und Mädchen im Vorschul- und Grundschulalter ermittelt; dazu wurde ein Angstsummenwert pro Kind berechnet. Die statistische Analyse (mittels zweifaktorieller Varianzanalyse) erbrachte neben einem Geschlechtseffekt (Jungen erzielten geringere Angstsummenwerte als Mädchen; $F_{(1;1041)}=27.246$; $p<0.0001$) einen signifikanten Altergruppeneffekt (ANOVA: $F_{(5;1041)}=8.227$; $p<0.0001$; vgl. Abb. 1). Grundschulkinder (insbesondere in Klasse 1 und 2) erzielten im Vergleich zu Kindergartenkindern höhere Angstwerte, was als Hinweis auf eine Verunsicherung im Übergang vom Kindergarten in die Schule gewertet werden kann.

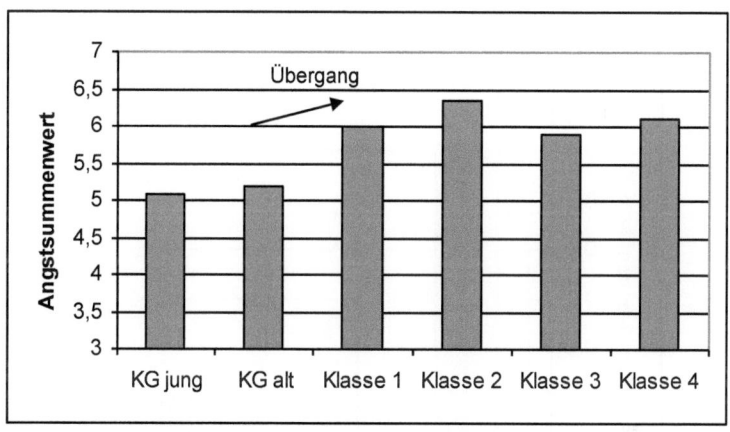

Abbildung 1:   Angstsummenwert (Selbsteinschätzung) bei Kindern im Kindergarten (KG) und in der Grundschule (Klasse 1 bis 4)

Zu klären war nun in einem zweiten Auswertungsschritt, wie Kinder mit dieser Verunsicherung umgehen bzw. ob die Grundschüler/innen aufgrund der höheren Angstwerte auch in ihren Regulationsstrategien eingeschränkt sind. Hierzu wurden die bevorzugten Regulationsstrategien der Kinder (mittels multivariater Varianzanalysen) analysiert. Drei Regulationsstile wurden ermittelt: Der Regulationsstil „Problemorientierung" beinhaltet aktive und selbstständige (funktionale) Bewältigungsstrategien. Die „Problemvermeidung" umfasst dysfunktionale Bewältigungsstrategien, welche Schwierigkeiten bei der Regulation indizieren. Mit der „Sozialen Unterstützungssuche" sind Bewältigungsansätze zusammengefasst, die eine Unterstützung durch andere vorsehen.

Die Ergebnisse zeigen zunächst, dass bei allen Kindern die problemlösungsorientierten, d.h. funktionalen Strategien im Durchschnitt überwiegen. Problemvermeidende Strategien werden am zweihäufigsten genannt. Die Suche an sozialer Unterstützung wird vergleichsweise selten als Regulationsstrategie gewählt. Neben einem Geschlechtseffekt (F (3;537)=6.998; p<0.0001; Mädchen wählen seltener problemlösungsorientierte Strategien und mehr Strategien der sozialen Unterstützungssuche als Jungen), der in der Literatur häufiger zu finden ist (vgl. etwa Lohaus et al. 1996, Seiffge-Krenke 1998), ist zudem ein Haupteffekt für die Altersgruppe zu verzeichnen (F (6;1076)=19.991; p<0.0001): Kindergartenkinder nennen seltener problemlösungsorientierte Strategien und häufiger vermeidende Strategien als Schulkinder. In der Bewältigung von Angstsituationen mittels sozialer Unterstützung unterscheiden sich die Altersgruppen nicht (vgl. Abb. 2).

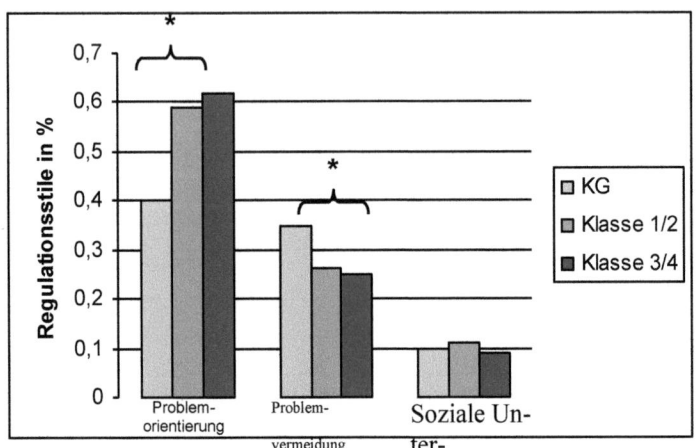

Abbildung 2: Regulationsstile bei Kindern im Kindergarten (KG) und in der Grundschule (Klasse 1 bis 4)

Wie lassen sich diese Ergebnisse interpretieren? Obwohl Kinder im Übergang vom Kindergarten zur Schule eine höhere Ängstlichkeit äußern, die für eine Verunsicherung in dieser Lebensphase sprechen könnte, nutzen Grundschüler dennoch mehr adaptive Regulationsstrategien als Kindergartenkinder. Dies spricht dafür, dass Übergänge zwar massive Anforderungen stellen, die auch mit negativen Emotionen verbunden sein können (vgl. Beelmann 2004); diese Anforderungen müssen aber nicht automatisch auch die kindliche Selbstregulation beeinträchtigen, sondern können durchaus mit einer Verbesserung der Bewältigungskompetenzen einhergehen. Längsschnittstudien müssen hier aber zunächst noch weitere Belege auf diese Hypothese liefern.

Im Rahmen des Forschungsprojekts wurden noch weitere Analysen zum Einfluss der Ängstlichkeit und Selbstregulation auf die Leistungen von Kindern durchgeführt. Hintergrund dieser Fragestellung liefern Befunde von Schellhas (1993), der nachweisen konnte, dass Grundschüler/innen mit stabil hoher Ängstlichkeit deutliche Beeinträchtigungen in ihren schulischen Leistungen zeigen.

In der vorliegenden Studie sollte daher auch geklärt werden, ob hohe Ängstlichkeit bei Kindern tatsächlich mit schlechteren Leistungen einhergeht oder ob nicht vielmehr die kindliche Selbstregulation, also die Fähigkeit, mit schwierigen

26

Situationen und/oder negativen Emotionen umzugehen, diesen Zusammenhang moderiert.

Die Ergebnisse der statistischen Analysen konnten diese Hypothese stärken: Nicht das Ausmaß der Ängstlichkeit ist entscheidend dafür, welche Leistungen Kinder in einer Situation erbringen, sondern es kommt vielmehr darauf an, welche Bewältigungsstrategien Kinder entwickeln, um mit ihren Emotionen in einer kritischen Situation umzugehen und diese zu meistern (vgl. Mackowiak 2007).

Schlussfolgerungen

Welche Schlussfolgerungen lassen sich aus den Befunden ziehen? Da jede Art von Übergang eine Vielzahl von Anpassungsleistungen erfordert und sehr unterschiedlich, entweder als Krise/Belastung oder als Herausforderung, erlebt werden kann, erscheint es aus einer entwicklungspsychologischen Perspektive vor allem wichtig, die kindliche Selbstregulation kontinuierlich zu fordern und zu fördern. Auf diese Weise sollen Kinder in die Lage versetzt werden, ein breites Repertoire von Regulationsstrategien zu entwickeln, welches sie flexibel und situationsangemessen nutzen können, um auf diese Weise den vielfältigen Anforderungen im Verlauf von Übergängen gerecht zu werden.

Eltern, Erzieher/innen und Lehrer/innen haben dabei die Aufgabe, Kinder in ihrer Selbstregulation zu unterstützen. Dies hat zur Folge, dass die Bemühungen nicht so sehr bzw. allein darauf gerichtet werden sollten, Übergänge möglichst sanft und reibungslos zu gestalten. Vielmehr sollte die Förderung der Selbstregulation einen zentralen Stellenwert in der Erziehung und pädagogischen Arbeit einnehmen. Eine solche Förderung kann nicht kurzfristig (z.B. kurz vor der Einschulung) gelingen; sie zeigt sich vielmehr in einer Haltung gegenüber dem Kind und kann sowohl in der Beziehungsgestaltung als auch in der Anregung und Unterstützung von kindlichen Lern- und Bildungsprozessen realisiert werden. Entsprechend fordern viele Autoren den Beginn einer solchen Förderung von Selbstregulations- und Selbstbildungsprozessen bereits sehr früh, nämlich schon im Kindergarten (Schäfer 1995; Fthenakis 2003) und auch in der Familie (Holodynski 1999; Papoušek/Schieche/Wurmser 2004); sie muss aber auch in der Schule weiter fortgesetzt werden.

Literatur

Beelmann, A. (2004): Abflachung sozial-ökologischer Übergänge: Vom Kindergarten in die Schule. In: Lauth, G. W./Grünke, M./Brunstein, J. C. (Hrsg.): Interventionen bei

27

Lernstörungen: Förderung, Training und Therapie in der Praxis. Göttingen: Hogrefe, 432-445.

Beelmann, W. (2006): Normative Übergänge im Kindesalter. Anpassungsprozesse beim Eintritt in den Kindergarten, in die Grundschule und in die weiterführende Schule. Hamburg: Kovac.

Bronfenbrenner, U. (1981): Die Ökologie der menschlichen Entwicklung. Natürliche und geplante Experimente. Stuttgart: Klett.

Filipp, S.-H. (Hrsg.) (1995): Kritische Lebensereignisse. Weinheim: Beltz Psychologie Verlags Union.

Fthenakis, W. E. (2003: Zur Neukonzeptualisierung von Bildung in der frühen Kindheit. In: Fthenakis, W. E. (Hrsg.): Elementarpädagogik nach PISA. Wie aus Kindertagesstätten Bildungseinrichtungen werden können. Freiburg: Herder, 18-37.

Garnefski, N./Kraaij, V./Spinhoven, Ph. (2001): Negative life events, cognitive emotion regulation and emotional problems. In: Personality and Individual Differences, 30, 1311-1327.

Garnefski, N./Legerstee, J./Kraaij, V./van den Kommer, T./Teerds, J. (2002): Cognitive coping strategies and symptoms of depression and anxiety: a comparison between adolescents and adults. In: Journal of Adolescence, 25, 603-611.

Griebel, W. (2004): Übergangsbewältigung aus psychologischer Sicht. In: Schumacher, E. (Hrsg.): ,Übergänge' in Bildung und Ausbildung - pädagogische, subjektive und gesellschaftliche Relevanzen. Bad Heilbrunn: Klinkhardt, 25-45.

Griebel, W. (2010): Übergänge zwischen Familie und Bildungssystem als Herausforderung für die Familienbildung. URL: www.familienhandbuch.de [Datum: 18.09.2010].

Griebel, W./Niesel, R. (2004): Transitionen. Fähigkeit von Kindern in Tageseinrichtungen fördern, Veränderungen erfolgreich zu bewältigen. Weinheim und Basel: Beltz.

Griebel, W./Niesel, R. (o.J.): Die Bewältigung von Übergängen zwischen Familie und Bildungseinrichtungen als Co-Konstruktion aller Beteiligten. URL: www.kindergartenpaedagogik.de [Datum: 18.09.2010].

Griebel W./Niesel, R. (2006): Transitionen zwischen Familie und Bildungseinrichtungen. Der Übergang vom Schulkind und zu Eltern eines Schulkindes. In: Grundschulunterricht, Jg. 53, H. 5, 7–11.

Grob, A./Smolenski, C. (2005): Fragebogen zur Erhebung der Emotionsregulation bei Kindern und Jugendlichen (FEEl-KJ). Bern: Huber.

Havighurst, R. J. (1953): Human development and education. New York: Longmans & Green.

Holodynski, M. (1999): Handlungsregulation und Emotionsdifferenzierung. In: Friedlmeier, W./Holodynski, M. (Hrsg.): Emotionale Entwicklung. Heidelberg: Spektrum-Verlag, 1-28.

Lazarus, R. S. (1995): Streß und Streßbewältigung – ein Paradigma. In: Filipp, S.-H. (Hrsg.): Kritische Lebensereignisse. Weinheim: Beltz Psychologie Verlags Union, 198-323.

Lohaus, A./Fleer, B./Freytag, P./Klein-Heßling, J. (1996): Fragebogen zur Erhebung von Stresserleben und Stressbewältigung im Kindesalter (SSK). Göttingen: Hogrefe.

Mackowiak, K. (2007): Ängstlichkeit, Angstbewältigung und Fähigkeiten einer „theory of mind" im Vorschul- und Grundschulalter: Zusammenhänge zwischen motivationaler und kognitiver Entwicklung. Hamburg: Dr. Kovač.

Mackowiak, K./Lengning, A. (2008): Das Bochumer Angstverfahren für Kinder im Vorschul- und Grundschulalter (BAV 3-11). In: Fröhlich-Gildhoff, K./Nentwig-Gesemann, I./Haderlein, R. (Hrsg.): Forschung in der Frühpädagogik, Bd. 1 Freiburg: Verlag FEL (Forschung, Entwicklung, Lehre), 91-116.

Margetts, K. (2003): Children bring more to school than their backpacks: Starting school down under. In: European Early Childhood Education research Monograph No.1, „Transitions", 5-14.

Markstrom C. A./Marshall S. K./Tryon R. J. (2000): Resiliency, social support, and coping in rural low-income Appalachian adolescents from two racial groups. In: Journal of Adolescence, 23, 693-703.

Papoušek, M./Schieche, M./Wurmser, H. (Hrsg.) (2004): Regulationsstörungen der frühen Kindheit. Frühe Risiken und Hilfen im Entwicklungskontext der Eltern-Kind-Beziehungen. Bern: Huber.

Reichmann, E. (2010): Übergänge vom Kindergarten in die Grundschule unter Berücksichtigung kooperativer Lernformen. Baltmannsweiler: Schneider Verlag.

Schäfer, G. E. (1995): Bildungsprozesse im Kindesalter. Selbstbildung, Erfahrung und Lernen in der frühen Kindheit. Weinheim: Beltz.

Schellhas, B. (1993): Die Entwicklung der Ängstlichkeit in Kindheit und Jugend. (Studien und Berichte, 55). Berlin: Ed Sigma.

Seiffge-Krenke, I. (1998): Social support and coping style as risk and protective factors. In: Seiffge-Krenke, I. (Ed.): Adolescents' health: A developmental perspective (pp. 124-150). Mahwah, NY: Lawrence Erlbaum Associates.

Seiffge-Krenke, I./Klessinger, N. (2000): Long-term effects of avoidant coping on adolescents' depressive symptomps. In: Journal of Youth and Adolescence, 29, 617 -630.

Wörz, T. (2004): Die Entwicklung der Transitionsforschung. In: Griebel, W./Niesel, R. (mit Beiträgen von T. Wörz und U. Meiser) (Hrsg): Transitionen. Fähigkeit von Kindern in Tageseinrichtungen fördern, Veränderungen erfolgreich zu bewältigen. Weinheim und Basel: Beltz, 22-41.

Wustmann, C. (2004): Resilienz. Widerstandsfähigkeit von Kindern in Tageseinrichtungen fördern. Weinheim: Beltz.

Der Übergang Kindergarten - Primarschule Kommentierte Befunde aus der Schweiz

Bernhard Hauser

In den letzten 10 Jahren haben die Bestrebungen zur Optimierung des schweizerischen Schulsystems zu einer Kaskade von Reformen und Reformvorhaben geführt, begleitet von teilweise umfangreichen und teuren Schulversuchen. Die reformenbezogene Stimmung ist derzeit bei den schweizerischen Lehrpersonen skeptisch bis ablehnend – nicht nur zu Unrecht. Beat W. Zemp, der Präsident des schweizerischen Lehrerverbandes, formulierte es jüngst in der bei schweizerischen Lehrpersonen am stärksten verbreiteten Zeitschrift treffend mit: „Die meisten Reformen der letzten zwanzig Jahre waren nicht wirklich erfolgreich. Erfolgreiche Pilotversuche mit freiwilligen Lehrpersonen lassen sich häufig nicht breit umsetzen." (Bildung Schweiz, 31. August 2010, 63). Damit wird die Glaubwürdigkeit der Bildungsforschung in Frage gestellt. Lehrpersonen unterstellen nicht selten, Schulversuche seien zum Gelingen verurteilt. Damit wird der Schulentwicklung und der Bildungsforschung eine Tendenz zu modellaffirmativer Interpretation unterstellt, nicht nur zu Unrecht, wie hier gezeigt wird. Im Zentrum dieser Ausführungen steht das schweizweit wohl größte Reformvorhaben der letzten Jahre: Der Versuch zum Umbau von Kindergarten und Unterstufe durch die Einführung der Basis-/Grundstufe und durch eine erheblich verstärkte Förderung der Vorläuferfertigkeiten.

1   Herkömmliches Modell des Übergangs nach dem Kindergarten

Bislang treten die Kinder in den meisten Kantonen nach zwei Jahren Kindergarten im siebten Lebensjahr in die erste Klasse über, um sich dort erstmals mit Lesen, Schreiben und Rechnen zu befassen. Für Kinder mit Defiziten sieht das Schweizer Schulsystem folgende Maßnahmen vor:

- drittes Kindergartenjahr (eher selten),
- Einführungsklasse: erste Klasse in zwei Jahren, mit nachfolgendem Eintritt in die zweite Klasse (wohl häufigste Maßnahme),

- Einschulungsjahr: Schulvorbereitungsjahr mit nachfolgendem Eintritt in die erste Klasse,
- Kleinklasse: in der Regel frühestens ab Beginn des zweiten Schuljahres.

Die Befunde zur Wirksamkeit dieser Fördermaßnahmen sind wenig ermutigend. So lassen sich Versetzungen in die Einführungs- bzw. Einschulungsklasse zwar materiell rechtfertigen, jedoch können die Kinder die entsprechenden Entwicklungsverzögerungen nicht kompensieren (Michel/Roebers 2008). Separative Maßnahmen (wie Kleinklassen) führen im Vergleich zu integrativen Maßnahmen (z.B. Verbleib in der Regelklasse mit differentieller Lernzielbefreiung) zu eher schlechteren Schulleistungen, jedoch zu einer vergleichsweise besseren sozialen Stellung in der eigenen Klasse und zu günstigeren Fähigkeitsselbstkonzepten der lernzielbefreiten integrierten Kinder (z.B. Bless 1995), wobei letzteres eher als für die Lernentwicklung ungünstige Kompetenzillusion zu werten ist.

Die Kritik am herkömmlichen Modell umfasst eine ganze Palette an Nachteilen (Birri et al. 2010) wie

- zu selektiver Schuleintritt mit hohen Rückstellungsquoten – festgemacht vor allem an der vor 2001 in kurzer Zeit starken Zunahme der Zuweisungen in Einführungs- und Einschulungsklassen,
- zu harter Bruch beim Wechsel in die erste Klasse,
- Sondermaßnahmen ohne Wirkungsnachweise wie Einführungsklassen und Einschulungsjahr,
- zu wenig professioneller Umgang mit der Heterogenität,
- zu wenig Integration und Förderung von Kindern aus benachteiligten Familien.

2 Neues Modell: Grund- und Basisstufe

Als Lösungsansatz wurde die Einrichtung einer Grund- und einer Basisstufe vorgeschlagen. Die Basisstufe umfasst die beiden Kindergartenjahre und die ersten beiden Primarklassen. Die Kinder durchlaufen diese Stufe in drei bis fünf Jahren. Die Grundstufe umfasst die beiden Kindergartenjahre und die erste Primarklasse. Sie dauert für die Kinder zwei bis vier Jahre.

In beiden Modellen werden die Kinder von zwei Lehrpersonen – zeitweise im Teamteaching - unterrichtet. Das Pensum ist denn auch im Vergleich mit dem herkömmlichen Modell um 10-30% höher.

Die für das Modell Grund-/Basisstufe erhofften Vorteile waren unter anderen (Birri et al. 2010, 20f.):

- Pädagogische Kontinuität (fließender Übergang vom spielerischen zum aufgabenorientierten Lernen – durch flexible Durchlaufzeiten),
- Individualisierung und Integration (Orientierung am Entwicklungsstand und keine Separierung in Kleinklassen),
- individueller Erwerb der Kulturtechniken (auch schon mit fünf und sechs Jahren),
- Alters- und Leistungsheterogenität als Chance,
- Teamteaching als Chance,
- Zusammenführung der Stufenkulturen von Kindergarten und Primarschule.

In den Jahren 2003 bis 2010 haben 170 Schulversuchsklassen aus zehn Kantonen der deutschsprachigen Schweiz und aus dem Fürstentum Liechtenstein in zwei Kohorten an der Begleituntersuchung des Versuchs teilgenommen: 337 Kinder aus 106 Grundstufenklassen, 227 Kinder aus 64 Basisstufenklassen, und 417 Kinder aus 57 Kontrollklassen Kindergarten – Primarschule (Birri et al. 2010).

Sowohl in Mathematik als auch im Lesen zeigten sich ähnliche Ergebnisse. Bei Eintritt in die 1. Klasse waren die Unterschiede signifikant zugunsten der Modelle Basis- und Grundstufe – mit bemerkenswerten Effektstärken von einer halben Standardabweichung. Gegen Ende der 3. Klasse fanden sich keine Unterschiede mehr (Moser/Bayer 2010b). Dies erinnert an die schon länger bekannten Washing-out-Effekte (Marcon 2002): Das sind kurzfristige Effekte, welche schon nach kurzer Zeit verschwinden bzw. "ausgewaschen" werden. Offenbar war der in der ersten Klasse sichtbare Lernvorsprung nicht nachhaltig. Das gilt auch für Kinder mit Deutsch als Zweitsprache: „Trotz expliziter Ausrichtung des Lernens am Lern- und Entwicklungsstand (...) gelingt es (...) nicht, die (...) Defizite von Kindern mit Deutsch als Zweitsprache und von Kindern aus sozioökonomisch benachteiligten Verhältnissen zu kompensieren." (Moser/Bayer 2010a, 97).

Bilanz des Projektteams nach fünf Jahren Schulversuch (Moser/Vogt 2010):

- Keine Nachteile (weder Verschulung noch unglückliche Kinder),
- Ermöglichung eines frühen Zugangs zu Kulturtechniken ohne Verlust des Spiels (Strukturreform mit Wirkung),
- Ermöglichung pädagogischer Kontinuität (bruchloserer Übergang),
- keine bessere Förderung von Kindern mit Deutsch als Zweitsprache und/oder Kindern aus bildungsfernen Familien,
- keine Unterschiede in der Akzeptanz der Eltern,
- Strukturreform ohne Anschluss (Ursache für ausbleibende Nachhaltigkeit),
- gelungene Integration.

- Schlussfolgerung: Modelle haben sich bewährt und können ohne pädagogische Nachteile eingeführt werden.

Die Ergebnisse lassen sich jedoch auch kritisch interpretieren:

- In den Interventionsgruppen findet sich keine bessere Lernentwicklung
  a. trotz erheblich höherer Betreuungsquote, welche in der Regel bei jüngeren Kindern wesentlich zum Schulerfolg beiträgt (Siraj-Blatchford/Sylva 2004),
  b. trotz motivierterer Lehrpersonen, welche das Modell schon zum Zeitpunkt T1 zu 60%, die Kontrollklassenlehrpersonen jedoch zu weniger als 20% sehr stark befürworteten (Vogt et al. 2010b), was auch nicht verwundert, wurden doch eher versuchsmotivierte Lehrpersonen und Teams in die Versuche einbezogen,
  c. trotz mehr innerer Differenzierung in den Projektklassen (Vogt et al. 2010b; Urech 2010).
- Vor allem der bei den benachteiligten Kindern fehlende Vorteil für die Versuchsklassen erstaunt, sollten doch zumindest diese von der erheblich höheren Betreuungsquote profitieren können.
- Bei gleichen Bedingungen (insbesondere bei gleicher Betreuungsquote und gleich viel Sprach- und Mathe-Unterricht im Kindergarten) ist ein signifikant besseres Abschneiden des traditionellen Systems durchaus wahrscheinlich.
- Beim hohen Tempo, in welchem die Kontrollklassen bis zur 3. Klasse die anfänglichen Lernrückstände wettgemacht haben, ist ein Überholen in den kommenden Schuljahren nicht auszuschließen (Gewöhnung an Lerntempi).
- Die Befunde sind durchaus konform zu älteren Befunden zum altersgemischten Lernen: niedrige negative bis keine Effekte (Rossbach 1999).

Besonders interessant sind die Ergebnisse zu den Verweildauern (Moser/Bayer, 2010a). So ist der Anteil der Kinder, welche bis zur 3. Klasse ein Jahr länger brauchen, in den Versuchsklassen um ein Drittel höher (Grundstufe: 14%; Basisstufe: 12%; Kontrollklassen: 10%). Noch stärker ist diese Flexibilisierung bei der Akzeleration, weil in den Schulversuchsklassen doppelt bis dreimal so viele (Grundstufe: 6%; Basisstufe: 10%) Kinder ein Jahr weniger brauchen als in den Kontrollklassen mit 3%. Projektseitig wird der erhöhte Anteil an Verlangsamung und Akzeleration im Sinne der angestrebten Flexibilisierung des Übergangs und als erfüllte Integrationsfunktion interpretiert. Hinter dieser Entwicklung versteckt sich jedoch wohl eher eine verschärfte Selektion, welche wie im herkömmlichen System vor allem Unterschicht- und Migrationskinder (Lanfranchi/Jenny 2005) betrifft, was auf systematisch benachteiligende Erwartungseffekte (Kronig 2007) zurückzuführen sein dürfte. Was sich vor 15 Jahren noch als Unterschied zwischen Sonderklassen und Klassenbesten zeigte, manifestiert sich heute als Zugehörigkeit zur Gruppe der verlangsamten oder zur Gruppe der beschleunigten Kinder. Das Alter wird zum Selektionsmerkmal. Damit verwandelt sich die statistisch signifikant erhöhte Flexibilisierung in eine Verstärkung der Bildungsungerechtigkeiten. Dass die soziale Schere nach oben etwas mehr aufgeht, war zu erwarten und sinnvollerweise auch nicht zu verhindern, dass aber das Aufgehen der Schere nach unten in deutlich stärkerem Ausmaß als bisher stattgefunden hat, ist eine erhebliche Verschlechterung.

Verschiedene Faktoren, für welche Zusammenhänge mit einer Verstärkung der Separation schon länger bekannt sind (Gremiger et al. 2005), finden sich auch im Modell der Grund-/Basisstufe, was die Interpretation einer Selektionsverschärfung unterstützt:

- Ein niederschwelliges Angebot vor Ort steigert die Separationsquote: In der Grund-/Basisstufe ist die Verlängerung der Verweildauer ein niederschwelliges Angebot, weil im Gegensatz zum herkömmlichen System für diese Maßnahme weniger sonderpädagogische Abklärung notwendig ist.
- Eine als anspruchsvoll wahrgenommene Klassenzusammensetzung erhöht tendenziell die Aussonderungsquote: Grund-/Basisstufenklassen mit mehreren Jahrgängen in derselben Klasse sind komplexer als die herkömmlichen Jahrgangsklassen.
- Große Klassen erhöhen die Aussonderungsquote: Die Versuchsklassen waren signifikant größer (um ca. 15%) - ein Versuchsartefakt.
- Ein erhöhtes Belastungsempfinden trägt zur vermehrten Aussonderung bei: Die Versuchsklassenlehrpersonen geben ein im Vergleich zur früheren Lehrtätigkeit erhöhtes Belastungsempfinden an (Vogt et al. 2010b).

Weiter ist in Betracht zu ziehen: Auch wenn es sich bei dieser Verlangsamung nicht um Repetition (Klassenwiederholung) im herkömmlichen Sinne handelt, so ist nicht auszuschließen, dass anschließend vergleichbare Effekte auftreten: Bereits nach einem Jahr landen die Repetierenden wieder auf vergleichbarem Niveau wie vor der Rückstellung (Bless et al. 2004). Die Verlangsamung und damit das Ausklinken aus der Jahrgangsgruppe sind insgesamt skeptisch zu beurteilen.

Bei der massiv erhöhten Akzelerationsquote ist zu fragen, ob sie übermäßig forciert wurde. In der Untersuchung von Stamm (2001) geriet – dies bei der damals noch tiefen Akzelerationsquote von 2% - ein Fünftel der beschleunigten Kinder beim Übertritt in die Sekundarstufe 1 in Schwierigkeiten und erreichte erwartungswidrig die Stufe mit höheren Ansprüchen nicht. Vor diesem Hintergrund erscheinen Akzelerationsquoten von 7% (Grundstufe) oder gar 12% (Basisstufe) als deutlich überhöht.

Die Nachhaltigkeit der Effekte bezüglich Verweildauern erscheint vor dem derzeitigen Wissensstand als fragwürdig. Eine weitere Beobachtung der akzelerierten und verlangsamten Kinder in Nachfolgeuntersuchungen ist dringend notwendig.

Lehrpersonen der Grund-/Basisstufe orientieren sich mehr an der individuellen Bezugsnorm und tauschen - begünstigt durch Teamteaching - auch mehr Kinderbeobachtungen aus, wohingegen die Kontrollklassen-Lehrpersonen häufiger Tests für den Vergleich in der Gruppe (soziale Bezugsnorm) einsetzen (Vogt et al. 2010a). Auch zeigen erstere weniger Lehrpersonenzentrierung bzw. mehr Kindzentrierung. Aus der SCHOLASTIK-Studie (Weinert/Helmke 1997) ist ein sehr ähnliches Lehrprofil bekannt mit starken Ausprägungen der Unterrichtsmerkmale Individualisierung, fördernde Unterstützung, soziales Klima, Förderungsorientierung und Variabilität. Allerdings liegt dieses basis-/grundstufennahe individualisierend-unterstützende Profil bei den kindlichen Lernerträgen im Vergleich zum Idealprofil um mehr als eine halbe Standardabweichung tiefer (eine erhebliche Effektstärke), und es steht insgesamt– trotz sehr hoher zeitlicher und emotionaler Investition - im Zusammenhang mit nur durchschnittlichen Lernfortschritten. Gleichzeitig steht dieses Profil – was ziemlich ernüchtert –wider Erwarten in einem negativen Zusammenhang sowohl mit den bereichsspezifischen Begabungsselbstkonzepten der Kinder wie auch mit deren Lernfreude an den beiden Fächern. Offenbar erzeugt die Fokussierung des eigenen Leistungsstandes zu viel negative Selbstaufmerksamkeit und unterläuft die lernförderliche Selbstüberschätzung, welche für jüngere Kinder typisch ist (z.B. Hasselhorn 2005). Nicht auszuschließen ist, dass diese Effekte mitbeeinflusst werden durch die verstärkte (Förder-)Diagnostik in den Interventionsgruppen, weil vermehrte diagnostische Aktivität die eigenen Schwächen womöglich mehr thematisiert (vgl. auch Dollinger in diesem Band) als andere Lehrprofile und damit unbeabsichtigt zu eher geringeren Lernfortschritten führt.

Zwischenfazit 1: Übergänge und Brüche behindern zumindest nicht mehr als das Modell Basis-/Grundstufe. Beim letzten Erhebungszeitpunkt (3. Klasse) finden sich für die Kontrollklassen keine Hinweise für die vor dem Versuch behaupteten Nachteile des Bruchs am Übergang zur ersten Klasse. Vielleicht behindern die neuen Modelle sogar mehr: Sie weisen ein deutlich größeres Ausmaß an Verlangsamung auf. Wurde das kindliche Lerntempo in den neuen Modellen zu sehr als naturgegeben hingenommen? Dafür spricht der in unserem Land selbst in professionellen Kreisen breit und erstaunlich wohlwollend diskutierte Rückfall in die wissenschaftlich nicht haltbare Dogmatik des Wachsenlassens (Largo/Beglinger 2009). Nur sehr ungern wird über die Bedeutung früher hoher Erwartungen und Bildungsaspirationen gesprochen. Sie werden meist abwertend beschrieben und mit Extrembeispielen von die Kinder überfordernden und drillenden Erwachsenen illustriert. Dies, obwohl die lernförderliche Bedeutung hoher Erwartungen mittlerweile auch für die frühe Kindheit gut belegt ist (Neuenschwander/Frank 2011; Siraj-Blatchford/Sylva 2004; Fan/Chen 2001).

3 Förderung der Vorläuferfertigkeiten im Kindergarten

Die Optimierungsversuche im frühpädagogischen Bereich der deutschsprachigen Schweiz beschränkten sich nicht auf die strukturelle Ebene. Sie zeigten sich auch in einer erheblichen Verstärkung der Förderung der Vorläuferfertigkeiten im Kindergarten. Unbestritten ist, dass deren frühe Förderung die Bildungschancen erheblich erhöht. Zu beobachten ist vor allem eine starke Zunahme von Trainings und schulnahen Fördermaterialien im Kindergarten. Verbreitet sind beispielsweise das Würzburger Trainingsprogramm zur Förderung der sprachlichen Vorläuferfertigkeiten (Küspert/Schneider 2000), wie auch verschiedene Trainings und stark geführte Förderkonzepte für die mathematischen Vorläuferfertigkeiten (z.B. MzZ, Krajewski et al. 2008). Jedoch wurde bis anhin nicht geprüft, ob diese Fertigkeiten nicht auch spielerisch gefördert werden können. Verschiedene Autoren (Gmitrova/Gmitrov 2003; Golinkoff 2010; Hauser 2005) warnen denn auch vor einer vorschnellen Reduktion des spielenden Lernens.

Für die mathematischen Vorläuferfertigkeiten liegt schon eine beachtliche Vielfalt an Fördermöglichkeiten vor. So fanden Friedrich & Munz (2006) für das Programm „Komm ins Zahlenland", welches den Erwerb der Zahlen 1-10 in Märchen- und Spielsequenzen einbettet, beachtliche Effektstärken, welche allerdings von Krajewski et al. (2008) nicht repliziert werden konnten. Mathe 2000 (Wittmann 2009), eine weniger situierte, aber dafür auf frühe Aktivierung der Abstraktion und auf das Achten auf Muster ausgerichtete Lernförderung, schneidet ähnlich gut ab wie Zahlenland (Pauen/Pahnke 2008). Die Methode scheint demzufolge bislang nicht wichtig zu sein. Nur das Training „Mengen zählen Zahlen" MzZ (Krajewski et al. 2008) weist wenn auch schwache so doch signifikante Vorteile gegenüber Zahlenland auf. Unser Team an der Pädagogischen Hochschule des Kantons St. Gallen (Hauser et al. in Vorb) konnte in einer Vergleichsstudie zeigen, dass eine spielorientierte Förderung der mathematischen Vorläuferfertigkeiten dem Training MzZ (Krajewski et al. 2007) zumindest ebenbürtig ist. Es nahmen Kinder des zweiten Kindergartenjahres teil. Die Interventionszeit orientierte sich am MzZ und umfasste an acht Wochen je dreimal eine halbe Stunde pro Woche (identische Treatment-Dauern für beide Interventionen).

Die Kinder der spielorientierten Gruppe (11 Kindergärten) legten durchschnittlich um 11.3 Punkte zu, die Kinder der MzZ-Gruppe um 9.1 Punkte (12 Kindergärten) und die Kinder der Kontrollgruppe (12 Kindergärten) um 8.0 Punkte. Der Interaktionseffekt (Zeit * Gruppe) war signifikant (zweifaktorielle Varianzanalyse mit Messwiederholung: $F = 4.04$, $df = 2$, $p = 0.019$, $eta^2 = 0.025$ (partielles η^2).

Zwischenfazit 2: Spielorientierte frühe Matheförderung wirkt. Sie erzeugt einen im Vergleich zur Kontrollgruppe um mehr als 40% höheren Lernzuwachs. Damit ist geführtes bzw. verordnetes Spiel der herkömmlichen Mathe-Förderung im Kindergarten überlegen und dem Training zumindest ebenbürtig. Offensichtlich haben instruktionale und trainingsartige Verfahren vorschnell das spielende Lernen verdrängt (vgl. auch Knopf/Lenel 2005).

4   Schlussfolgerungen

Brüche und Übergänge in der frühen Kindheit werden in ihrer Bedeutung stark überbewertet. An Stelle von umfassenden Reformen sollten evidenzbasierte und eher bescheidene Verbesserungen treten. Gut begründet ist derzeit der Ruf nach mehr Investitionen in die Vorläuferfertigkeiten. Die Verbesserung der Chancen vorab benachteiligter Kinder ist weniger eine Frage des Modells als eine der nachhaltigen bereichsspezifischen Förderung. Deshalb sollte erheblich mehr in deren Entwicklung und Erforschung investiert werden. Dabei ist in den nächsten Jahren ein Akzent auf das spielende Lernen zu setzen.

Literatur

Birri, T./Grossenbacher, S./Moser, U./Bayer, N./Vogt, F./Zumwald, B./Urech, C./Abt, N./Wiederkehr Steiger, B. (2010): EDK-Ost 4bis8. Projektschlussbericht. Erziehung und Bildung in Kindergarten und Unterstufe im Rahmen der EDK-Ost und Partnerkantone. Herisau: Schulverlag Plus.

Bless, G. (1995): Zur Wirksamkeit der Integration. Bern: Haupt.

Bless, G./Schüpbach, M./Bonvin, P. (2004): Klassenwiederholung. Determinanten, Wirkungen und Konsequenzen. Bern: Haupt.

Fan, X./Chen, M. (2001): Parental involvement and students' academic achievement: A meta-analysis. Educational Psychology Review, 13, 1-22.

Friedrich, G./Munz, H. (2006): Förderung schulischer Vorläuferfertigkeiten durch das didaktische Konzept „Komm mit ins Zahlenland". Psychologie in Erziehung und Unterricht, Jg. 53, H. 2, 134-146.

Gmitrova, V./Gmitrov, J. (2003): The Impact of Teacher-Directed and Child-Directed Pretend Play on Cognitive Competence in Kindergarten Children. Early Childhood Education Journal, Jg. 30, H. 4, 241-246.

Golinkoff, R. (2010): The Power of Play: Preparing 21st Century Children for a Global World. Paper presented at the EARLS SIG5 Meeting August 2010, Luzern.

Gremiger, E./Tarnutzer, R./Venetz, M. (2005): Teilprojekt 4: Tragfähigkeit der Regelschule. In: Häfeli, K./Walther-Müller, P. (Hrsg.): Das Wachstum des sonderpädagogischen Angebots im interkantonalen Vergleich. Biel: Edition SZH/CSPS der Schweizerischen Zentralstelle für Heilpädagogik (SZH) Luzern, 279 – 354.

Hasselhorn, M. (2005): Lernen im Altersbereich zwischen 4 und 8 Jahren: Individuelle Voraussetzungen, Entwicklung, Diagnostik und Förderung. In: Guldimann, T./Hauser, B. (Hrsg.): Bildung 4- bis 8-jähriger Kinder. Münster: Waxmann, 77-88.

Hauser, B. (2005): Das Spiel als Lernmodus: Unter Druck von Verschulung – im Lichte neuerer Forschung. In: Guldimann, T./Hauser, B. (Hrsg.): Bildung 4- bis 8-jähriger Kinder. Münster: Waxmann, 143–168

Hauser, B./Vogt, F./Stebler, R./ Rechsteiner, K./Lehner, R. (in Vorb): Förderung mathematischer Vorläuferfertigkeiten: Spielintegriert oder mit Training?

Knopf, M./Lenel, A. (2005): Schriftspracherwerb und dessen mögliche Frühförderung. In: Guldimann, T./Hauser, B. (Hrsg.): Bildung 4- bis 8-jähriger Kinder. Münster: Waxmann, 41-58.

Krajewski, K./Nieding, G./Schneider, W. (2007): Mengen, zählen, Zahlen: Die Welt der Mathematik verstehen (MZZ). Berlin: Cornelsen.

Krajewski, K./Nieding, G./Schneider, W. (2008): Kurz- und langfristige Effekte mathematischer Frühförderung im Kindergarten durch das Programm „Mengen, zählen, Zahlen". Zeitschrift für Entwicklungspsychologie und Pädagogische Psychologie, Jg. 40, H. 3, 135-146.

Kronig, W. (2007): Die systematische Zufälligkeit des Bildungserfolgs. Bern: Haupt Verlag.

Küspert, P./Schneider, W. (2000): Hören, lauschen, lernen: Sprachspiele für Kinder im Vorschulalter, Würzburger Trainingsprogramm zur Vorbereitung auf den Erwerb der Schriftsprache. 2. Aufl. Göttingen: Vandenhoeck & Ruprecht.

Lanfranchi, A./Jenny, G. (2005): Teilprojekt 4: Tragfähigkeit der Regelschule. In: Häfeli, K./Walther-Müller, P. (Hrsg.): Das Wachstum des sonderpädagogischen Angebots im interkantonalen Vergleich. Biel: Edition SZH/CSPS der Schweizerischen Zentralstelle für Heilpädagogik (SZH) Luzern, 217 – 277.

Largo, R./Beglinger, M. (2009). Schülerjahre – wie Kinder besser lernen. München: Piper.

Marcon, R. (2002): Moving up the grades: relationship between pre-school model and later school success. Early Childhood Research and Practice, 4 (1). Available online at: http://ecrp.uiuc.edu/v4nl/marcon.html. 9.7.2011

Michel, E./Roebers, C. M. (2008): Children in regular and special needs classes: cognitive and non-cognitive aspects (Swiss Journal of Psychology, 4, 249-259).

Moser, U./Bayer, N. (2010a): Schlussbericht der summativen Evaluation. Lernfortschritte vom Eintritt in die Eingangsstufe bis zum Ende der 3. Klasse Primarschule. EDK-Ost und Schulverlag plus AG.

Moser, U./Bayer, N. (2010b): Lernfortschritte vom Eintritt in die Eingangsstufe bis zum Ende der 3. Klasse der Primarschule. In: Birri, Th./Grossenbacher, S./Moser, U./Bayer, N./Vogt, F./Zumwald, B./Urech, C./Abt, N./Wiederkehr, B. (2010): Projektschlussbericht Erziehung und Bildung in Kindergarten und Unterstufe im Rahmen der EDK-Ost und Partnerkantone; EDK-Ost und Schulverlag plus AG; 92-101.

Moser, U./Vogt, F. (2010): Fazit aus den Evaluationsstudien. In: Birri, Th./Grossenbacher, S./Moser, U./Bayer, N./Vogt, F./Zumwald, B./Urech, C./Abt, N./Wiederkehr, B. (2010): Projektschlussbericht Erziehung und Bildung in Kindergarten und Unterstufe im Rahmen der EDK-Ost und Partnerkantone; EDK-Ost und Schulverlag plus AG; 114 f..

Neuenschwander, M./Frank, N. (2011; im Druck): Entwicklung von Lebenszielen in der Familie. Zeitschrift für Entwicklungspsychologie und Pädagogische Psychologie.

Rossbach, H.-G. (1999): Empirische Vergleichsuntersuchungen zu den Auswirkungen von jahrgangsheterogenen und jahrgangshomogenen Klassen. In: Laging, R. (Hrsg.): Altersgemischtes Lernen in der Schule. Baltmannsweiler: Schneider-Verlag Hohengehren, 80-91.

Siraj-Blatchford, I./Sylva, K. (2004): Researching pedagogy in English preschools. British Educational Research-Journal, Jg. 30, H. 5, 713-730.

Stamm, M. (2001): FLR 2000: Fünf Jahre nach der Einschulung – Übertritt in die Oberstufe. Aarau: Institut für Bildungs- und Forschungsfragen.

Urech, C. (2010): Die heterogene Schulklasse. Zürich: Rüegger-Verlag.

Vogt, F./Zumwald, B./Urech, C./Abt, N. (2010a): Schlussbericht der formativen Evaluation. Grund-/Basisstufe: Umsetzung, Unterrichtsentwicklung und Akzeptanz bei Eltern und Lehrpersonen. EDK-Ost und Schulverlag plus AG.

Vogt, F./Zumwald, B./Urech, C./Abt, N. (2010b): Grund- und Basisstufe: Umsetzung, Unterrichtsentwicklung und Akzeptanz bei Eltern und Lehrpersonen. In: Birri, Th./Grossenbacher, S./Moser, U./Bayer, N./Vogt, F./Zumwald, B./Urech, C./Abt, N./Wiederkehr, B. (2010): Projektschlussbericht Erziehung und Bildung in Kindergarten und Unterstufe im Rahmen der EDK-Ost und Partnerkantone; EDK-Ost und Schulverlag plus AG; 102 - 113.

Weinert, F.E./Helmke, A. (Hrsg.) (1997): Entwicklung im Grundschulalter. Weinheim: Psychologie Verlags Union.

Grundlegende Bildung und der Übergang Kindergarten - Grundschule

Bildungsungleichheiten an Übergängen aus der Perspektive von Primarschullehrkräften, Eltern und Kindern

Tanja Betz

Die enge Kopplung schulischer Erfolge mit Herkunftsfaktoren der Schüler, auch der Primarstufe, ist ein seit geraumer Zeit wieder öffentlich skandalisiertes sowie erziehungswissenschaftlich relevantes und überwiegend ungeklärtes Phänomen. Wissenschaftliche Studien wie etwa die Grundschulstudie IGLU haben nachgewiesen, dass die Übergangsempfehlungen der Lehrkräfte mit Blick auf die Sek I sozial und ethnisch selektiv sind: Kinder ohne Migrationshintergrund (MH) haben eine vielfach höhere Chance, eine Gymnasialempfehlung zu erhalten, als Kinder mit MH; selbst wenn berücksichtigt wird, dass die Kinder sich weder in ihrer sozialen Herkunft noch in ihrer Lesekompetenz unterscheiden (Bos et al. 2007). Neben der selektiven Empfehlungspraxis der Lehrkräfte – auch bei Übergängen in Förderschulen –, werden Bildungsungleichheiten auf Schülerebene anhand von Noten und Kompetenzen oder „nicht bewältigten" Übergängen wie Klassenwiederholungen und verspäteten Einschulungen dokumentiert.

1 Problem- und Fragestellung

Die Kopplung von schulischen Erfolgen und Herkunftsfaktoren wird als Ungleichheit bezeichnet, die der meritokratischen, also leistungsbasierten Idee des Bildungssystems widerspricht und daher begründungspflichtig ist. So ist bspw. zu fragen, wodurch diese Praxis der Ungleichbehandlung aufrechterhalten wird, weshalb Lehrkräfte die Zielsetzungen von Schule, d. h. Förderung und Selektion – gerade an Übergängen – so abwägen, dass sie zulasten von Kindern aus weniger privilegierten Familien ausfallen. Auch ist der theoretischen und empirischen Frage nachzugehen, wie diese Ungleichheiten re-produziert werden. Analysen, die das Zustandekommen von Bildungsungleichheiten bzw. die dahinter liegenden Mechanismen sowie ihre gesellschaftlichen und individuellen Folgen untersuchen, sind nicht nur sozialwissenschaftlich interessant, sondern gesellschaftlich brisant. Hier besteht Forschungsbedarf: Welche internen Strukturmerkmale und Funktionsprinzipien halten das beobachtbare System der Leistungsbewertung in der Grundschule aufrecht (Lüders 2001)? Wie vermitteln sich Praktiken, Habitus und Vorstellungen von Lehrkräften, Eltern und Kindern in Verbindung mit schulischen (Miss-)Erfolgen bei Übergängen auf der Mikroebene?

Anknüpfungspunkte dafür finden sich in Studien, die sich konzeptionell an habitus- und kapitaltheoretische Überlegungen Bourdieus (1982) anlehnen.

2 Bildungsungleichheiten aus der Perspektive von Kindern und Eltern

In der skizzierten Forschungsrichtung wird die These vertreten und empirisch untermauert, dass die soziale Strukturierung außerschulischer Kindheitsmuster zu ungleichen Passungsverhältnissen zwischen Grundschule und Familie führt, die Bildungsungleichheiten mit hervorbringen.

Ansätze und Befunde aus qualitativen und quantitativen Studien rekonstruieren die Sicht der Grundschulkinder, ihre Haltungen gegenüber Schule und Lehrkräften und ihre Habitus und arbeiten ihre Bedeutung für schulische Selektionsprozesse heraus (Helsper et al. 2009). Ebenso beschäftigt sich ein v. a. international ausgewiesener Forschungsstrang mittels unterschiedlicher methodischer Zugänge mit der Sicht der Eltern, ihren Haltungen gegenüber Lehrkräften und ihren Habitus. Hier zeigt sich, dass Eltern aus privilegierteren Milieus den außerschulischen Alltag ihrer Kinder durchstrukturieren und durch erwachsenenzentrierte Sozialisationsarrangements eine beiläufige Förderung der Kinder gewährleisten. Eltern und Kindern ist der Umgang mit Institutionen und ihren Vertretern vertraut, sie beanspruchen für sich eine aktive Rolle – eine gute Basis für schulische Erfolge der Kinder. Eltern aus weniger privilegierten Milieus hingegen sorgen weniger für einen organisierten Kinderalltag; das außerschulische Leben der Kinder ist stärker kindzentriert und durch den Umgang mit Gleichaltrigen geprägt. Eltern (und Kinder) spielen eine passivere Rolle im Bildungssystem, sie artikulieren in geringerem Maße ihre eigene Position. Schule erscheint abgesetzt von Praktiken, Habitus und Vorstellungen, die Eltern und Kindern vertraut sind, schulische Misserfolge treten gehäuft auf (Bodovski/Farkas 2008).

Der Abstand zwischen dem „Curriculum der Grundschule" und dem „geheimen Curriculum der Herkunftsmilieus" wirkt somit strukturierend darauf, ob Schule als Ort der „Weiter-Bildung" des Bekannten und Anschlussfähigen erfahren wird oder als „De-Kulturation", d. h. als Bruch mit Praktiken und Habitus, die im außerschulischen Alltag bedeutsam sind (Betz 2007). Von Übergängen ist daher nicht nur an den Gelenkstellen innerhalb des Bildungssystems zu sprechen, vielmehr sind sie grundlegend in den Alltag von (Grund-)Schulkindern eingeschrieben und entfalten hier ebenso ihre Wirkung.

3 Bildungsungleichheiten aus der Perspektive von Lehrkräften

Hintergrundüberzeugungen, Vorstellungen, Habitus und Praktiken von Grundschullehrkräften bringen Bildungsungleichheiten mit hervor, so eine empirisch fundierte These, der in mehreren Forschungsrichtungen nachgegangen wird. Befunde aus qualitativen und quantitativen Studien belegen u. a., dass die Erwartung von Lehrkräften bezüglich eingeschränkterer Unterstützungsmöglichkeiten bei Familien mit MH beim Übergang in weiterführende Schulen mit defensiveren Empfehlungen einhergeht. Das den Schülern zugesprochene Potenzial geht konform mit den Vorstellungen der Lehrer über die „guten" bzw. „schlechten" Elternhäuser (Morris 2005) und ihren Vorstellungen von einem „typischen Gymnasial-" oder „typischen Hauptschulkind". Diese Kategorisierungen lassen sich bereits in der 3. Grundschulklasse nachweisen (Pohlmann 2009).

Besonders interessant sind die wenigen Studien, die zudem fragen: „Welche Lehrkräfte neigen eher zu diesen Zuschreibungen und welche nicht?" Deutungsmuster in Abhängigkeit von der sozialen Herkunft der Lehrkräfte haben Streckeisen et al. (2009) untersucht: Lehrkräfte, die selbst aus privilegierten Milieus stammen, verstehen Selektionsentscheidungen als unproblematische „Bestenauslese", so dass die Herkunft der Kinder und die Erziehungsleistungen der Eltern quasi den Übergang ins Gymnasium ‚erklären'. Lehrkräfte aus einfacheren Milieus hingegen erachten die Selektionsentscheidung bei Übergängen als problematischer, sie „ringen um das Arbeitsbündnis", so ein Befund.

4 Ausblick: Das Forschungsprojekt „educare"

Da die skizzierten Perspektiven mehrheitlich getrennt voneinander untersucht wurden, ist es spannend, kombinierte Fragen zu stellen, z. B. ob und auf welche Weise Lehrkräfte die Erfahrungen der Kinder von „Weiter-Bildung" oder „Dekulturation" – gerade am Übergang in die Sek I – verstärken oder abschwächen. Zu berücksichtigen ist dabei, dass wenig privilegierte Kinder sich mitunter durch schulische Erfolge von ihrem Herkunftsmilieu entfremden, d. h. zwischen sozialem Aufstieg durch Schule oder fortdauernder Zugehörigkeit ‚wählen' müssen (Grundmann et al. 2008). Für Lehrkräfte stellt sich daher die schwierige Frage nach der Initiierung eines notwendigen Bruchs mit der Erfahrungswelt der Schüler, welche für diese bedeuten kann, ihre „Herkunft" hinter sich zu lassen.

Die dargestellten Problemstellungen, Fragen und Thesen werden derzeit in einem durch die VolkswagenStiftung geförderten sozialwissenschaftlichen Projekt „educare" (Leitbilder 'guter Kindheit' und ungleiches Kinderleben – Bildung, Betreuung und Erziehung aus der Perspektive der Politik, der Professionellen in

Kindertageseinrichtungen und Grundschulen, der Eltern und der Kinder) bearbeitet. Dieses Projekt ist an der Goethe-Universität Frankfurt/Main im LOEWE-Forschungsverbund „IDeA" angesiedelt und multiperspektivisch ausgelegt. Dabei werden auf einer kindheits- und ungleichheitstheoretischen Grundlage für die Grundschulforschung relevante Fragen aufgeworfen und empirisch qualitativ und quantitativ bearbeitet (u. a. Diskursanalyse, standardisierte Befragung und qualitative Interviews mit Lehrern, Grundschulkindern, Eltern). Damit sollen der Zusammenhang von Bildung und sozialer Ungleichheit im Primarschulbereich beleuchtet, die Rolle von Lehrkräften hinsichtlich ihres Beitrags zur Verfestigung oder Lockerung von Ungleichheiten bestimmt und (damit) zur Qualifizierung der Aus- und Fortbildung von Lehrkräften mit Blick auf ihre implizite Rolle bei der Re-Produktion von Ungleichheit beigetragen werden.

Literatur

Betz, T. (2007): Formale Bildung als „Weiter-Bildung" oder „Dekulturation" familialer Bildung? In: Alt, C. (Hrsg.): Kinderleben – Start in die Grundschule. Ergebnisse aus der zweiten Welle. Wiesbaden: VS Verlag, 163-188.

Bodovski, K./Farkas, G. (2008): "Concerted cultivation" and unequal achievement in elementary school. In: Social Science Research, Jg. 37, H. 3, 903-919.

Bos, W. et al. (2007): IGLU 2006. Lesekompetenzen von Grundschulkindern in Deutschland im internationalen Vergleich. Münster: Waxmann.

Bourdieu, P. (1982): Die feinen Unterschiede. Kritik der gesellschaftlichen Urteilskraft. Frankfurt/Main: Suhrkamp.

Grundmann, M. et al. (2008). Bildung als Privileg und Fluch – zum Zusammenhang zwischen lebensweltlichen und institutionalisierten Bildungsprozessen. In: Becker, R./Lauterbach, W. (Hrsg.): Bildung als Privileg. Erklärungen und Befunde zu den Ursachen der Bildungsungleichheit. Wiesbaden: VS Verlag, 47-74.

Helsper, W. et al. (2009): Bildungshabitus und Übergangserfahrungen bei Kindern. In: Zeitschrift für Erziehungswissenschaft, Sonderheft 12, 126-152.

Lüders, M. (2001): Probleme von Lehrerinnen und Lehrern mit der Beurteilung von Schülerleistungen. In: Zeitschrift für Erziehungswissenschaft, Jg. 4, H. 3, 457-474.

Morris, E. W. (2005): From „Middle Class" to „Trailer Trash": Teachers' Perceptions of White Students in a predominately Minority School. In: Sociology of Education, Jg. 78, H. 2, 99-121.

Pohlmann, S. (2009): Der Übergang am Ende der Grundschulzeit. Zur Formation der Übergangsempfehlung aus der Sicht der Lehrkräfte. Münster: Waxmann.

Streckeisen, U. et al. (2009): Zur Binnendifferenzierung des Volksschullehrerberufs: Deutungsmuster von Lehrpersonen zum Dilemma von Fördern und Auslesen. In: Pfadenhauer, M./Scheffer, T. (Hrsg.): Profession, Habitus und Wandel. Frankfurt/Main: Lang, 67-94.

Modelle zur Gestaltung der Schuleingangsphase - Forschungsergebnisse und Forschungsbedarf

Barbara Berthold, Ursula Carle, Heinz Metzen, Dana Schmidt, Franziska Vogt & Bea Zumwald

Die Schuleingangsphase als Schwelle zwischen vorschulischen und schulischen Lernumgebungen hat für erfolgreiche Bildungsverläufe besondere Bedeutung. Unterschiedliche Modelle zur Gestaltung der Schuleingangsphase wurden in den letzten 20 Jahren entwickelt und wissenschaftlich begleitet bzw. evaluiert (vgl. Carle 2010). Drei davon stehen im Zentrum dieses Artikels, der Beiträge aus dem Symposium „Übergang Kindergarten-Grundschule III" zusammenführt. Die folgenden Merkmale unterscheiden die drei Modelle im Kern:

1. Im ersten Modell, das in der Schweiz erprobt wurde, werden der Kindergarten und die beiden ersten Klassen der Schule zu einer Einheit verschmolzen: der Basisstufe bzw. Grundstufe (EDK-Ost 1997, 2000).
2. Kindergarten und Grundschule mit überlappender Zuständigkeit in der Schuleingangsphase zeichnet das zweite Modell aus. Schuleingangsphase umfasst hier die Zeit der Schulanmeldung im letzten Kindergartenjahr und die beiden ersten Schuljahre (Carle et al. 2010).
3. Im dritten Fall wird die Schuleingangsphase als jahrgangsgemischte Einheit innerhalb der Grundschule angesehen, in der das Pensum von zwei Klassen absolviert wird. Die Schülerinnen und Schüler können die Schuleingangsphase in ein bis drei Jahren durchlaufen. Kein Kind wird zurückgestellt, kein Kind in eine Sonder- oder Förderschule eingeschult.

Modell drei, das in Deutschland weit verbreitet ist (Berthold 2008), verlangt, dass die Schule einen hoch differenzierten und individualisierten Unterricht anbietet, der jedes Kind an seinem Entwicklungsstand abholt. Das zweite Modell setzt darauf, dass die Schulvorbereitung die Kinder vor der Schule bereits auf einen Entwicklungsstand bringt, der einen erfolgreichen Schulstart ermöglicht. Im ersten, dem Schweizer Modell hingegen kommen die Kinder bereits im Alter von vier Jahren in die jahrgangsgemischte Basisstufe/Grundstufe, wo der Übergang vom spielerischen zum systematischen Lernen geleistet werden soll. Im Folgenden werden Studien zur Einführung der drei Modelle vorgestellt.

Die Basisstufe/Grundstufe – ein Schweizer Modell zur Neugestaltung der Eingangsstufe (Bea Zumwald & Franziska Vogt)

Von 2004 bis 2009 wurde in neun Schweizer Kantonen das neue Schuleingangsmodell der Basisstufe/Grundstufe erprobt. In den rund 170 Projektklassen werden vier- bis achtjährige Kinder in altersheterogenen Gruppen von zwei Lehrpersonen gemeinsam unterrichtet. Damit findet ein institutioneller Zusammenschluss des Kindergartens und der ersten beiden Jahre der Primarschule statt.

Der von der EDK-Ost (Erziehungsdirektorenkonferenz Ostschweiz) initiierte Schulversuch strebt die Schaffung einer pädagogischen Kontinuität in der Bildung der vier- bis achtjährigen Kinder an. Als Ziele formulierte die EDK-Ost (1997, 2000) einen früheren Schriftspracherwerb und eine frühere mathematische Förderung, einen fließenden Übergang zwischen Lernen im Spiel und aufgabenorientiertem Lernen sowie einen individualisierten Unterricht. Die Basisstufe/Grundstufe ist ein integratives Modell. Eine flexible Verweildauer sorgt dafür, dass sie von sehr leistungsstarken Kindern in einem Jahr weniger und von solchen mit höherem Förderbedarf in einem Jahr länger durchlaufen werden kann. Damit soll den bei der Einschulung im herkömmlichen Modell auftretenden Problemen wie frühe Selektion und große Entwicklungsheterogenität der Kinder beim Schuleintritt begegnet werden.

Das Projekt wurde durch das Institut für Bildungsevaluation in Zürich (Moser/Bayer 2010) summativ und durch die Pädagogische Hochschule des Kantons St. Gallen (Vogt et al. 2010b) formativ evaluiert. Die über fünf Jahre angelegte summative Evaluation vergleicht im Kontrollgruppendesign gut 500 Kinder in einer Basisstufe mit knapp 400 Kindern, die im herkömmlichen Modell in Kindergarten und Primarschule beschult werden. Die Längsschnittstudie misst die Leistungen der Kinder zu fünf Testzeitpunkten. Die formative Evaluation umfasst zu drei Testzeitpunkten Fragebögen an die Eltern und die Lehrpersonen, Gruppeninterviews mit den Lehrpersonen und den Kindern, videobasierte Unterrichtsbeobachtungen und Unterrichtsprotokolle sowie Fragebögen an die Lehrpersonen, die die Kinder im Anschluss an die Basisstufe unterrichten.

Im Folgenden wird anhand der vier zentralen Aspekte „Organisatorische Kontinuität", „Teamteaching", „Fließender Übergang zwischen spielerischem und aufgabenorientiertem Lernen" und „Früherer Einstieg in Schriftspracherwerb und Mathematik" den Wirkungen der Schulversuche nachgegangen. Dies führt zur Beantwortung der Frage: Inwiefern erreicht die Basisstufe/Grundstufe ihr Ziel, den im herkömmlichen Modell zu beobachtenden Bruch zwischen Kindergarten und Schule zugunsten einer kontinuierlichen Schuleingangsphase zu minimieren?

Organisatorische Kontinuität

Durch die strukturelle Integration der zwei Kindergarten- und der/des ersten Primarschuljahre/s wird der herkömmliche Schuleintritt organisatorisch eliminiert. Dass sich dies im Erleben der Kinder widerspiegelt, bestätigen die Einschätzungen der Eltern: Insgesamt werden die Motivation und das Wohlbefinden der Kinder sowohl in den Projekt- wie auch in den Kontrollklassen als hoch beschrieben. Umgekehrt wird der Schuleintritt in den Kontrollklassen im Vergleich zur Basisstufe/Grundstufe verstärkt wahrgenommen: Während das anfangs in den Kindergärten und in der Basisstufe im Vergleich zur Grundstufe leicht höhere Wohlbefinden in den Grund- und Basisstufenklassen über die Zeit stabil bleibt, zeigt sich ein Interaktionseffekt mit einer Abnahme nach dem Schuleintritt bei den Kontrollklassen. Und während die Motivation in den Projektklassen zwischen den Testzeitpunkten jeweils leicht abnimmt, ist sie in den Kontrollklassen in der 1. Klasse nach dem Schuleintritt höher als in der Grundstufe, nimmt jedoch dann ab. Ein ähnlicher Effekt zeigt sich bei der Frage an die Eltern, wie häufig ihre Kinder in der Schule Druck bzw. Gewalt von Mitschülerinnen und Mitschülern erleben. Grundsätzlich erleben alle Kinder wenig Druck und Gewalt. Während die Einschätzung der Grund- und Basisstufeneltern über die Testzeitpunkte stabil bleibt, nimmt im herkömmlichen Modell sowohl Druck- wie auch Gewalterleben mit dem Schuleintritt zu. Die Eltern erleben also Kindergarten und Primarschule als unterschiedlich, während in der Basisstufe kein solcher Bruch zu beobachten ist.

Teamteaching

Jeweils eine Lehrperson mit Kindergarten- und eine Lehrperson mit Primarschuldiplom teilen sich pro Klasse 150 Stellenprozente. Neben der gemeinsamen Klassenverantwortung unterrichten sie damit auch ca. 12 Lektionen in der Woche im Teamteaching. Die Lehrpersonen schätzen die Zusammenarbeit sehr. Diese positive Haltung bleibt über die Zeit konstant. Durch die multiprofessionelle Zusammensetzung der Tandems fließen die Kompetenzen beider Professionen in den Unterricht ein. Dies schafft im Vergleich zu Modellen, in denen nur die beiden ersten Schuljahre jahrgangsgemischt unterrichtet werden, eine bessere Grundlage für das Gelingen der im nächsten Abschnitten beschriebenen Ziele des fließenden Übergangs zwischen spielerischem und aufgabenorientiertem Lernen (Vogt et al. 2010a).

Bezüglich der Organisation der Zusammenarbeit äußern die Lehrpersonen unterschiedliche Strategien: Während die einen die herkömmlichen Zuständigkeiten als selbstverständlich beibehalten, betonen andere die Ergänzung der jeweiligen Kompetenzen oder zielen auf eine Auflösung der ursprünglichen Zuständigkeiten mit der Absicht, eine spezifische Grund- bzw. Basisstufenkultur zu schaffen. Insgesamt zeigt sich ein breites Spektrum zwischen gemeinsamer Erledigung der Arbeit bis hin zu Arbeitsteilung – und doch bestätigt die Triangulation verschiedener Daten die Tendenz zur Arbeitsteilung nach Herkunftsprofession in Spiel, Sprache und Mathematik. Die Lehrpersonen geben in den Fragebögen die primären Verantwortlichkeiten in den entsprechenden Bereichen als relativ stabil an (Vogt 2009). Die Verantwortlichkeit der Basisstufenlehrperson mit Kindergartendiplom betrifft häufiger die Angebote für die jüngeren Kinder; die Verantwortlichkeit der Lehrperson mit Primarschuldiplom beinhaltet entsprechend häufiger die Förderung des lautgetreuen Schreibens, den Erwerb der Lesefertigkeit und die Angebote für die älteren Kinder. Im Hinblick auf das Ziel einer Verringerung des Bruches zwischen Kindergarten und Schule interessiert vor allem, welche Bereiche primär altersgemischt (oft im Co-Teaching mit beiden Lehrpersonen) unterrichtet werden. Es sind dies fast sämtliche gemeinschaftsbildenden Sequenzen, ein sehr großer Teil des Sachunterrichts, des musisch-gestalterischen Lernens und etwa die Hälfte von Spiel und Sprache.

Fließender Übergang zwischen spielerischem und aufgabenorientiertem Lernen
Während sich in den Unterrichtsprotokollen zeigt, dass in den Bereichen Gemeinschaftsbildung und Sachunterricht die Anteile für die verschiedenen Alters- bzw. Lernstände ungefähr gleich sind, reduziert sich der Anteil für das Spiel und erhöht sich derjenige für Mathematik, Sprache und Planarbeit, je älter die Kinder werden. Es bleibt ihnen jedoch während aller vier Basisstufenjahre/drei Grundstufenjahre Zeit zum Spielen. Nach Angaben der Lehrpersonen umfasst diese in den ersten beiden Jahren etwa ein Drittel der Unterrichtszeit, was mit dem herkömmlichen Kindergarten vergleichbar wäre und reduziert sich im 3. und 4. Jahr auf ein Zehntel. Bezüglich der Wahlfreiheit der Kinder liegt die Basisstufe durchschnittlich zwischen dem Kindergarten mit der höchsten und der Primarschule mit der niedrigsten Wahlfreiheit. Zusätzlich verringert sich innerhalb der Basisstufe der Anteil der Wahlmöglichkeiten, je älter die Kinder werden, und wird durch individualisierten Unterricht ersetzt. Der Anteil des nicht-individualisierten Unterrichts verändert sich zwischen den jüngeren und den älteren Kindern nur wenig. So manifestiert sich der fließende Übergang einerseits in einer anderen zeitlichen Aufteilung bezüglich der Bereiche zwischen den jüngeren Kindern bzw. den Kindern mit niedrigerem Lernstand und den älteren bzw. denjenigen mit höherem Lernstand. Andererseits zeigt er sich in einer individuell an die Lern- und Entwicklungsstände der Kinder angepassten Förderung.

Früherer Schriftspracherwerb und mathematische Förderung
Konsequenz eines fließenden Übergangs zwischen spielerischem und aufgabenorientiertem Lernen ist die Möglichkeit eines früheren Schriftspracherwerbs und einer frühen mathematischen Förderung. Die Ergebnisse der summativen Evaluation (Moser/Bayer 2010) zeigen, dass dieser frühere Einstieg gelingt: Die Kinder in der Grund-/Basisstufe haben in den ersten beiden Jahren einen signifi-

kant größeren Lernfortschritt als die Kindergartenkinder. Es ist jedoch ein Früheinstieg ohne Langzeitwirkung. Am Ende der 2. Klasse, wenn der Wechsel in das herkömmliche Modell der Primarschule ansteht, unterscheiden sich die Leistungen der Kinder in Projekt- und Kontrollklassen nicht mehr. Der frühere Einstieg wird auf verschiedene Weisen unterstützt: In der Lernumgebung und im Unterrichtsalltag in einer Grund-/Basisstufe sind Buchstaben und Zahlen präsenter als in einem Kindergarten und werden teilweise von den jüngeren Kinder „nebenbei" gelernt. In altersgemischten Sequenzen werden die jüngeren Kinder konfrontiert mit Lesen, Schreiben und Rechnen, auch wenn es von ihnen selber noch nicht verlangt wird. In Sequenzen mit freier Wahl können sie sich aus eigener Motivation mit Buchstaben und Zahlen beschäftigen. Solches Interesse wird teilweise von den Lehrpersonen aufgegriffen und Möglichkeiten einer systematischen Vertiefung werden geboten. Offensichtlich gelingt es den Lehrpersonen gut, ein offenes Herangehen zu ermöglichen, ohne Druck aufzubauen. Verschiedene Fragebogenergebnisse zeigen, dass die Basisstufenkinder von den Eltern bezüglich Müdigkeit und Belastung nicht anders erlebt werden als die Kinder im Kindergarten.

Anhand der vier zentralen Aspekte konnte gezeigt werden, dass es durch die mit dem Modell der Grundstufe/Basisstufe erreichte Verbindung von Kindergarten und Schule gelingt, den im herkömmlichen Übergang beobachteten pädagogischen Bruch bei der Einschulung zu reduzieren.

Bezüglich der Umsetzung zeigt sich jedoch ein breites Formen- und Kooperationsspektrum, so dass die Frage nach der Wirksamkeit der verschiedenen Strategien und nach dem Zusammenhang zwischen Altersmischung, Teamteaching und Unterrichtsqualität als dringliches Forschungsdesiderat bestehen bleibt. Auch die Frage nach den längerfristigen Auswirkungen der Flexibilisierung der Verweildauer ist noch unbeantwortet.

Schuleingangsphase in Sachsen – Untersuchung eines deutschen Sonderwegs (Dana Schmidt)

Das Land Sachsen setzt für einen gelingenden Übergang vom Kindergarten in die Grundschule vor allem auf die Intensivierung der Kooperationsbeziehungen zwischen den beiden Institutionen. Von der Anmeldung in die Grundschule bis zur Einschulung des Kindes in die zweijährige „Schuleingangsphase" (jahrgangshomogene Klassen 1 und 2) teilen sich die Kindertageseinrichtungen und Grundschulen die Verantwortung für einen gelingenden Übergang. Die Umsetzung soll auf verpflichtenden Kooperationsvereinbarungen basieren.

Die Schuleingangsphase steht in Verantwortung der Grundschule. Sie umfasst laut § 5 Schulordnung Grundschulen (SOGS vom 3.8.2004, Stand 1.8.2010) die Anmeldung zur Schule, die Ermittlung des aktuellen Lernstandes, die Schulaufnahmeuntersuchung und den Anfangsunterricht in der pädagogischen Einheit der Klassenstufen 1 und 2. Sie unterscheidet sich von der in anderen deutschen Bundesländern weit verbreiteten Form der integrativen, jahrgangsgemischten und flexiblen Schuleingangsphase dadurch, dass die Inklusion von Kindern mit Behinderung nicht angelegt ist, dass der Unterricht jahrgangshomogen erfolgt und eine Flexibilisierung der Verweildauer nicht intendiert ist. Stattdessen beginnt die Schuleingangsphase in Sachsen bereits während der Kindergartenzeit, was zu einer partiellen Überlappung mit dem gesetzlich ausgewiesenen Schulvorbereitungsjahr im Kindergarten führt. Das Schulvorbereitungsjahr, welches in der Verantwortung der Kindertageseinrichtungen liegt, beginnt im letzten Kindergartenjahr und endet mit der Einschulung in die Grundschule.

Das Sächsische Staatsministerium für Kultus und Sport hat im November 2009 ein Team der Universität Bremen unter Leitung von Prof. Dr. Ursula Carle mit der Evaluierung des Sächsischen Bildungsplans (Sächsisches Staatsministerium für Soziales 2007) und der Evaluierung der Verzahnung von Schulvorbereitungsjahr mit der Schuleingangsphase beauftragt (Carle et al. 2010). Das Augenmerk der Untersuchung liegt dabei wegen der seitens des Landes ausdrücklich gewollten gemeinsamen Verantwortung der beiden Institutionen besonders auf den kooperativen schulvorbereitenden Maßnahmen von Kindertageseinrichtungen und Grundschulen. Für die Evaluation waren insgesamt 12 Monate Laufzeit vorgesehen. Ergebnisse werden im Frühjahr 2011 erwartet. Im Folgenden werden die Ziele der Untersuchung vorgestellt und das Design wird konkretisiert.

Ziel der Studie war vor allem eine Beschreibung des Status quo der gelebten Kooperationsbeziehungen zwischen Kindertageseinrichtungen und Grundschule sowie deren Bedingungen vor Ort. Darüber hinaus sollten Entwicklungspotenziale aufgezeigt und Handlungsempfehlungen erarbeitet werden. Die hieran geknüpften Fragen des Auftraggebers stellen den Rahmen dar, der für die Untersuchung richtungsweisend ist.

Es handelt sich um eine qualitative Netzwerkanalyse (Jütte 2006; Carle/Metzen 2006), in deren Zentrum die Kooperationsbeziehungen in einem Kooperationsverbund (kurz: „Verbund") stehen, der aus einer Grundschule und denjenigen Kindertagesstätten gebildet wird, deren Kinder die jeweilige Grundschule besuchen. Die Evaluation stützt sich auf umfangreiche Gruppendiskussionen und Einzelinterviews, auf Einrichtungsbesuchen, auf Dokumentenanalysen und auf umfangreichen Fragebogenerhebungen.

In den Verbünden wurden die Gruppendiskussionen auf zwei Ebenen durchgeführt: Die Lehrerinnen und Lehrer wurden gemeinsam mit Erzieherinnen und Erziehern befragt, die Leitungen von Grundschule und Kindertageseinrichtungen ebenfalls. Eine weitere Gruppendiskussion fand jeweils mit den Elternvertretungen von Grundschule und Kindertageseinrichtungen statt. Hinzu kamen Einzelinterviews mit Trägervertretungen der Kindertageseinrichtungen jedes Verbundes und mit den Referentinnen bzw. Referenten der Sächsischen Bildungsagenturen, also den Trägern der Grundschulen.

Auch die Erfahrungen und Sichtweisen der Kinder flossen in die Auswertung ein. Befragt wurden Mädchen und Jungen, die innerhalb des jeweiligen Verbundes von der Kindertageseinrichtung in die Grundschule wechseln. Die ausgewählten 20 Mädchen und Jungen wurden unter anderem zu den schulvorbereitenden Maßnahmen in ihrer Kindertagesstätte, zu den Kooperationsmaßnahmen zwischen Kindertagesstätte und Grundschule und zu ihren Erwartungen an die Schule befragt. Zum Einsatz kamen altersspezifische Methoden, die sich für Befragungen von Kindern bewährt haben (Heinzel 2010). Die Kinder wurden gebeten, ihre Einrichtung vorzustellen, zeichneten sich als Vorschulkind und Schulkind und erzählten Geschichten zu Vignetten. Die Kinder der 1. Klasse wurden gebeten, sich retrospektiv zum Schulvorbereitungsjahr und zur Kooperation zwischen ihrem ehemaligen Kindergarten und der Grundschule äußern.

In Ergänzung zur Netzwerkuntersuchung der Verbünde wurden mittels Fragebögen die Leitungen der Grundschulen und der Kindertageseinrichtungen sowie Erzieherinnen und Erzieher zur Kooperationspraxis befragt. Ebenfalls wurden Eltern, deren Kinder im Schulvorbereitungsjahr bzw. in der Schuleingangsphase waren, befragt, um zu sehen, wie sich Beteiligte anderer Verbünde zur Kooperationspraxis äußern.

Auf der Ebene der Fachberatung wurde eine weitere Gruppendiskussion durchgeführt. Die Teilnehmenden kamen aus dem Bereich der Fachberatung Kindertageseinrichtungen von unterschiedlichen Trägern und aus dem Bereich der Fachberatung Grundschule für die Schuleingangsphase. Ziel dieser Diskussion war es, eine fachliche Außensicht zu gewinnen.

Die Auswertung der Untersuchung ist zum jetzigen Zeitpunkt noch nicht abgeschlossen. Es lässt sich jedoch bereits feststellen, dass die Einführung des Sächsischen Bildungsplans eine große Erneuerungsdynamik in den Kindertageseinrichtungen ausgelöst hat. Die Vernetzung zwischen Kindergarten und Grundschule ist ebenfalls auf einem guten Stand. Dennoch kann das Modell die Übergangsproblematik am Schulanfang ohne gravierende Veränderungen in der Grundschule nicht optimal lösen (Carle et al. 2010).

Rekonstruktion entwicklungskritischer Kernaufgaben im Unterricht der Schuleingangsphase (Barbara Berthold)

In den meisten deutschen Bundesländern werden Veränderungen in der Grundschule zur Verbesserung der Schulanfangsproblematik als sinnvoll angesehen. Die qualitativ-explorative Studie, die im folgenden Abschnitt auszugsweise vorgestellt wird, ging Fragen nach der Entwicklung des Unterrichts in der Schuleingangsphase nach. Der bei Aufnahme der Untersuchung bereits abgeschlossene Thüringer Schulversuch „Veränderte Schuleingangsphase" (Carle/Berthold 2004), an dem vom Frühjahr 2000 bis Sommer 2003 anfänglich 15, zuletzt 14 Grundschulen beteiligt waren, lieferte dafür eine geeignete Datenbasis (Heaton 2004). An der wissenschaftlichen Begleitstudie zu diesem Schulversuch hatte die Autorin mitgearbeitet, war folglich mit der Problematik ausreichend vertraut (Charpa 2001), um die komplexen Entwicklungsprozesse retrospektiv vertiefend zu analysieren (Berthold 2010).

Hierfür wurde der komplette Längsschnitt des Schulversuchs noch einmal bearbeitet. Mit Hilfe von aus vorliegendem Schul- und Unterrichtsentwicklungswissen abgeleiteter Kategorien sowie der Vorstellung davon, dass gerade in zu überwindenden Schwierigkeiten Entwicklungspotenziale liegen (Carle 2000), wurden Kernaufgaben der Unterrichtsentwicklung erarbeitet. Diese dienten wiederum als Schlüssel dafür, die von den Schulen beschrittenen Entwicklungswege besser zu verstehen. Aus methodologischer Perspektive ging damit in dieser Studie eine Bezugnahme auf das „Interpretative Paradigma" qualitativer Sozialforschung einher. In der Konsequenz wurde die Theoriebildung über diesen Gegenstandsbereich als gestaltender bzw. interpretierender Prozess angelegt, d. h. als eine rekonstruktive Leistung (Lamnek 2005, 34f). Da für die Rekonstruktion der Weg über die bedeutendsten bzw. entwicklungskritischen Momente, die Kernaufgaben, gewählt werden sollte, machte eine systematische Reduktion des Materials nötig. Inhaltsanalytisch-strukturierendes Vorgehen bot ein methodisches Gerüst für die Auswertung (Mayring 1990). Um den Untersuchungsgegenstand reichhaltig und tief ausdeuten zu können, wurde auf möglichst viele der vorliegenden, vielfältigen Daten aus der Begleitstudie zum Thüringer Schulversuch zurückgegriffen. Anwendung fand hier das Prinzip der „Daten-Triangulation", die „Triangulation" zur Erkenntniserweiterung nutzt (Flick 2003; Lamnek 2005, 160).

Die so erschlossenen unterrichtlichen Kernaufgaben bei der Einführung der Schuleingangsphase beziehen sich auf die Gestaltung von Lernumgebungen, die Leistungsdokumentation, die Kooperation und die für ein Schulentwicklungsprojekt zu leistende Veränderungsarbeit:

Lernumgebungen gestalten

Eine erste Kernaufgabe wurde bei der Binnendifferenzierung verortet: Die alltägliche Unterrichtspraxis stellt die Lehrkräfte in der Schuleingangsphase vor große Herausforderungen, wird doch von ihnen erwartet, dass sie für die integrativen und jahrgangsgemischten Lerngruppen (Stammgruppen) nachhaltige Lernumgebungen schaffen, in denen jedes Kind mit Freude lernen und seine Potenziale bestmöglich entfalten kann. Gleichzeitig soll das Kind sich in die Stammgruppe einbringen und die Gruppe der Kinder als Lerngemeinschaft einen förderlichen Lernhintergrund bilden. Lernumgebungen dafür zu arrangieren, fiel den Schulen wie dem Unterstützungssystem bis zuletzt schwer.

Die Aufgabe, die die Lehrkräfte in diesem Rahmen besonders forderte und die daher als eine erste Kernaufgabe für die qualitative Entwicklung des Unterrichts herausgearbeitet wurde, bestand darin, Kindern Gelegenheit zu reflexivem, kooperativem und ko-konstruktivem Lernen zu geben. Wichtig erscheint dabei, dass die Aufgaben fachlich relevant sind und unterschiedliche Zugänge zum Lerngegenstand eröffnen. Dabei handelt es sich allerdings nicht um ein Spezifikum der Schuleingangsphase, sondern um eine allgemeindidaktische Forderung. Im Zuge des Schulversuchs stellte sie sich aber besonders drastisch, waren doch die Lehrpersonen eher geneigt, zur Bewältigung der nun offensichtlichen Heterogenität der Stammgruppe paradoxerweise besonders eindimensionale Aufgaben zu präsentieren, deren Ergebnisse sich schnell als richtig oder falsch identifizieren ließen. Hinsichtlich fachlicher Fundierung zeigten sich Mängel im Kenntnisstand der Lehrpersonen, so dass es vielerorts nicht möglich war, geeignete fachdidaktische Konzepte zu entwickeln.

Leistungen didaktisch nutzen

Damit in enger Verbindung steht die zweite Kernaufgabe: Wenn Lehrerinnen und Lehrer das einzelne Kind in seinem Lernen unterstützen, ihm vermittelt über das schulische Lernangebot helfen sollen, zum Akteur seines Lernprozesses zu werden, dann benötigen sie Kenntnis von Instrumenten und Verfahren, mit denen sie diagnostische und förderpädagogisch relevante Informationen gewinnen können, auf die sie sich bei der Gestaltung von anregenden, nachhaltigen Lernumgebungen stützen können.

Hier zeigten sich widersprüchliche Ergebnisse: Einerseits war den Lehrpersonen Schuleingangsdiagnostik ebenso wenig fremd wie Leistungsbewertung. Dennoch zeigte sich andererseits, dass die erhobenen leistungsbezogenen Daten der Kinder für die folgenden Unterrichtssituationen kaum lernförderlich verwendet wurden. Das wurde sowohl in den Protokollen der Unterrichtshospitationen in Verbindung mit dem vorhandenen Dokumentenmaterial deutlich als auch in einer schriftlichen Befragung. Die größte Herausforderung für die Lehrpersonen bestand darin, die Leistungen der einzelnen Schülerinnen und Schüler reichhaltig zu dokumentieren und dabei auf fachliche Relevanz und auf einen Bezug zur weiteren Unterrichtsplanung zu achten. Die meisten, gerade in der Anfangszeit verwendeten neuen Verfahren und Instrumente zur Leistungsdokumentation lieferten kaum Anknüpfungspunkte hierfür. So nutzt etwa ein Portfolio als Mittel der Leistungsdokumentation wenig, wenn sich darin lediglich enggeführte Arbeitsblätter wiederfinden. Die eigenständige Arbeit des Kindes, seine Ideen und Reflexionen bleiben so verborgen.

Kooperatives System aufbauen

Eine dritte Kernaufgabe bezieht sich auf die kooperationsförderliche Gestaltung der Arbeitsprozesse bei der Unterrichtsentwicklung: An allen Schulen galt es hierfür hohe Barrieren zu überwinden. Organisatorisch musste der Schritt in die Teamarbeit spätestens nach einem Jahr vollzogen sein. Anders hätte in den Stammgruppen mit zeitweiliger Doppelbesetzung und bei der durch die damalige Zwangsteilzeit in Thüringen nötigen Arbeitsteilung der laufende Betrieb mit geöffnetem Unterricht in der Jahrgangsmischung nicht funktioniert. Die meisten Stammgruppenteams arbeiteten schon bald so miteinander, dass der Unterrichtsalltag bewältigt wurde.

An einigen mehrzügigen Schulen ähnelten jedoch die parallelen Stammgruppen eher voneinander entfernt liegenden Inseln, auf denen nicht mehr eine Lehrerin allein, sondern nunmehr kleine Teams ihre Schuleingangsphase durchführten. Und genau hieraus erwuchsen die Kooperationshindernisse. Potenziale oder Ressourcen für die Unterrichtsentwicklung blieben ungenutzt, die in einer Kooperation z. B. mit der Sonderpädagogin, der Hortleitung oder mit den anderen Stammgruppenteams vermutet werden können. Zudem war es ohne gemeinsame Reflexion und Austausch auch nicht möglich, von dem je anderen Wissen und Können der Kolleginnen bzw. Kollegen zu profitieren. Für den Unterricht interessante Entdeckungen und Produkte einzelner Stammgruppenteams oder Informationen aus Fortbildungen, die nur einzelne besucht hatten, wurden beispielsweise nicht an das gesamte Team der Schuleingangsphase weitergegeben.

Betroffen waren aber auch die gemeinsam zu bewältigenden schulbezogenen Aufgaben, die mit der Einrichtung der Schuleingangsphase einhergingen, wie etwa die Erarbeitung eines für alle verbindlichen und stimmig nach außen zu vertretenen pädagogisch-didaktischen Konzeptes. Als Kernaufgabe, während der Schulversuchszeit noch nicht als solche formuliert, ergab sich folglich, ein Kooperatives System aufzubauen, das alle schulischen Kooperationsebenen einbezieht: das Stammgruppenteam, das Schuleingangsphasenteam, letztlich die gesamte Schule.

Veränderungsarbeit gestalten

Ebenfalls auf die schulorganisatorische Ebene bezieht sich die vierte Kernaufgabe: Die Schuleingangsphase einzurichten erfordert zusätzliche Anstrengungen. Die Datenanalyse legte das Ausmaß der Anstrengungen offen, zumal die nötige Veränderungsarbeit im vorgegebenen, dreijährigen Zeitrahmen realisiert und letztlich positiv bewältigt werden musste. Gerade zum Ende des Schulversuchs scheint dies besser gelungen zu sein. Das lässt sich darauf zurückführen, dass Abläufe und Regelungen im Schulalltag neu bedacht und organisiert worden waren und eine entwicklungsförderliche Infrastruktur aufgebaut war. Dazu zählen vor allem die Zeitstrukturen, z. B. im Stundenplan verankerte Kooperationszeit, die Arbeitsräume und die Arbeitsmittel, die nicht im Privateigentum einzelner Lehrpersonen liegen.

Die skizzierten vier Kernaufgaben machen nicht nur darauf aufmerksam, welche Schwierigkeiten bei der Einführung der Schuleingangsphase erwartet werden können. Richtet man den Blick darauf, was ihrer Bearbeitung zu- bzw. abträglich ist, werden sie darüber hinaus zu einem Schlüssel, der den Zugang zur Beschreibung und Interpretation der Unterrichtsentwicklungsprozesse gewährt sowie schließlich auf Anknüpfungspunkte für ihre Förderung verweist. Unter dieser Perspektive wurde besonders deutlich, welche Relevanz in einem Entwicklungsprojekt der Zielorientierung zukommt. Überall dort, wo die Stammgruppen gegründet in den pädagogischen und didaktischen Ideen der Schuleingangsphase eingerichtet wurden, ließen sich gewünschte Veränderungen im Unterricht feststellen. Einfluss kann weiterhin angenommen werden für eine schulinterne Leitung, die nicht nur organisatorische Fragen klärt, sondern auch die inhaltlich anzustrebenden Entwicklungen im Unterricht kritisch begleitet und gegebenenfalls steuernd eingreift. Entwicklungskritisch sind zudem Fortbildungen, die auf die Schuleingangsphase und hier insbesondere auf die entwicklungsrelevanten Aufgaben der Unterrichtsentwicklung bezogen sind. Und natürlich benötigt Schul- und Unterrichtsentwicklung Ressourcen: Zeit, Raum, Kraft. Überall dort, wo sehr viele zusätzliche Ansprüche zusammenkamen (Schulzusammenlegungen, Personalfluktuation etc.), war die anspruchsvolle Unterrichtsentwicklung nur schwer in Gang zu setzen.

Für Unterstützungssysteme bleibt die Aufgabe, diese Entwicklungshürden zu erkennen und den Schulen Angebote zu unterbreiten, die ihnen helfen, diese zu überwinden. Für Forschung stellt sich an die vorgelegten Befunde anschließend u. a. die Aufgabe, genauer zu betrachten, wie Lehrkräfte besser in die Lage versetzt werden können, die anspruchsvolle Aufgabe der Unterrichtsentwicklung so zu lösen, dass die Schuleingangsphase zu einer nachhaltig wirksamen Lerngelegenheit wird.

Landesweiter Transfer der Schuleingangsphase in Thüringen
(Ursula Carle & Heinz Metzen)

BeSTe ist das zeitlich und funktional begrenzte Transferprojekt innerhalb des langfristigen Schulentwicklungsvorhabens des Landes Thüringen zur landesweiten Etablierung der Schuleingangsphase (Carle 2010). Langfristiges Ziel des gesamten Entwicklungsvorhabens ist die flächendeckende Einführung der integrativen, jahrgangsgemischten und flexiblen Schuleingangsphase in Thüringen. Mittelfristiges Ziel des Transferprojektes war die Herausarbeitung und Schaffung der Realisierungsbedingungen für diese flächendeckende Einführung.

Die Entwicklung des Transferprojektes lässt sich in zwei Phasen gliedern. 1. Phase 2005-2008: Wissenschaftliche Begleitung beim Aufbau eines Unterstützungssystems, das in der Lage ist, die wesentlichen Erkenntnisse aus dem Schulversuch ‚Veränderte Schuleingangsphase' (Carle/Berthold 2004) bei der schulindividuellen Begleitung umzusetzen. 2. Phase 2008-2010: Thüringenweite Etablierung der Schuleingangsphase mit Begleitung durch Tandems (Grund- und Sonderschullehrpersonen mit spezieller Fortbildung).

Die wissenschaftliche Begleitung oblag den Autoren dieses Beitrags. Sie waren an nahezu allen Aktivitäten der Projektsteuergruppe auf Ministeriumsebene, an zentralen Entscheidungen der Projektleitung sowie an den meisten Tandem-Schulungen bzw. -beratungen beteiligt. Das Engagement reichte von der Entwicklung einer Projekt-Konzeption über die maßnahme- und fallbezogene Beratung der Projektleitung bis hin zur Gestaltung von Tandem-Fortbildungen. Eingeführt wurde, dass die Arbeit der Tandems von der Projektleitung über mittelfristige ‚Arbeitsvereinbarungen' kontrolliert wird. Die Wissenschaftliche Begleitung nahm an einigen dieser Vereinbarungsgespräche teil, half bei der Formulierung von Fragen für diese Gespräche mit und hatte Einsicht in alle seit 2006 vorliegenden Vereinbarungsprotokolle.

Anfang 2007 zog die Wissenschaftliche Begleitung eine erste Bilanz (‚Projektausgangsbericht') ihrer Sicht auf die Projektentwicklung. Darin wurde u. a. die weitgehend vollzogene Ausweitung der Projektsteuerung nach ‚unten' in Richtung Schulämter und Schulen vorgeschlagen. In einigen Schulamtsbereichen nahm die Wissenschaftliche Begleitung dann an ausgewählten Aktivitäten der Tandems teil: Informationsveranstaltungen für Eltern und Lehrpersonen, Planungen mit dem Schulamt und Unterrichtsbesuche gehörten dazu. Anfang 2008 wurde die Projektleitung interviewt. Die Arbeitsbedingungen der Tandems wurden zu Beginn in einer Stärken-Schwächen-Chancen-Risiko-Analyse und zum Abschluss mit einem Fragebogen erhoben, so dass zur Entwicklung der Arbeitsbedingungen Aussagen gemacht werden können. Insgesamt wurden drei Fragebögen mit zusammen 78 Fragen von den 11 Tandems beantwortet. Die Schulleitungen kamen während des Transferprojekts in zwei ganztägigen Veranstaltungen zu Wort. Kontakte nicht nur mit Eltern, sondern auch zur Projektleitung des TransKiGs-Projekts und verschiedenen auf die Schuleingangsphase Einfluss nehmenden Personengruppen stellten sich in regelmäßigen Beiratssitzungen her. So überblickte die Wissenschaftliche Begleitung die Strukturebenen des Transferprojektes von der politischen Leitung im Ministerium über die Projektsteuerung, die Arbeit der Schulentwicklungsberatung auf Schulamtsebene bis hinunter zur Arbeit der Tandems in den Schulen (Carle/Metzen 2009, 28 ff).

Fast ein Drittel aller Thüringer Grundschulen hatte sich bis Ende 2008 auf den Weg gemacht, eine integrative, jahrgangsgemischte und flexible Schuleingangsphase aufzubauen (ebd., 39 ff). Das Ziel: Gemeinsamer Unterricht aller Kinder in der Grundschule; zwei Klassenstufen bilden eine Lerngemeinschaft mit hoher Eigenverantwortlichkeit und intensivem gemeinschaftlichem Lernen sowie mit der Möglichkeit, die Schuleingangsphase in ein bis drei Jahren zu durchlaufen. Der Trend hielt auch 2010 an. Von 2008 geschätzten rund 140 Schulen, die sich dem Aufbau einer integrativen Schuleingangsphase verschrieben haben, befand sich etwa die Hälfte in Betreuung durch die BeSTe-Tandems. Gut 30-40 Schulen standen kurz vor dem Einstieg in die Begleitung durch BeSTe. Schätzungsweise noch einmal so viele hatten sich in früheren Schulversuchen bzw. ohne diese auf den Weg gemacht. Die Tandems schätzten deren Entwicklungsdynamik nicht so positiv ein wie bei den BeSTe-Schulen, deren Erfolgsmomente in den folgenden Abschnitten vorgestellt werden.

Erfolgsmotor Tandems

Wichtigstes Moment für diesen Erfolg bildete – neben dem hohen Engagement der Lehrkräfte – das in Thüringen entwickelte Unterstützungssystem für dieses Schulentwicklungsvorhaben: die qualifizierte und unterstützte Lern- und Entwicklungsgemeinschaft der ‚Tandems' (Carle/Metzen 2009, 75 ff). Dabei erbrachten die Tandems eine doppelte Qualifizierungsleistung. In den ersten beiden Jahren des Projektes zwischen 2005 und 2007 qualifizierten sich fast 30 Lehrerinnen und Lehrer mit Unterstützung der Projektleitung und der Wissenschaftlichen Begleitung zu professionellen Schuleingangsphasen-Berater/innen und motivierten ca. 100 Schulen, sich auf den Weg des Auf- und Ausbaus der Schuleingangsphase zu begeben. Klima und Arbeitsweise der Tandem-Community ähnelten stark denen der Schuleingangsphase: Kompetenzniveaumischung, Lernen mit- und voneinander, hohe produktive Motivation und – dafür die Basis bildend – ein sehr positives Sozialklima. Dynamik, Breitenwirkung und Qualität des Transferprojektes BeSTe ruhten im Wesentlichen auf den Schultern der Tandems. Das war, was sie anspornte. Das war aber auch das, was sie belastete und unzufrieden machte mit der unzureichenden institutionellen, publizistischen und finanziellen Anerkennung. Eine hohe Aufstiegsfluktuation ist bis heute die persönlich lohnende, aber projektbedrohliche Folge. Es müssen also fortlaufend neue Tandems aufgebaut werden, da die Fluktuation nicht verhindert werden kann, denn die Entwicklungs- und Lerngemeinschaft der Tandems gilt es zu erhalten.

Systemhaftigkeit
Versucht man den Grad der gesellschaftlichen Bedeutung (,Systemhaftigkeit' sensu Giddens; Carle 2000, 351 ff) von BeSTe zu beurteilen, dann ergibt sich grob gesehen folgendes Bild: BeSTe erfuhr bis 2008 nur ein grundlegendes Interesse der Gesellschaft, bei einem guten Differenzierungs- und Integrationsniveau der internen Projektstrukturen. Eine weitgehend auf individueller praktischer Interaktion fußende Projekt-Integration organisationalen Lernens im Prozess der Schulbegleitung wurde von einer damit nur punktuell verbundenen (Fach-) Öffentlichkeit begleitet, die nicht sehr ausgeprägt an den Leistungen des Projektes interessiert war und wenn, dann nur anlassbezogen. Die interne Projektstruktur könnte also durchaus ein höheres öffentliches Interesse wecken und befriedigen. Ansätze dafür sind auf Schulamts- wie auf Projektleitungsebene da und könnten als Ausgangspunkt für eine landesweit bessere Öffentlichkeitsarbeit dienen.

Regionalisierung
Die von den Tandems angestoßene Entwicklungsdynamik in den Grundschulen erfasste zum Abschluss der Wissenschaftlichen Begleitung in 2008 auch alle Schulämter, die – ebenfalls in unterschiedlicher Intensität – das Transferprojekt BeSTe tatkräftig unterstützen. Jedes Thüringer Schulamt hatte nun mehrere BeSTe-Schulen. Akronym und Signet ,BeSTe' sind ein stehender Begriff in der Schulöffentlichkeit des Freistaates. Es mangelte jedoch auch 2008 noch einigen Lehrkräften und Eltern, ja sogar einigen Berater/innen am Vertrauen in die Ernsthaftigkeit des politischen Willens auf Landesebene.

Wachsender Informationsbedarf
Entsprechend üblicher Innovationstransferrhythmik (,2-6-2-Regel'; Carle 2000, 407 ff) befand sich die Dissemination des Vorhabens in Thüringen zum Abschluss der wissenschaftlichen Begleitung am Übergang der Arbeit mit den „sowieso" interessierten und besonders aufgeschlossenen (ca. 20%) zu den eher pragmatisch orientierten (ca. 30%) Kollegien. Diese lassen sich erfahrungsgemäß weniger leicht durch die bloße Idee überzeugen, sondern verlangen einen praktischen Beleg für die Machbarkeit und den Nutzen der integrativen, jahrgangsstufenübergreifenden und flexiblen Schuleingangsphase. Dies zeigte sich in Informationsveranstaltungen an einem deutlichen Überwiegen der WIE-Fragen gegenüber den OB-Fragen und an einem starken Besuchsinteresse von Beispielschulen. Der bisherige Fokus auf das Werben für ein faszinierendes pädagogisches Modell und für ein professionell ausgestattetes Unterstützungssystem

60

müsste nun mehr in Richtung Know-how-Wachstum und -Transfer gehen. Dafür benötigt das Projekt entsprechendes Informationsmaterial, eine nutzerfreundliche Internetplattform, regionale Lernwerkstätten und Beispielschulen. Das entsprechende Potential an Schulen ist in jedem Schulamt vorhanden. Nur müssten die Personen speziell für die Transferarbeit qualifiziert und ausgestattet werden – personell, räumlich und medial – wo immer möglich, in Verbindung mit einer Lernwerkstatt. Für alle diese Informationskanäle gibt es entsprechende Vorarbeiten. Es fehlt jedoch die ausreichende Personalkapazität für die Umsetzung dieses anstehenden Schrittes.

Ansätze für Selbstevaluation geschaffen

Es wurde eine ‚Checkliste Schuleingangsphase' für die dialogische Selbst- und Fremdbeobachtung des Unterrichts in der Schuleingangsphase entwickelt (Klose 2008). Dieses Instrument wird seit Schuljahresbeginn 2008 bei den Konsultationen im Rahmen des Thüringer Schulentwicklungsvorhabens ‚Eigenverantwortlichen Schule' angewendet, die zur Begleitung der BeSTe-Schulen gehören. Damit sind erste Ansätze für die Selbstevaluation der Schulentwicklungsprojekte geschaffen.

Steigerung der Unterrichtsqualität rückt in den Blick

Die nächste Projekt-Entwicklungsaufgabe bei den Schulämtern mit den meisten BeSTe-Schulen wird die deutliche Anhebung der Aufgabenqualität sein. Dies entnehmen wir den wenigen Schulbesuchen, vor allem aber den Kommentaren der Tandems zum Entwicklungsstand ihrer Schulen. Wie oben schon angedeutet, lässt sich möglicherweise die Steigerung der Aufgabenqualität auch nicht mehr alleine durch die BeSTe-Tandems bewerkstelligen. Das Team der Wissenschaftlichen Begleitung schlug daher die Entwicklung ‚schulinterner Tandems' für diese Aufgabe vor, die in einem Kompetenznetzwerk auf Schulamtsebene eingebunden sind. Zu einem solchen Kompetenznetz gehören alle Schulen, die ihre Schuleingangsphase entwickeln, Beispielschulen für die Schuleingangsphase, Lernwerkstätten, Arbeitskreise und andere Orte des kollegialen Lernens und Entwickelns, die genannten und andere verwandte Unterrichtsentwicklungsvorhaben, die entsprechenden Fachberater und natürlich auch die Schuleingangsphasen-Tandems – zur Sicherung der Integration dieser Vorhaben in das Transferprojekt. Das neue Netzwerkmodell sollte mit einigen wenigen, dafür prädestinierten Schulämtern entwickelt und später transferiert werden.

Schulleiter spielen Schlüsselrolle und benötigen Unterstützung

Obwohl wir keinen umfassenden Zugang zu den BeSTe-Grundschulen hatten, legen die vereinzelten Einblicke, die Äußerungen der Tandems und die der Schulleitungen die Interpretation nahe, dass die Schulleiter/innen eine Schlüsselrolle (Gatekeeper) für die Bereitschaft, den Start und das Fortschreiten der Schuleingangsphase spielen. Deshalb müssten vor allem die Schulleiter/innen der Schuleingangsphasen-Schulen eine besondere Unterstützung erfahren.

Die flexible, jahrgangsgemischte und integrative Schuleingangsphase ist nicht nur in Schulentwicklungsprojekten machbar, sondern die dort gewonnenen Erkenntnisse können auch systematisch in einen landesweiten Transfer gebracht werden. Wie das möglich ist, dafür bietet das BeSTe-Transferprojekt ein Beispiel. Es zeigt auch die Problempunkte auf, die sich im Laufe des Entwicklungsprozesses verlagern und zudem auf den verschiedenen Strukturebenen in unterschiedlicher Weise zeigen. Es bedarf daher einer Integration der Entwicklung der verschiedenen Strukturebenen, die nicht ohne Begleitung geleistet werden kann.

Fazit

Die drei in diesem Aufsatz dargelegten Schuleingangsphasenmodelle sind unterschiedlich weit verbreitet. Am weitesten umgesetzt ist das Modell der jahrgangsgemischten Schuleingangsphase. Es ist in fast allen deutschen Bundesländern möglich, in immer mehr Ländern als Regelfall vorgesehen. Das Modell der gemeinsamen Verantwortlichkeit in einer Schuleingangsphase, die bereits im Kindergarten beginnt, ist ebenfalls nicht mehr in der Modellphase, sondern bereits seit fünf Jahren der Regelfall in Sachsen. Demgegenüber ist die Erprobung der Basisstufe in der Schweiz gerade erst abgeschlossen und die Umsetzung in den Regelbetrieb beginnt erst. Was lässt sich für zukünftige Entwicklungen aus den vorgelegten Untersuchungen lernen? Wo liegen die Forschungsdesiderata?

Zusammenfassend zeigen die Untersuchungen zu den unterschiedlichen Modellen zur Gestaltung der Schuleingangsphase, dass sich in den Projekten eine innovative Veränderungsdynamik entwickelt hat und dass tragfähige Lösungen für die Übergangsproblematik erarbeitet werden konnten. Über alle Untersuchungen hinweg wird jedoch auch deutlich, dass es nun darum gehen muss, Fragen der Unterrichtsqualität stärker in den Blick zu nehmen: die Problematik der zu entwickelnden wirksamen Lernumgebungen oder vielmehr der Aufgabenqualität benötigt weitere Aufmerksamkeit.

Letztlich verlangt die Komplexität des Vorhabens die Kooperation aller an der Qualitätsentwicklung der Schuleingangsphase Interessierten.

Literatur

Berthold, B. (2008): Einschulungsregelungen und flexible Eingangsstufe. Recherche für den Nationalen Bildungsbericht 2008 im Auftrag des Deutschen Jugendinstituts. Stand: Februar 2008. München: DJI.

Berthold, B. (2010): Sekundäranalytische Rekonstruktion entwicklungskritischer Kernaufgaben und Verlaufsmuster der Unterrichtsentwicklung bei der Einrichtung der integrativen, jahrgangsgemischten und flexiblen Schuleingangsphase. Dissertation. Bremen: Universität Bremen. URL: http://www.grundschulpaedagogik.uni-bremen.de/lit/personen/berthold_diss.html (letzter Zugriff am 12.01.2011).

Carle, U. (2000): Was bewegt die Schule? Internationale Bilanz, praktische Erfahrungen, neue systemische Möglichkeiten für Schulreform, Lehrerbildung, Schulentwicklung und Qualitätssteigerung. Baltmannsweiler: Schneider Hohengehren.

Carle, U. (2010): Die neue Schuleingangsphase: Integrativ, jahrgangsgemischt und flexibel. Internet-Themenseite des Arbeitsgebiets Elementar- und Grundschulpädagogik. URL: http://www.grundschulpaedagogik.uni-bremen.de/schuleingangsphase (letzter Zugriff am 12.01.2011).

Carle, U./Berthold, B. (2004): Schuleingangsphase entwickeln – Leistung fördern. Wie 15 Staatliche Grundschulen in Thüringen die flexible, jahrgangsgemischte und integrative Schuleingangsphase einrichten. Baltmannsweiler: Schneider Hohengehren.

Carle, U./Metzen, H. (2006): So lassen sich Netzwerke (nicht) evaluieren – von der Netzwerkmetaphorik zur systemischen Organisationsgestaltung und Forschungsmethodik – erste Gehversuche bei Vernetzungsversuchen in der Familienbildung. Vortrag auf der DeGEval-Jahrestagung am 28. September 2006 in Lüneburg. Bremen: Universität.

Carle, U./Metzen, H. (2009): Die Schuleingangsphase lohnt sich! Erfolgsmomente für die bestmögliche Entwicklung des landesweiten Schulentwicklungsvorhabens ‚Begleitete Schuleingangsphase' in Thüringen. Bericht der Wissenschaftlichen Begleitung nach zweieinhalb Jahren ‚BeSTe' (2005-2008). Bremen: Universität. URL: www.grundschulpaedagogik.uni-bremen.de/schuleingangsphase/BeSTe_Endbericht 2009/2009_02beste_endbericht(gesamt).pdf (letzter Zugriff am 12.01.2011).

Carle, U.a/Košinár, J./Laskowski, R./Leineweber, S./Schmidt, D. (2010): Evaluierung der Umsetzung des Sächsischen Bildungsplans, des Schulvorbereitungsjahres und der Verzahnung mit der Schuleingangsphase. Unveröffentlichter Abschlussbericht – Entwurfsfassung. Bremen: Universität.

Charpa, U. (2001): Wissen und Handeln. Grundzüge einer Forschungstheorie. Stuttgart, Weimar: J. B. Metzler.

EDK-Ost (1997): Bildung und Erziehung der vier- bis achtjährigen Kinder in der Schweiz. Dossier 48A. Bern: Schweizerische Konferenz der kantonalen Erziehungsdirektoren.

EDK-Ost (2000): Erste Empfehlungen zur Bildung und Erziehung der vier- bis achtjährigen Kinder in der Schweiz. 31. August 2000. Bern: Schweizerische Konferenz der kantonalen Erziehungsdirektoren.

Flick, U. (2003): Triangulation in der qualitativen Forschung. In: Flick, U./Kardorff, E. von/Steinke, I. (Hrsg.): Qualitative Forschung. Ein Handbuch. 2. Auflage. Reinbek bei Hamburg: Rowohlt Taschenbuch Verlag, 309-318.

Giddens, A. (1997): Die Konstitution der Gesellschaft. Grundzüge einer Theorie der Strukturierung. 3. Auflage, zuerst 1995; engl. Orig. 1984: The Constitution of Society. Outline of the Theory of Structuration. Frankfurt: Campus.

Heaton, J. (2004): Reworking Qualitative Data. London: Sage.

Heinzel, F. (2010): Zugänge zur kindlichen Perspektive – Methoden der Kindheitsforschung. In: Friebertshäuser, B./Langer, A./Prengel, A. (Hrsg.): Handbuch Qualitative Forschungsmethoden in der Erziehungswissenschaft. 3., vollständig überarbeitete Auflage, Weinheim, München: Juventa, 707-722.

Jütte, W. (2006): Netzwerkvisualisierung als Triangulationsverfahren bei der Analyse lokaler Weiterbildungslandschaften. In: Hollstein, B./Straus F. (Hrsg.): Qualitative Netzwerkanalyse. Konzepte, Methoden, Anwendungen. Wiesbaden: VS Verlag für Sozialwissenschaften, 199-220.

Klose, S. (2008): Checkliste Schuleingangsphase. Internetseite der Materialien für Thüringer Schulen zum Entwicklungsvorhaben „Eigenverantwortliche Schule". URL: http://www.tqse.uni-bremen.de/instrumente/main.html#checklistseph (letzter Zugriff am 12.01.2011).

Lamnek, S. (2005): Qualitative Sozialforschung. 4. vollständig überarbeitete Auflage. Weinheim, Basel: Beltz.

Mayring, P. (1990): Qualitative Inhaltsanalyse. Grundlagen und Techniken. 2. durchgesehene Auflage. Weinheim: Deutscher Studien Verlag.

Moser, U./Bayer, N. (2010): Schlussbericht der summativen Evaluation: Lernfortschritte vom Eintritt in die Eingangsstufe bis zum Ende der 3. Klasse der Primarschule. Bern: Schulverlag.

Sächsisches Staatsministerium für Soziales (Hrsg.) (2007): Der Sächsische Bildungsplan – ein Leitfaden für pädagogische Fachkräfte in Krippen, Kindergärten und Horten sowie für Kindertagespflege. Weimar: Verlag Das Netz. URL: http://www.kita-bildungsserver.de/fileadmin/inc/do_download.php?did=37 (letzter Zugriff am 12.01.2011).

Sächsisches Staatsministerium für Kultus und Sport (2010): Verordnung des Sächsischen Staatsministeriums für Kultus und Sport über Grundschulen im Freistaat Sachsen (Schulordnung Grundschulen – SOGS). Fassung gültig ab 01.08.2010. URL: http://www.revosax.sachsen.de/ (letzter Zugriff am 08.07.2011).

Vogt, F. (2009): Inwieweit entwickeln Kindergarten- und Grundschullehrpersonen in der Praxis der Basisstufe eine gemeinsame Berufskultur? In: Wenzel, D./Koeppel, G./Carle, U. (Hrsg.): Kooperation im Elementarbereich. Baltmannsweiler: Schneider Hohengehren, 24-40.

Vogt, F./Zumwald, B./Abt, N./Rogalla, M. (2010a): Zusammenfassung der Evaluationsergebnisse des Projektes KidS (Vom Kindergarten in die Schule) im Auftrag der Stadt St. Gallen. St. Gallen: Pädagogische Hochschule des Kantons St. Gallen.

Vogt, F./Zumwald, B./Urech, C./Abt, N. (2010b): Schlussbericht der formativen Evaluation: Grund-/Basisstufe: Umsetzung, Unterrichtsentwicklung und Akzeptanz bei Eltern und Lehrpersonen. Bern: Schulverlag.

Die wissenschaftliche Begleitung des Modells „Bildungshaus 3-10"

Michaela Sambanis, Petra Arndt & Katrin Hille

1   Modell „Bildungshaus 3-10" und wissenschaftliche Begleitung

Das „Bildungshaus 3-10" ist ein baden-württembergischen Landesmodell in dem die Verzahnung von Kindergarten und Grundschule auf pädagogischer Ebene erprobt wird. Eine Forschergruppe des Transferzentrums für Neurowissenschaften und Lernen (ZNL, Universität Ulm) begleitet und evaluiert das Modell seit September 2008. Diese wissenschaftliche Begleitung finanziert sich aus Mitteln des Bundesministeriums für Bildung und Forschung (BMBF) und aus dem Europäischen Sozialfonds der Europäischen Union (ESF) und hat zunächst eine Laufzeit bis August 2012.

In den Bildungshäusern sollen Spiel- und Lerneinheiten regelmäßig institutions- und jahrgangsübergreifend stattfinden. Diese pädagogischen Angebote werden von Erzieher/-innen und Lehrkräften gemeinsam vorbereitet, durchgeführt und reflektiert. Letztlich bildet die regelmäßige und intensive Kooperation zwischen Kindergarten und Grundschule den Kern des Modells, mit dem eine Weiterentwicklung der Qualität der pädagogischen Arbeit angestrebt wird, wovon natürlich vor allem die Kinder profitieren sollen.

Die gemeinsamen Bildungshaus-Zeiten stellen kein Additivum zum eigentlichen Unterricht und der Kindergartenarbeit dar, sondern einen integralen Bestandteil. Im Bildungshaus werden Ziele des Orientierungsplans für den Kindergarten und des Bildungsplans für die Grundschule umgesetzt. Für die institutionsübergreifenden Angebote können die Räume von Kindergarten und Grundschule genutzt werden. Das Bildungshaus soll jedem einzelnen Kind Anregungen, pädagogische Angebote, vielfältige Interaktionsmöglichkeiten (ältere und jüngere Kinder, Lehrkräfte und Erzieher/-innen) sowie Zugang zu verschiedenen Materialien bieten, sodass das Kind möglichst oft genau die Herausforderungen finden kann, die seinem aktuellen Entwicklungsstand entsprechen.

2 Forschungsauftrag und Studiendesign

Die wissenschaftliche Begleitung verfolgt zwei übergeordnete Ziele:

- den möglichen Gewinn des „Bildungshauses" feststellen
- herausarbeiten, welcher Bedingungen und Ressourcen ein „Bildungshaus 3-10" bedarf.

Das ZNL Ulm arbeitet im Rahmen der wissenschaftlichen Begleitung mit zwei Partnern zusammen, nämlich mit dem Institut für Epidemiologie der Universität Ulm als Datenzentrum und dem Zentrum für Europäische Wirtschaftsforschung (ZEW) in Mannheim. Das ZEW erhebt ergänzende Daten zur Erfassung der Kostenstruktur der beteiligten Kindergärten und Grundschulen. Auf dieser Grundlage kann, in Kombination mit Daten, die von der Forschergruppe am ZNL erhoben werden, eine Kosten-Nutzen-Analyse erstellt werden.

Des „Bildungshaus 3-10" wird in einer quasi-experimentellen Feldstudie im Längsschnittdesign evaluiert. Als Experimentalgruppe beteiligen sich die 2007 vom Kultusministerium aus nahezu 100 Bewerbern ausgewählten 33 Bildungshäuser (vgl. www.znl-bildungshaus.de/html/modelleinrichtungen.html). An jedem Bildungshaus-Standort arbeitet eine Grundschule mit bis zu fünf Kindergärten zusammen. 39 weitere Standorte beteiligen sich als Kontrollgruppe an der Studie. Hier werden bisherige Formen der Kooperation zwischen Kindergarten- und Grundschule weitergeführt, aber die Zusammenarbeit zwischen den Institutionen nimmt nicht denselben, zentralen Stellenwert ein, den sie in den Modelleinrichtungen einnimmt.

Die wissenschaftliche Begleitung hat einen dreifachen Auftrag (Abb. 1). Die enge Kooperation zwischen pädagogischen Fachkräften aus Kindergarten und Grundschule führt zu einem Zusammentreffen zweier Professionen, die sich hinsichtlich des pädagogischen Ansatzes und der angestrebten Ziele häufig unterscheiden. Eine der Aufgaben der wissenschaftlichen Begleitung ist es daher, die Erzieher/-innen und Lehrkräfte im Kooperationsprozess zu begleiten und zu unterstützen. Zugleich werden diese Prozesse dokumentiert. Die Dokumentation ist eine wichtige Komponente der Untersuchungen der relevanten Bedingungen und Ressourcen, derer ein „Bildungshaus 3-10" bedarf. Weitere Beiträge entstammen der Wirkungsanalyse, die aber neben der Feststellung relevanter Faktoren vor allen Dingen der Untersuchung des möglichen Gewinns und der Wirksamkeit des Modells dient.

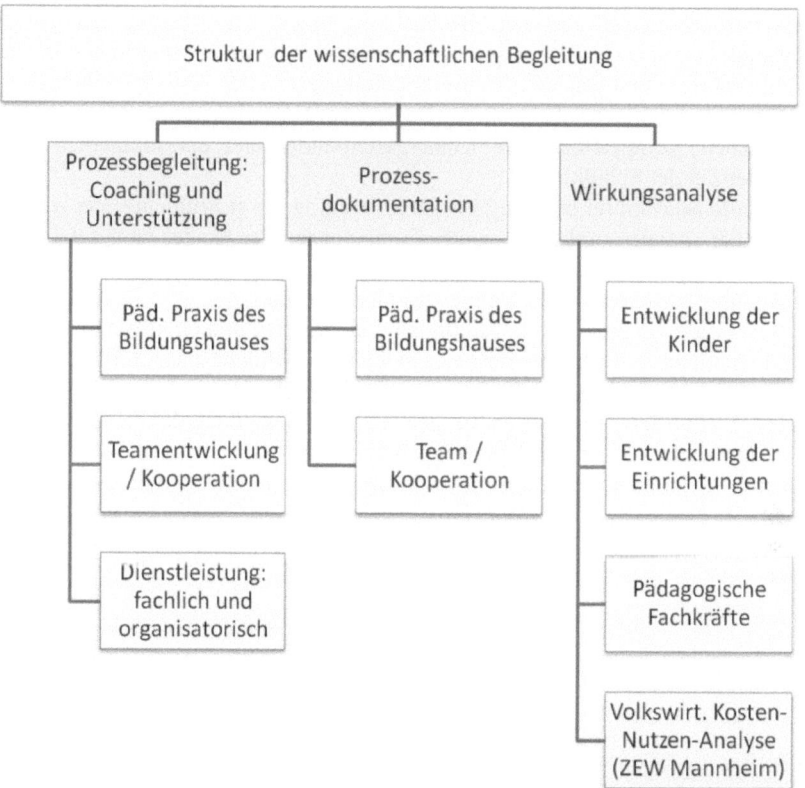

Abbildung 1: Messinstrumente und erste Ergebnisse der Wirkungsanalyse im Bezug auf die Entwicklung der Einrichtungen und DIE Entwicklung der Kinder werden in verschiedenen Beiträgen in diesem Band vorgestellt

Messinstrumente und erste Ergebnisse der Wirkungsanalyse im Bezug auf die Entwicklung der Einrichtungen und der Entwicklung der Kinder werden in verschiedenen Beiträgen in diesem Band vorgestellt.

Julia Höke berichtet in ihrem Beitrag von der ersten Messung der Prozessqualität der Kindergärten und der Schulen in den Bildungshäusern und den Vergleichseinrichtungen.

Doris Drexl berichtet über den Beobachtungsbogen zur Messung der Unterrichtsqualität und erste Ergebnisse der Messungen mit diesem Instrument in den Bildungshäusern und den Vergleichseinrichtungen.

Petra Arndt beschreibt in ihrem Beitrag erste Ergebnisse der Messung der sprachlichen Kompetenzen der Kindergartenkinder und der mathematischen Kompetenzen der Schulkinder.

Nicole Sturmhöfel beschreibt in ihrem Beitrag die Instrumente, die zur Erfassung der sozialen und emotionalen Kompetenzen der Kinder eingesetzt worden sind. Darüber hinaus berichtet sie von ersten Ergebnissen der Messungen in den Bildungshäusern und den Vergleichseinrichtungen.

Die Frage, ob und wie die beteiligten Kindergärten und Grundschulen in ihrer Entwicklung von der gemeinsamen Arbeit im "Bildungshaus 3-10" profitieren, kann nicht vor August 2012 mit ersten Zwischenergebnissen beantwortet werden. Erst im Jahr 2015, wenn die siebenjährige Begleitung des "Bildungshaus 3-10" abgeschlossen ist, wird es möglich sein, die tatsächlichen Chancen, aber auch die Nachteile und Kosten dieser Bildungseinrichtung abschließend zu bewerten.

Sprachliche und mathematisch-logische Kompetenzen von Kindern im Bildungshaus

Petra Arndt

Ein Ziel der wissenschaftlichen Begleitung des Modellprojekts ist es, den möglichen Gewinn des Bildungshauses für die Kinder festzustellen. Hierzu werden sozio-emotionale und kognitive Entwicklung in einem kombinierten Querschnitt-Längsschnitt-Kontrollgruppen-Design untersucht. Zur Abbildung der kognitiven Entwicklung sollen u.a. folgende Hypothesen geprüft werden:

- Die mathematischen Basisfähigkeiten sowie die allgemeinen und lehrplanbezogenen mathematischen Kompetenzen entwickeln sich bei Kindern in den Modelleinrichtungen besser oder ebenso gut wie die der Kinder in den Vergleichseinrichtungen.
- Die Vorläuferfähigkeiten und Kompetenzen im Schriftspracherwerb entwickeln sich bei den Kindern in den Modelleinrichtungen besser oder ebenso gut wie die der Kinder in den Vergleichseinrichtungen.

1 Sprachlicher Bereich

1.1 Methoden

Der Sprachstand von Kindern im letzten Kindergartenjahr wird mit dem Sprachentwicklungstest für drei- bis fünfjährige Kinder (SETK 3-5, Grimm et al. 2001) erhoben. Das Verfahren erlaubt eine relativ gute Einschätzung eines Teils der Fertigkeiten, die als Voraussetzungen für den Prozess des Lesenlernens betrachtet werden (z.B. Gathercole/Baddeley 1993, Muter et al. 2004). Der weitere Erfolg im Schriftspracherwerb wird mit Lesetests und anhand der Schulleistungen erfasst werden.

Im ersten Erhebungszeitraum (2009) wurde der SETK 3-5 bei 240 Kindern in Modell- und 180 Kindern in Vergleichseinrichtungen durchgeführt, für die Normdaten für den entsprechenden Altersbereich vorlagen.

1.2 Ergebnisse

Die mittleren t-Werte sind in allen Untertests für Modelleinrichtungen niedriger als für Vergleichseinrichtungen (t-Werte der Untertests im Einzelnen: *Verstehen von Sätzen* ME 52,5, VE 54,0; *Satzgedächtnis*: ME 53,8, VE 56,2; *Phonologisches Gedächtnis für Nichtwörter*: ME 51,5, VE 53,6; *morphologische Regelbildung* ME 52,3, VE 56,3). Es wurde eine multivariate Varianzanalyse mit den Faktoren Einrichtungstyp (Modell- oder Vergleichseinrichtung) und Migrationsanteil am Standort durchgeführt. Der Migrationsanteil an den Modellstandorten liegt im Mittel um 3,62% höher als in den Vergleichseinrichtungen (p=0,002). Der Einfluss des Migrationsanteils ist signifikant für die Ergebnisse aller vier verwendeten Untertests des SETK 3-5 ($p \leq 0,001$). Die Effekte des Einrichtungstyps sind signifikant für die Untertests „Satzgedächtnis" (p=0,001) und „Phonologisches Arbeitsgedächtnis" (p=0,003). Für diese beiden Untertests sind die Interaktionen zwischen Einrichtungstyp und Migrationsanteil signifikant (Satzgedächtnis p=0,008, Phonologisches Arbeitsgedächtnis p=0,02).

1.3 Diskussion

Die Modelleinrichtungen schneiden – wahrscheinlich aufgrund des höheren Migrationsanteils in diesen Einrichtungen – in den Untertests „Satzgedächtnis" und „Phonologisches Arbeitsgedächtnis" des SETK 3-5 schlechter ab als die Vergleichseinrichtungen. Da die Behaltensleistung für Sätze keine „reine" Gedächtnisleistung ist, sondern von Wortschatz und grammatikalischem Wissen abhängt, ist sie ein Maß für die Kenntnisse des Deutschen. Der Untertest zum phonologischen Arbeitsgedächtnis erfordert, dass der Proband ihm vorgesprochene Nichtwörter wiederholt, die aus gängigen Phonemen des Deutschen zusammengesetzt sind. Die Ergebnisse sind daher möglicherweise vollständig auf den Migrationshintergrund der Kinder zurückzuführen. Um dies abschließend beurteilen zu können, ist es notwendig, den Migrationshintergrund jedes Kindes individuell zu berücksichtigen. Die dazu notwendigen Daten wurden zum Zeitpunkt der Abfassung dieses Beitrags erhoben.

2   Mathematisch-logischer Bereich

2.1   Methoden

Die Fähigkeit, mit Zahlen und mathematischen Problemstellungen umzugehen, wird im Kindergarten mit Hilfe des Osnabrücker Tests zur Zahlbegriffsentwicklung (OTZ, van Luit/van Rijt/Hasemann, 2001) erfasst. Zur Abbildung der weiteren Entwicklung im mathematischen Bereich wird im Grundschulalter der Heidelberger Rechentest (HRT, Haffner et al. 2005) eingesetzt. Unabhängig von spezifischen Lehrplänen misst dieser Gruppentest, wie schnell und sicher Kinder die Grundrechenarten beherrschen. Zusätzlich wird die Verarbeitung numerisch-logischer und räumlich-visueller Informationen geprüft.

Im ersten Erhebungszeitraum (2009) wurde der HRT explorativ in vier Bildungshäusern mit 42 Schülern der 4. Klassen durchgeführt (Abb. 1).

2.2   Ergebnisse

Die Leistungen von Viertklässlern an den einbezogenen Bildungshaus-Grundschulen sind in der Regel besser als die der Normstichprobe. Lediglich bei der visuellen Größenerfassung ergeben sich niedrigere Werte.

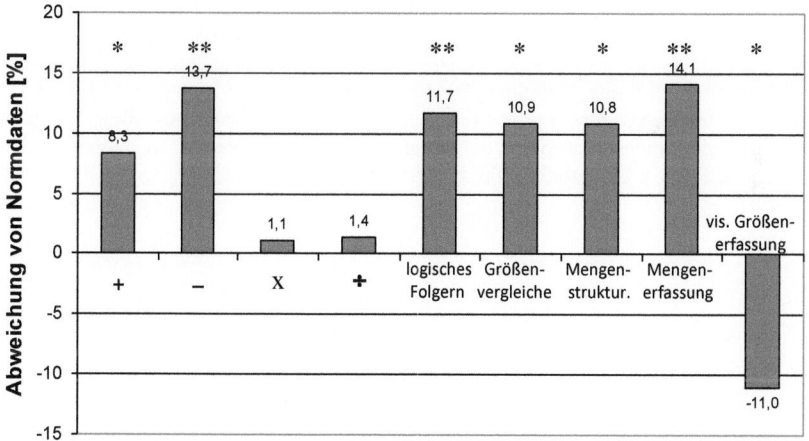

Abbildung 1:   Ergebnisse der explorativen Erhebungen mit dem HRT für Grundrechenarten, mathematisch-logische und räumlich-visuelle Leistungen, Vergleich mit Normstichprobe.

2.3 Diskussion

Die Ergebnisse belegen, dass die Schüler/-innen in den an der Erhebung beteiligten Bildungshäusern im Vergleich zur Normstichprobe überdurchschnittliche Leistungen im mathematischen Bereich erbringen. Das gelegentlich gegen das Bildungshausprojekt verwendete Argument, den Schülern/-innen fehle es an Lernzeit, so dass notwendige Lerninhalte nicht vermittelt werden könnten, wird durch die vorliegenden Ergebnisse nicht unterstützt. Die Daten erlauben keine Aussagen über die Wirkung der Bildungshausangebote, da in den Schulen der Vergleichseinrichtungen für den Bereich mathematisch-logische Fähigkeiten keine Messungen durchgeführt wurden. Für die folgenden Erhebungszeiträume sieht das Studiendesign vergleichende Erhebungen vor, die Rückschlüsse auf die Wirkung der Bildungshausangebote erlauben.

Literatur

Gathercole, S. E./Baddeley, A. D. (1993): Phonological working memory: A critical building block for reading development and vocabulary acquisition? European Journal of Psychology of Education, Jg. 8, H. 3, 259-272.

Grimm, H./Aktas, M./Frevert, S. (2001): Sprachentwicklungstest für drei- bis fünfjährige Kinder: Diagnose von Sprachverarbeitungsfähigkeiten und auditiven Gedächtnisleistungen, Manual. Göttingen: Hogrefe.

Haffner, J./Baro, K./Parzer, P./Resch, F. (2005): Heidelberger Rechentest. Erfassung mathematischer Basiskompetenzen im Grundschulalter. Göttingen: Hogrefe.

van Luit, J. E. H./van de Rijt, B. A. M./Hasemann, K. (2001): Osnabrücker Test zur Zahlbegriffsentwicklung. Göttingen: Hogrefe.

Muter, V./Hulme, C./Snowling, M. J./Stevenson, J. (2004): Phonemes, Rimes, Vocabulary, and Grammatical Skills as Foundations of Early Reading Development: Evidence From a Longitudinal Study. Developmental Psychology, Jg. 40, H. 5, 665-681.

Die Erhebung der Unterrichtsqualität im Modellprojekt „Bildungshaus 3-10" und erste Ergebnisse

Doris Drexl

Die Entwicklung der Qualität des Anfangsunterrichts in den Modellschulen durch die Teilnahme im Modellprojekt „Bildungshaus 3-10" wird in der Wirkungsanalyse durch Unterrichtsbeobachtung festgestellt.

1 Theoretischer Hintergrund und Entwicklung des Unterrichtsbeobachtungsbogens (UBB)

Es wurde in Auseinandersetzung mit bereits existierenden Beobachtungsinstrumenten[1] ein Unterrichtsbeobachtungsbogen (UBB) deduktiv und induktiv entwickelt, der die Unterrichtsqualität auf der Basis hochinferenter Unterrichtsbeurteilungen widerspiegeln soll. Als Grundlage für die Entwicklung der Unterrichtsmerkmale im UBB dienten unter anderem Konstrukte von Helmke et al. (2003) und Klieme et al. (2006), die Merkmale des Classroom-Managements, der Schülerorientierung, des Unterrichtsklimas und der kognitiven Aktivierung ansprechen. Aspekte der Differenzierung und des selbständigen und kooperativen Lernens interessieren besonders für die Arbeit in Bildungshäusern.

Der UBB bildet auf dieser Grundlage acht unterschiedliche Merkmale ab. Die „Strukturierung des Unterrichts" fragt nach Lernziel und Zielgerichtetheit im Unterricht vorhandener Lehr- und Lernformen und deren Phrasierung. Unter der „effizienten Klassenführung und Regelklarheit" wird die aktive Lernzeit der Kinder und deren Arbeitsatmosphäre beobachtet. Es werden außerdem Möglichkeiten von „selbständigen und kooperativen Lernformen" der Kinder im Unterricht erfasst. Die „Differenzierung" fokussiert die Berücksichtigung der Heterogenität der Kinder durch die von der Lehrperson gestellten Aufgaben. Anhand des Merkmals „Kognitive Aktivierung" kann z.B. beobachtet werden, ob Lernstrategien verbalisiert werden oder Selbstkontrolle möglich ist. In der „individuellen Unterstützung der Schüler in ihrem aktiven Lernprozess" ist auch die gegenseitige Hilfe der Kinder beinhaltet. Ein „unterstützendes Unterrichtsklima"

---

[1] Nähere Angaben s. Literatur

zielt auf respektvollen Umgang miteinander ab. Durch die Kategorie „Schülerengagement und Motivierung" wird schließlich beispielsweise das Interesse der Kinder im Unterricht erfasst.

1.1 Fragestellung

Die Beschäftigung mit Kindern unterschiedlichen Alters und die regelmäßig stattfindende intensive Zusammenarbeit mit Erziehern/-innen, in der die Bildungshausaktivitäten konzipiert und reflektiert werden, könnten die Überzeugungen der Lehrpersonen beeinflussen und sich auf ihren Unterricht auswirken. Es wird deshalb allgemein gefragt, ob sich das unterrichtliche Handeln der Lehrpersonen im Verlauf des Projektes ändert.

1.2 Forschungsdesign und –methode

Der Anfangsunterricht wird an mindestens drei Messzeitpunkten, jeweils im Sommer (2009, 2010, 2011) in allen Modell- (N=33) und Vergleichsschulen (N=28) in jeweils mindestens drei Unterrichtsstunden durch hierfür geschulte Pädagoginnen und Psychologinnen der ZNL-Forschergruppe beobachtet. Die einzelnen Items des Unterrichtbeobachtungsbogens werden auf einer 6-stufigen Skala von 0="trifft überhaupt nicht" zu bis 5="trifft vollständig zu" bewertet.

1.3 Erste Ergebnisse

Erste Ergebnisse liegen aus den Erhebungen der Jahre 2009 und 2010 vor. Die Ergebnisse der Itemanalyse aus der Erhebung 2009 zeigen eine höhere Bewertung der eher klassischen Merkmale „Unterrichtsklima", „Klassenführung" sowie „Schülerengagement und Motivierung" (M=2,27-4,32; SD=0,79-1,48), während die Merkmale, „selbständiges und kooperatives Lernen" sowie die „kognitive Aktivierung" eher niedriger geratet wurden (M=1,24-2,80; SD=1,33-1,72). Die Werte der internen Konsistenz liegen für die einzelnen Skalen durchgehend in einem sehr hohen Bereich zwischen Werten von Cronbachs alpha 0,76 und 0,9. Es darf daraus geschlossen werden, dass die Items einer Skala im Wesentlichen das Gleiche abbilden.

Die Ergebnisse zeigen in allen acht Merkmalen einen signifikanten Haupteffekt von 2009 auf 2010. Sowohl die Modelleinrichtungen (ME), als auch die Vergleichseinrichtungen (VE) verbesserten sich in der zweiten Beobachtungswelle stark. Es liegt allerdings kein signifikanter Interaktionseffekte zwischen den

Messzeitpunkten und den beiden Gruppen ME und VE vor. Ein Blick auf die Entwicklung des Unterrichts in den Schulen der Modell- und Vergleichsstandorte zwischen 2009 und 2010 scheint aber für die beiden Qualitätsmerkmale „Selbständiges und kooperatives Lernen" und „Differenzierung" interessant: Hinsichtlich des Qualitätsmerkmals „Selbständiges und kooperatives Lernen" haben sich die Modelleinrichtungen etwas stärker verbessert. Hinsichtlich des Qualitätsmerkmals „Differenzierung" weisen beide Gruppen eine signifikante Verbesserung auf (ME: p=0,008; VE: p=0,005).

1.4 Diskussion

Auf Grund der Ergebnisse haben sich besonders die Modelleinrichtungen von 2009 auf 2010 in zwei Merkmalen verbessert. Es könnte hier auf Auswirkungen gemeinsamer Spiel- und Lernzeiten geschlossen werden. Allerdings entwickelten sich die Gruppen insgesamt nicht unterschiedlich, so dass die Verbesserungen auch auf detaillierte Rückmeldungen für alle Schulen auf Grund der Beobachtungen zurückgeführt werden könnte. Besser Aufschlüsse hierzu könnte die dritte Erhebung bieten.

Literatur

Faust, G./Roßbach, H.-G. (2010). Unveröffentlichtes Manual zur Unterrichtsbeobachtung im Rahmen der BIKS-Studie, Universität Bamberg
Helmke, A./Schrader, F-W. (1997): Unterrichtsbeurteilungen durch externe Beobachter. In: Weinert, F.E./Helmke, A. (Hrsg.): Entwicklung im Grundschulalter. Weinheim: Psychologie Verlags-Union, 510-518.
Helmke, A./Schrader, F.-W. (1997): Unterrichtsbeurteilungen durch externe Beobachter Teil 2. Deutsche Fassung der Instructional Environment Observation Scales von Walter G. Secada, University of Wisconsin-Madison
Helmke, A. (2003): Unterrichtsqualität erfassen, bewerten, verbessern. Seelze: Kallmeyer.
Klieme, E./Lipowsky, F./Rakoczy, K./Ratzka, N. (2006): Qualitätsdimensionen und Wirksamkeit von Mathematikunterricht. Theoretische Grundlagen und ausgewählte Ergebnisse des Projekts „Pythagoras". In: Prenzel, M./Allolio-Näcke, L. (Hrsg.): Untersuchungen zur Bildungsqualität von Schule. Abschlussbericht des DFG-Schwerpunktprogramms München [u.a.]: Waxmann, 127-146.
Staatsinstitut für Schulqualität und Bildungsforschung (ISB) (2008): Beobachtungsbogen für den Unterrichtsbesuch im Rahmen der externen Schulevaluation
Niedersächsisches Landesinstitut für schulische Qualitätsentwicklung (2008): Qualitätsprofil Grundschule. Schulinspektion.

Bildungshaus 3-10: Wirkungsanalyse auf der Ebene der Einrichtungen - Fragestellungen, Methoden und erste Ergebnisse[1]

Julia Höke

Auf der Ebene der Fachkräfte in Kindergarten und Schule und auf der Ebene der Entwicklung der Einrichtungen interessiert insbesondere die Frage, welche Veränderungsprozesse es durch die Teilnahme am Modellprojekt „Bildungshaus 3-10" gibt. Basis des Forschungsdesigns auf Einrichtungsebene ist die Feststellung von pädagogischer Qualität in den Bereichen Struktur-, Orientierungs- und Prozessqualität (Tietze et al. 2003).

1 Strukturqualität – Fragestellung und Methoden

Strukturqualität erfasst Rahmenbedingungen wie Personalschlüssel, räumliche Gegebenheiten, Trägerschaft, aber auch die Berufsausbildung der pädagogischen Fachkräfte und ihre Berufserfahrung. Um die Elemente der Strukturqualität einerseits auf ihre Veränderungen zu überprüfen und andererseits ihren Einfluss zu kontrollieren, werden die Leitungen und die Pädagog/-innen mit einem Strukturfragebogen befragt, der im Herbst 2010 zum ersten Mal zum Einsatz kam.

2 Orientierungsqualität – Fragestellung und Methoden

Unter Orientierungsqualität versteht man die Haltungen und Einstellungen, die die Pädagog/-innen in Kindergarten und Schule als Grundlage ihres beruflichen Handelns verstehen. Aufgrund der engen Zusammenarbeit sollten sich der professionelle Austausch und dessen Qualität verändern. Gleichzeitig wird ein Fokus auf die Berufszufriedenheit der am Modellprojekt beteiligten Fachkräfte

---

[1] Das „Bildungshaus 3-10" ist ein Modellprojekt des Kultusministeriums Baden-Württemberg und wird seit 2008 wissenschaftlich begleitet durch das TransferZentrum für Neurowissenschaften und Lernen (ZNL) in Ulm. Die wissenschaftliche Begleitung umfasst dabei sowohl die Unterstützung der Modellstandorte als auch eine Wirkungsanalyse auf unterschiedlichen Ebenen. Der vorliegende Beitrag beschäftigt sich mit der Ebene der Fachkräfte und der pädagogischen Einrichtungen

gelegt. Ebenfalls von Bedeutung ist die Innovationsbereitschaft der beteiligten Fachkräfte. Um diesen Fragen nachzugehen, kamen auf der Ebene der Orientierungsqualität verschiedene Fragebögen im Erhebungsjahr 2010 zum Einsatz. Erste Ergebnisse zu den Bereichen Strukturqualität und Orientierungsqualität liegen im Laufe des Kalenderjahrs 2011 vor.

3 Prozessqualität – Fragestellung, Methoden, erste Ergebnisse

3.1 Prozessqualität im Kindergarten

Mit Hilfe der Kindergarten-Einschätz-Skala (KES-R) (Tietze/Schuster et al. 2001) kann die Prozessqualität im Kindergarten bestimmt werden. Die KES-R wurde 2009 sowohl im Bildungshaus als auch in den Kindergärten der Vergleichseinrichtungen als Beobachtungsinstrument eingesetzt. Jeweils ein Kindergarten pro Standort wurde mit Hilfe der KES-R beobachtet. Die Feststellung der Prozessqualität im Kindergarten erfolgte bzw. ist geplant für die Zeitpunkte 2009 und 2011. 2009 wurden 32 Modellkindergärten und 26 Vergleichskindergärten beobachtet.

3.1.1 Skalen und Ergebnisse der KES-R-Erhebung 2009

Skala „Räumliche Ressourcen": Die Modellkindergärten erreichen hier im Mittel den Wert 4,42 mit einer Standardabweichung von 1,29 und die Vergleichskindergärten den Mittelwert 4,19 mit einer Standardabweichung von 1,20. Im Vergleich der Skala „Räumliche Ressourcen" findet sich zwischen den Modell- und Vergleichskindergärten kein signifikanter Unterschied (p= 0,4916).
Skala „Pädagogische Interaktionen": Die Modellkindergärten erreichen hier im Mittel den Wert 5,44 mit einer Standardabweichung von 1,27 und die Vergleichskindergärten den Mittelwert 5,21 mit einer Standardabweichung von 1,17. Im Vergleich der Skala „Pädagogische Interaktionen" findet sich zwischen den Modell- und Vergleichskindergärten kein signifikanter Unterschied (p= 0,4903).

3.2 Prozessqualität in der Schule

Analog zur Beobachtung des Kindergartentages wurde ein Schulvormittag beobachtet, um die Prozessqualität für Schulkinder in ihrem Alltag festzustellen. Da es kein standardisiertes Instrument gibt, um Schulqualität abzubilden, wurde auf die Hort- und Ganztagsangebote-Skala (HuGS) (Tietze 2007) zurückgegriffen. 2009 wurde die HuGS sowohl im Bildungshaus als auch in den Schulen der Vergleichsstandorte durchgeführt. Es wurde jeweils eine erste Klasse beobachtet. Es nahmen 27 Modellschulen und 26 Vergleichsschulen an der Beobachtung teil.

3.2.1 Skalen und Ergebnisse der HuGS-Erhebung 2009

Skala „Platz und Ausstattung": Die Modellschulen erreichen hier einen Mittelwert von 4,08 mit einer Standardabweichung von 1,05. Die Vergleichsschulen erreichen einen Mittelwert von 3,67 mit einer Standardabweichung von 0,72. Im Vergleich der Skala „Platz und Ausstattung" findet sich kein signifikanter Unterschied zwischen Modell- und Vergleichsschulen (p= 0,1089).

Skala „Interaktionen": Die Modellschulen erreichen hier einen Mittelwert von 4,58 mit einer Standardabweichung von 1,26 und die Vergleichsschulen einen Mittelwert von 3,69 mit einer Standardabweichung von 1,41. Im Vergleich der Skala „Interaktionen" unterscheiden sich die Modellschulen von den Vergleichsschulen signifikant voneinander (p= 0,01).

Skala „Aktivitäten": Die Modellschulen erreichen hier einen Mittelwert von 2,87 mit einer Standardabweichung von 0,88 und die Vergleichsschulen einen Mittelwert von 2,70 mit einer Standardabweichung von 0,60. Im Vergleich der Skala „Aktivitäten" unterscheiden sich die Modell- und Vergleichsschulen nicht signifikant (p= 0,4366).

Skala „Struktur der pädagogischen Arbeit": Die Modellschulen erreichen hier einen Mittelwert von 3,90 mit einer Standardabweichung von 0,82 und die Vergleichsschulen einen Mittelwert von 3,20 mit einer Standardabweichung von 1,03. Im Vergleich der Skala „Struktur der pädagogischen Arbeit" unterscheiden sich die Modell- und Vergleichseinrichtungen signifikant (p=0,009).

3.3 Diskussion

Die ersten Ergebnisse zur Prozessqualität auf Kindergartenebene zeigen keine signifikanten Unterschiede zwischen Modell- und Vergleichskindergärten. Dies könnte darauf zurückgeführt werden, dass die Ergebnisse zu Beginn des Modellprojekts im Rahmen der Wirkungsanalyse Startwerte sind. Es muss aber betont werden, dass die festgestellte Kindergartenqualität in beiden Versuchsgruppen auf einem guten Niveau ist. Um zusätzlich Aussagen über die Förderqualität mathematischer, sprachlicher und naturwissenschaftlicher Anregungen in den Kindergärten machen zu können, werden im Jahr 2011 zusätzlich zur KES-R ergänzende Skalen (KES-R-E) eingesetzt, um zu erforschen, ob sich die Qualität explizit bildungsanregender Angebote und die individuelle Förderung der Kinder in den Modelleinrichtungen verändert.

Die ersten Ergebnisse zur Prozessqualität auf Schulebene zeigen signifikante Unterschiede in der Skala „Interaktionen" und in der Skala „Struktur der pädagogischen Arbeit". Als Startwerte im Rahmen der Wirkungsanalyse können diese Ergebnisse unterschiedlich interpretiert werden. Die Möglichkeit, dass dieser signifikante Unterschied schon vor Beginn des Modellprojekts „Bildungshaus 3-10" bestanden haben könnte, ist zumindest als Hypothese nicht auszuschließen. Es gibt aber durchaus Begründungen, die einen Zusammenhang mit dem Einfluss des Modellprojekts zulassen – beispielsweise im Bereich der Interaktionen, wenn Lehrkräfte durch die Arbeit mit einer altersheterogenen Gruppe individueller auf Kinder eingehen und die Interessen der Kinder stärker berücksichtigen. Im Bereich der Strukturierung der pädagogischen Arbeit ist es vorstellbar, dass der Tagesablauf für Kinder durch die Beteiligung von Kindergartenkindern stärker rhythmisiert wird. Solche Veränderungen würden sich positiv auf die Bewertungen in der HuGS auswirken.

Literatur

Tietze, W./Roßbach H.-G. (2007): Hort- und Ganztagsangebote-Skala (HuGS). Berlin: Cornelsen Scriptor.

Tietze, W./Schuster, K.-M. et al. (2001): Kindergarten-Skala - Revidierte Fassung. Skalen zur Erfassung und Unterstützung pädagogischer Qualität in der Tagesbetreuung. Neuwied, Berlin: Luchterhand Verlag.

Tietze, W./Viernickel, S. et al. (2003): Pädagogische Qualität in Tageseinrichtungen für Kinder. Ein nationaler Kriterienkatalog. Weinheim: Beltz Verlag.

Soziale und emotionale Kompetenzen von Kindern im „Bildungshaus 3-10"

Nicole Sturmhöfel

Soziale und emotionale Kompetenzen gewinnen im Zuge gesellschaftlicher Veränderungen zunehmend an Bedeutung für eine gelingende Entwicklung von Kindern (vgl. Malti/Perren 2008, 9 und 265). Vom „Bildungshaus 3-10" erhofft man sich durch die altersgemischten Lern- und Spielgruppen auf Seiten der Kinder einen Gewinn in diesen Kompetenzbereichen, weshalb entsprechende Erhebungen einen wichtigen Bestandteil der Untersuchungen im Rahmen der Bildungshaus-Studie darstellen. Hierbei wird ein mehrperspektivischer Ansatz verfolgt, in dessen Rahmen Erzieher/-innen, Eltern sowie die Kinder selbst hinsichtlich verschiedener Aspekte sozialer und emotionaler Kompetenzen befragt werden. Drei Erhebungsinstrumente kommen dabei zum Einsatz.

1 Methoden

1.1 Positive Entwicklung und Resilienz im Kindergarten (PERIK) (Mayr & Ulich 2006):

PERIK ist ein Beobachtungsbogen für pädagogische Fachkräfte in Kindertageinrichtungen und eignet sich für Kinder im Alter zwischen 3;5 Jahren und Schuleintritt. Die theoretische Basis bilden drei Ansätze („Seelische Gesundheit", „Resilienz" und „Emotionen und Schulerfolg"), deren gemeinsamen Nenner die Autoren im Fokus auf die positive Entwicklung des Kindes sehen. Der Bogen umfasst sechs elementare Bereiche sozial-emotionaler Entwicklung (vgl. Mayr/ Ulich 2006, 4-9):

- Kontaktfähigkeit
- Selbststeuerung/Rücksichtnahme
- Selbstbehauptung
- Stressregulierung
- Aufgabenorientierung
- Explorationsfreude

1.2 Fragebogen zur sozial-emotionalen Entwicklung von Kindern (FSEE):

Bislang gibt es im Forschungsbereich keinen deutschsprachigen Fragebogen, der soziale und emotionale Kompetenzen von Kindern im Alter zwischen 3 und 10 Jahren erfasst und nicht auf die Diagnose von Verhaltensauffälligkeiten ausgerichtet ist. Daher wurde von der Forschergruppe „Bildungshaus 3-10" ein neuer Fragebogen, der FSEE, entwickelt. Basis für diese Neuentwicklung waren der „Fragebogen zu Stärken und Schwächen (SDQ-Deu)" (Goodman 1997), die „Child Behavior Checklist (CBCL 4-18)" (Döpfner et al.) und ein Fragebogen aus der Arbeitsgruppe „Familienentwicklung nach der Trennung" (Schwarz et al. 1997). Der Fokus liegt – ähnlich wie beim PERIK – auf positiven Aspekten der sozial-emotionalen Entwicklung. Erfasst werden fünf Variablen, die sich auf sechs Skalen verteilen:

- Emotionalität
- Verhalten in Interaktion
- Ängstlichkeit
- Empathie
- Prosoziales Verhalten

Der Fragebogen wird einmal jährlich (erstmals 2009) an alle an der Studie teilnehmenden Eltern in Modell- und Vergleichseinrichtungen versendet.

1.3 Fragebogen zur Erfassung emotionaler und sozialer Schulerfahrungen (FEESS 1-2) (Rauer & Schuck 2004):

Beim FEESS 1-2 handelt es sich um ein Verfahren zur Erfassung von Sichtweisen, Einschätzungen, Bewertungen und Einstellungen von Grundschulkindern, die psychologisch bedeutsam und pädagogisch relevant sind. Erhoben werden subjektive Theorien der Kinder über ihre eigene Person (z.B. Kompetenzerwartungen) und ihre schulbezogene Umwelt (z.B. wahrgenommene soziale Beziehungen in der Klasse).

Der Fragebogen besteht aus den beiden Teilfragebögen SIKS (Soziale Integration, Klassenklima und Selbstkonzept der Schulfähigkeit) und SALGA (Schuleinstellung, Anstrengungsbereitschaft, Lernfreude, Gefühl des Angenommenseins), die an zwei Tagen innerhalb jeweils einer Schulstunde bearbeitet werden. Die Grundschulkinder beurteilen in diesem Rahmen Aussagen daraufhin, ob sie für sie zutreffend sind oder nicht (vgl. Rauer/Schuck 2004, 11f, 94-100).

2 Ergebnisse

Die Daten der ersten Erhebungswelle aus dem Schul- und Kindergartenjahr 2008/2009 befanden sich zum Zeitpunkt des Abfassens des vorliegenden Beitrags in der Auswertung. Für das Erhebungsinstrument FEESS in der ersten Klasse liegen bereits Ergebnisse vor, die im Folgenden vorgestellt werden.

2.1 Ergebnisse FEESS 1-2 (2009)

Zwischen April und Juni 2009 wurde der FEESS 1-2 in ersten Klassen von Modell- und Vergleichseinrichtungen durchgeführt. An der Erhebung nahmen in der Regel 10 zufällig ausgewählte Kinder pro Klassenstufe teil. Am ersten Teil der Befragung, dem SIKS, nahmen 528 Kinder teil.

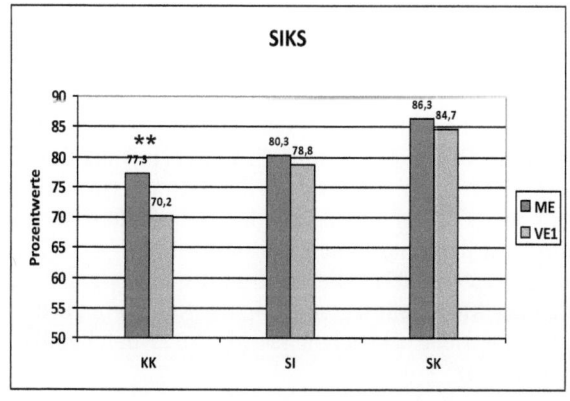

Abb. 1: Ergebnisse des Teilfragebogens SIKS vergleichend für Modell- und Vergleichseinrichtungen. Angegeben sind die Prozentwerte.

KK = Klassenklima
SI = Soziale Integration
SK= Selbstkonzept der Schulfähigkeit

Am SALGA nahmen aufgrund krankheitsbedingter Ausfälle noch 508 Kinder teil.

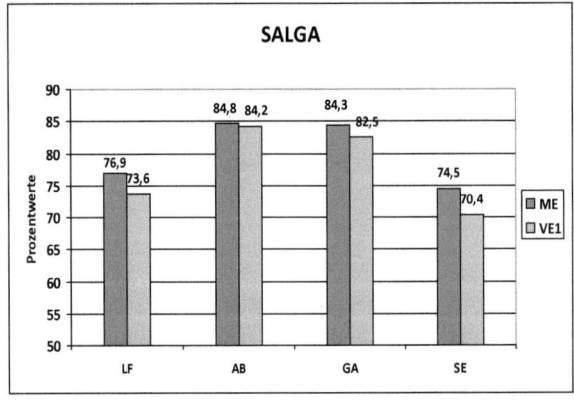

Abb. 2: Ergebnisse des Teilfragebogens SALGA vergleichend für Modell- und Vergleichseinrichtungen. Angegeben sind die Prozentwerte.

LF = Lernfreude
AB = Anstrengungsbereitschaft
GA = Gefühl des Angenommenseins
SE= Schuleinstellung

3   Diskussion

Es ist festzustellen, dass alle untersuchten Schulen Werte erreichen, die zwischen 20 und 30 % über den Normdaten liegen. Der Vergleich zwischen Modell- und Vergleichseinrichtungen zeigt, dass die Werte der Modelleinrichtungen in allen sieben erhobenen Bereichen höher sind als die der Vergleichseinrichtungen. Bei der Dimension „Klassenklima" ist der Unterschied zwischen Modell- und Vergleichseinrichtungen signifikant (p= 0,007). Dieses Ergebnis entspricht auch dem positiveren Abschneiden der Modelleinrichtungen in der Kategorie „Unterrichtsklima" im Rahmen der Unterrichtsbeobachtungen, die 2009 durchgeführt wurden (siehe Drexl in diesem Band).

Ob die aus der Einschätzung der Kinder ableitbaren Aspekte der sozialemotionalen Entwicklung mit der Sicht von Eltern und Pädagogen vereinbar ist, wird im Projektverlauf geprüft.

Literatur

Döpfner, M., Melchers, P., Fegert, J., Lehmkuhl, G., Lehmkuhl, U., Schmeck, K., Steinhausen, H.-Ch. & Poustka. F. (1994): Deutschsprachige Konsensus-Versionen der Child Behavior Checklist (CBCL 4-18), der Teacher Report Form (TRF) und der Youth Self Report Form (YSR). Kindheit und Entwicklung, 3, S. 54-59. Göttingen: Hogrefe Verlag

Goodman, R. (1997): Fragebogen zu Stärken und Schwächen (SDQ-Deu). Retrieved from http://sdqinfo.com.

Malti, T./Perren, S. (2008): Soziale Kompetenz bei Kindern und Jugendlichen. Entwicklungsprozesse und Förderungsmöglichkeiten. Stuttgart: Kohlhammer.

Mayr, T./Ulich, M. (2006): PERIK – Positive Entwicklung und Resilienz im Kindergartenalltag. Begleitheft zum Beobachtungsbogen PERIK. Staatsinstitut für Frühpädagogik (IFP). Freiburg im Breisgau: Herder.Rauer, W./Schuck, K. D. (2004): Fragebogen zur Erfassung emotionaler und sozialer Schulerfahrungen von Grundschulkinder erster und zweiter Klasse. Manual. Göttingen: Beltz Test GmbH.

Schwarz, B., Walper S., Gödde, M. & Jurasic, S. (1997): Berichte aus der Arbeitsgruppe „Familienentwicklung nach der Trennung". Dokumentation der Erhebungsinstrumente der I. Hauptbefragung (überarbeitete Version). München und Dresden: Ludwigs-Maximilians-Universität München und Technische Universität Dresden.

Historisches Denken und Kompetenzentwicklung im Übergang vom Elementar- zum Primarbereich

Eva Gläser & Andrea Becher

1 Problemstellung

Bis heute finden sich in vielen Grundschullehrplänen die in den 1950er und 1960er Jahren entwickelten Stufenmodelle historischen Denkens (vgl. Roth 1955; Küppers 1966), obwohl ein nachweisbarer „Zusammenhang zwischen dem Aufbau eines Zeitbewusstseins und einem darauf folgenden Aufbau eines historischen Bewusstseins (...) bis heute eine empirisch nicht belegte Hypothese" (von Reeken 2007, 118) ist. Zwischen dem zweiten und dritten Schuljahr wird in den Schulen immer noch ein „didaktischer Bruch" vollzogen. Ritter, Römer oder Steinzeit: Historische Inhalte findet man zumeist für Kinder ab einem Alter von acht Jahren im Unterricht. Und dies, obwohl davon auszugehen ist, dass auch schon jüngere Kinder über „naive Theorien" in dieser Wissensdomäne verfügen. Ein „Hauptinteresse der Forschung zum historischen Denken" galt und gilt „der Altersgemäßheit der Unterrichtsgestaltung" (Gautschi 2009,44). Insbesondere die grundlegende Forschungslage für den Kompetenzerwerb historischen Denkens im Elementarbereich und im Anfangsunterricht ist als unzureichend zu beschreiben.

2 Konzeption und Anlage der empirischen Untersuchung

In der Geschichtsdidaktik werden gegenwärtig verschiedene Kompetenzmodelle und Standards für das historische Lernen diskutiert (vgl. Pandel 2005; VDG 2007; Schreiber u. a. 2006). Grundlage bildet stets die Kategorie eines reflektierten Geschichtsbewusstseins, wobei einzig das Konzept „FUER Geschichtsbewusstsein" von Schreiber u.a. (2006) eine starre Zuordnung von Niveau und Alter ablehnt und die Grundschule mit einbezieht. Von Reeken erkennt in diesem Modell zudem eine Basis für den Elementarbereich (2008, 245). In einem sukzessiven Aufbau werden „von den ersten Anfängen in der Grundschule (oder gar im Kindergarten) (...) die gleichen Kompetenzen (...) wie im ‚eigentlichen' Geschichtsunterricht" angestrebt. Über welche Kompetenzen historischen Lernens Kinder im Alter zwischen vier und zehn Jahren bereits verfügen, ist bislang jedoch noch unerforscht. Daher erkennen wir, orientiert am Modell der FUER-Gruppe, das die vier Kompetenzbereiche Historischer Frage-, Methoden-, Orientierungs- und Sachkompetenz unterscheidet, für jeden Kompetenzbereich unterschiedliche Fragestellungen. Im ersten inhaltlichen Analyseverfahren unserer Studie, zur Historischen Methodenkompetenz, waren v. a. die *kindliche Kenntnis von Überlieferungsarten von Vergangenheit*, die *Bedeutung von Quellen* sowie die *Deutung von Geschichte als (Re-)Konstruktion* von Interesse.

Während sachunterrichtsdidaktische Forschungsarbeiten mit Kindern im Grundschulalter inzwischen vermehrt vorliegen (vgl. u. a. Gläser 2002; Becher 2009), wurden Kinder im Elementarbereich bislang „selten in qualitative Studien" der Kindheitsforschung mit einbezogen (Andresen/Hurrelmann 2010, 70). Methodologisch sind daher bei dieser Untersuchung grundsätzlich zwei Bereiche relevant: Zum einen galt es zunächst ein methodisches Vorgehen zu entwerfen, das der inhaltlichen Fragestellung entsprach. Zum anderen waren Erhebungsinstrumente für die spezifische Altersgruppe zu entwickeln. In der ersten Teilstudie wurden leitfadengestützte problemzentriert-fokussierte Einzelinterviews mit Kindern im Alter zwischen fünf und acht Jahren (n=53) geführt, in denen thematisch strukturierende Impulsmaterialien (Abbildungen von Buchcovern, Fotografien, u. a.) „assoziative Stellungnahmen zu vorab festgelegten Gesprächsgegenständen" (Krüger 2006, 94) anregten.

3 Erste Ergebnisse zur Historischen Methodenkompetenz

Die befragten Kinder machten unterschiedliche Aussagen in Bezug auf die Überlieferung von Vergangenheit. Die siebenjährige Jette, die zurzeit der Befragung die erste Klasse besuchte, bindet keine Sachquellen in ihre Überlegungen mit ein. Zudem deutet sie alle Gegenstände in einem Museum als Reproduktionen.

> I: Wenn man das dann ins Museum reinstellen würde, was der da angehabt hat, wo haben wir das denn her?
> J: Vielleicht hat man das denn geschweißt. Sowas (.) oder sowas. Sowas Selbstgemachtes, zum Beispiel wie aus Plastik. Was selbst-, so selbstgemacht.

Einen anderen Blick auf die Gegenstände in einem Museum haben dagegen der sechsjährige Malte, der den Kindergarten besuchte, und die siebenjährige Esther, die wie Jette auch in die erste Klasse ging. Sie erkennen in diesen explizit „Gegenstände von früher". Dabei ist interessant, dass Malte zudem auf den Aspekt eingeht, dass in Museen Modelle ausgestellt werden. Als Grund wird von ihm die Anschauungsfunktion von Modellen benannt.

I: Wenn wir uns mal vorstellen wir würden diese Steinzeittür aufmachen und wir könnten da reingucken, was meinst du, was wäre denn da drin oder hinter zu sehen?
M: Ganz viele Skelette. Hmmm, Dinosaurierskelette, (7) hmm Fische, ausgestorbene Fische, (4) hmm alte Modelle. Zum Beispiel Pyramiden und so'n Stein und ne kleine Ritterburg, so als Anguck-Modell.

Hingegen geht Esther darauf ein, dass nach den „Gegenständen von früher" gezielt gesucht wurde, diese ausgegraben wurden.

I: Woher <u>wissen</u> wir eigentlich, wie die Leute damals gelebt haben da? Woher weiß man das denn heute?
E: Von den Forschern. Die forschen in den Bergen, in anderen Ländern. Weil Meer zwischen ist oder Wasser, dann nehmen die Boote. Die nehmen Schaufeln, Bohrer und alles mit, was man dafür braucht. Nehmen Rucksäcke mit, mit Essen, weil die sollen ja-, die wollen ja nicht verhungern.

Während Esther die Gegenstände isoliert betrachtet, wenn es um die Überlieferung von Vergangenheit geht, erkennt der sechsjährige Andi in den Gegenständen „Erzählungen" von früher.

I: Woher wissen wir heute, wie dieser Mensch früher gelebt hat?
A: Weil, die [Forescha] suchen ja nach den Sachen, die in früher Zeit gelebt haben, so, hmm, die forschern dann danach. Und so könnten die ja vielleicht welche danach herausfinden, <u>wie</u> die denn früher gelebt haben. Wenn sie danach graben, können sie ja vielleicht Beispiel eine Ritterrüstung finden. Und denn finden die vielleicht heraus, dass es früher Ritterrüstung gaaab. Oder auch nicht.

Für den Erstklässler Andi ist eine Sachquelle ein Beweis. Sie birgt die Möglichkeit in sich, Vergangenheit zu rekonstruieren. Die Bedeutung von Quellen zur Re-Konstruktion wird somit von Andi ausdrücklich benannt. Auch Anne (acht Jahre), die sich zum Zeitpunkt der Befragung in der zweiten Klasse befand, erkennt die Bedeutung von Sachquellen für die Rekonstruktion von Vergangenheit.

I: Warum ist es dir wichtig, dass Menschen die Sachen angucken können?
A: So damit wir nicht einfach glauben, was die Leute uns erzählen. Und damit wir ähm, wir uns auch überzeugen können, dass es die auch wirklich gibt.

Es zeigt sich, dass Kinder im Elementarbereich und Anfangsunterricht insgesamt bereits über unterschiedliche Sichtweisen in Bezug auf die Überlieferung von Vergangenheit verfügen. Während einige noch keine Vorstellungen über Sachquellen besitzen, können andere schon deren Bedeutung für die Rekonstruktion von Vergangenheit benennen und verstehen diese zudem als eindeutige Beweise. Historisches Denken ist somit bereits bei Kindern unter acht Jahren nachweisbar und sollte daher im Sinne einer Kompetenzentwicklung bereits im Elementarbereich gefördert werden.

Literatur

Andresen, S./Hurrelmann, K. (2010): Kindheit. Weinheim, Basel: Beltz.

Becher, Andrea (2009): Die Zeit des Holocaust in Vorstellungen von Grundschulkindern. Eine empirische Untersuchung im Kontext von Holocaust Education. Oldenburg: diz

Gautschi, P. (2009): Vom „Hinschauen und Nachfragen" zu Sachanalyse, Sachurteil und Werturteil. In: Popp, S./Schönemann, B. (Hrsg.) (2009): Historische Kompetenzen und Museen. Idstein: Schulz-Kirchner, 48-61.

Gläser, Eva (2002): Arbeitslosigkeit aus der Perspektive von Kindern. Eine Studie zur didaktischen Relevanz ihrer Alltagstheorien. Bad Heilbrunn: Klinkhardt

Pandel, H.-J. (2005): Geschichtsunterricht nach PISA. Kompetenzen, Bildungsstandards und Kerncurricula. Schwalbach/Ts.: Wochenschau Verlag.

Krüger, H.-H.(2006): Forschungsmethoden in der Kindheitsforschung. In: Diskurs Kindheits- und Jugendforschung, 1/2006, 91-115.

Küppers, W. (1966): Zur Psychologie des Geschichtsunterrichts. Eine Untersuchung über Geschichtsbewusstsein und Geschichtsverständnis bei Schülern. Bern: Huber.

Reeken, D. von (2007): Zu fremd, zu schwer, zu unwichtig? Geschichte entdecken im Anfangsunterricht. In: Gläser, E. (Hrsg.) 2007: Sachunterricht im Anfangsunterricht. Lernen im Anschluss an den Kindergarten. Baltmannsweiler: Schneider, 112-124.

Reeken, D. von (2008): Kompetenzen und historisches Lernen – Grundlagen und Konsequenzen für den Sachunterricht. In: Giest, H./Hartinger, A./Kahlert, J. (Hrsg.) (2008). Kompetenzniveaus im Sachunterricht. Bad Heilbrunn: Klinkhardt, 15-29.

Roth, H.(1955): Kind und Geschichte. Psychologische Voraussetzungen des Geschichtsunterrichts in der Volksschule. München: Kösel.

Schreiber, W./Körber, A./Borries, B. v./Krammer, R./Leutner-Ramme, S./Mebus, S./Schöner, A./Ziegler, B.(2006): Historisches Denken. Ein Kompetenz-Strukturmodell. Neuried: Ars Una.

Verband der Geschichtslehrer Deutschlands (Hrsg.) (2007): Bildungsstandards Geschichte. Rahmenmodell Gymnasium 5.–10. Jahrgangsstufe. Schwalbach/Ts.: Wochenschau.

Analysen der sozial-emotionalen Entwicklung von Kindern im Übergang von der Kita zur Grundschule am Beispiel des Selbstkonzepts der Schulfähigkeit - Ergebnisse aus dem FiS-Projekt

Melanie Eckerth, Anna Katharina Hein & Petra Hanke

1 Entwicklung des Selbstkonzepts von Kindern im Übergang von der Kita in die Grundschule - theoretischer und empirischer Hintergrund

Die Entwicklung des Selbstkonzeptes von Kindern zählt im Übergangsprozess von der Kindertageseinrichtung in die Grundschule zu den zentralen Entwicklungsaufgaben. So deuten u.a. Befunde der Resilienzforschung darauf hin, dass ein positives Selbstkonzept als bedeutsamer Schutzfaktoren für eine erfolgreiche Bewältigung des Übergangs angesehen werden kann (Griebel/Niesel 2004). Die Förderung eines positiven Selbstkonzeptes gehört in diesem Sinne zu wichtigen Zielen der pädagogischen Arbeit in Kindertageseinrichtung und Grundschule.

Unter dem Begriff Selbstkonzept wird nach Moschner und Dickhäuser allgemein „das mentale Modell einer Person über ihre Fähigkeiten und Eigenschaften" verstanden (Moschner/Dickhäuser 2006, 685). Das schulische Selbstkonzept spezifiziert hierbei „die Gesamtheit der Gedanken über die eigenen Fähigkeiten in schulischen Leistungssituationen" (Schöne et al. 2003, 4). In der aktuellen Diskussion wird eine hierarchische und mehrdimensionale Struktur des Selbstkonzeptes angenommen, in welcher sich z.B. ein übergreifendes akademisches bzw. schulisches Selbstkonzept in weitere bereichsspezifische Selbstkonzepte aufgliedert (Moschner/Dickhäuser 2006).

Hinsichtlich der Entwicklung des schulischen Selbstkonzeptes in der Grundschule liegen bislang insbesondere Untersuchungsbefunde zum spezifischen Selbstkonzept in den Bereichen Deutsch und Mathematik vor. In der LOGIK-Studie, eine der wenigen Untersuchungen, in welcher die Übergangsphase von der Kindertageseinrichtung in die Grundschule Berücksichtigung findet, zeigten sich diesbezüglich Entwicklungstendenzen von einem extrem überdurchschnittlichen bereichsspezifischen Selbstkonzept in Mathematik und Deutsch in Kindertageseinrichtungen hin zu einer mäßig überdurchschnittlichen Selbsteinschätzung der Kinder zu Beginn der Sekundarstufe I (Helmke 1998). Sowohl in dieser Studie als auch im KILIA-Projekt (Kammermeyer/Martschinke 2003) nahm der Zusammenhang von Leistung und bereichsspezifischem Selbstkonzept im Verlauf der Grundschulzeit zu. Helmke charakterisiert diese Entwicklung als eine Entwicklung „vom Optimisten zum Realisten" (Helmke 1998, 120). Neben den skizzierten durchschnittlichen Entwicklungstendenzen weisen die Untersuchungsbefunde der LOGIK-Studie auf eine große Vielfalt individueller Entwicklungsverläufe bereichsspezifischer Selbstkonzepte hin (Helmke 1998). Ebenso zeigten sich bezogen auf das bereichsspezifische Selbstkonzept in Mathematik und Deutsch Differenzen zwischen Mädchen und Jungen (Helmke 1998), wohingegen in Untersuchungen zu einem allgemeinen schulischen Selbstkonzept bislang keine Geschlechtsunterschiede festzustellen waren (Billmann-Mahecha/Tiedemann 2008). Im Vergleich der Selbstkonzeptentwicklung von Kindern aus jahrgangsbezogenen und -übergreifenden Lerngruppen wurden bislang tendenziell keine Unterschiede festgestellt (Eckerth/Hanke 2009).

Bezüglich personengruppenspezifischer und individueller Unterschiede in der Entwicklung eines allgemeinen Selbstkonzepts der Schulfähigkeit besteht allerdings weiterhin großer Forschungsbedarf. Näher in den Blick zu nehmen ist hierbei u.a. die Entwicklung von Kindern mit und ohne Migrationshintergrund.

2 Untersuchungsdesign der Teilstudie des FiS-Projektes

Vor diesem Hintergrund ergeben sich folgende Fragen, denen in einer Teilstudie des FiS-Projektes („Förderung der Lern- und Bildungsprozesse von Kindern in der Schuleingangsphase") nachgegangen wird: Wie stellt sich die Entwicklung des Selbstkonzepts der Schulfähigkeit im Übergang von der Kindertageseinrichtung in die Grundschule dar? Inwieweit besteht ein Zusammenhang zwischen dem Selbstkonzept der Schulfähigkeit und den Leistungen der Kinder im schriftsprachlichen und mathematischen Bereich? Inwieweit lassen sich auf individueller Ebene unterschiedliche Entwicklungsverläufe beobachten? Inwieweit lassen sich Unterschiede zwischen verschiedenen Personengruppen feststellen, z.B. bezüglich Geschlecht, Migrationshintergrund, Organisationsform der Klasse?

Die Entwicklung des Selbstkonzepts der Schulfähigkeit wurde im Rahmen des FiS-Projektes zu vier Erhebungsphasen[1] mit Hilfe des Teilfragebogens SIKS

---

[1] FEESS 1-2 ist konzipiert für den Einsatz am Ende des 1. und 2. Schuljahres. Im FiS-Projekt wurde der Fragebogen kurz vor der Einschulung in der Kindertageseinrichtung (1. FEESS-EHP) und zu Beginn des ersten Schuljahres in der Grundschule (2. FEESS-EHP) in Form eines Einzelinterviews mit den Kindern durchgeführt, am Ende des 1. Schuljahres (3. FEESS-EHP) und am Ende des 2. Schuljahres (4. FEESS-EHP) in Form eines Gruppentestes.

des FEESS 1-2 (Subskala SK „Selbstkonzept der Schulfähigkeit") erfasst (Rauer/Schuck 2004). Vollständige Datensätze liegen für N=271 Kinder vor.

3 Untersuchungsergebnisse der Teilstudie des FiS-Projektes

Das durchschnittliche „Selbstkonzept der Schulfähigkeit" der Kinder der FiS-Stichprobe ist in der Übergangsphase von der Kindertageseinrichtung in die Grundschule insgesamt sehr hoch und liegt jeweils weit über dem theoretischen Mittelwert (M) der FEESS Subskala SK von 7,5 *(1. FEESS-EHP: M=11,8; 2. FEESS-EHP: M=12,4; 3. FEESS-EHP: M=13,0; 4. FEESS-EHP: M=12,9)*. Bis Ende des 1. Schuljahres zeigt sich hierbei ein signifikanter Anstieg des durchschnittlichen Selbstkonzepts der Schulfähigkeit, wohingegen zum Ende des 2. Schuljahres ein leichter, allerdings nicht signifikanter Abfall zu verzeichnen ist.

Zusammenhänge zwischen dem Selbstkonzept der Schulfähigkeit und den Leistungen der Kinder im mathematischen und schriftsprachlichen Bereich werden hierbei im Verlauf der Schuleingangsphase enger, liegen im Ganzen allerdings auf einem relativ niedrigem Niveau *(min. r=.208**; max. r=.383**)*.

Auf individueller Ebene zeigt sich bezüglich der Entwicklung des Selbstkonzepts der Schulfähigkeit eine Vielfalt recht unterschiedlicher Entwicklungsverläufe. Mit Hilfe hierarchischer Clusteranalysen lassen sich fünf Entwicklungstypen identifizieren: 1) leichter Anstieg des Selbstkonzeptes der Schulfähigkeit bis zum Ende des 1. Schuljahres, dann leichter Abfall *(N=234; 1. FEESS-EHP: M=12,0; 2. FEESS-EHP: M=12,8; 3. FEESS-EHP: M=13,4; 4. FEESS-EHP: M=13,3)* 2) Anstieg des Selbstkonzeptes bis zum Ende des 1. Schuljahres, dann sehr deutlicher Abfall bis weit unter den theoretischen Mittelwert der Subskala SK *(N=7; 1. FEESS-EHP: M=10,0; 2. FEESS-EHP: M=11,86; 3. FEESS-EHP: M=12,29; 4. FEESS-EHP: M=4,86)* 3) deutliches Tief des Selbstkonzeptes der Schulfähigkeit am Ende des 1. Schuljahres *(N=14; 1. FEESS-EHP: M=11,1; 2. FEESS-EHP: M=11,7; 3. FEESS-EHP: M=6,7; 4. FEESS-EHP: M=11,4)* 4) Tief des Selbstkonzeptes der Schulfähigkeit sowohl Anfang des 1. als auch Ende des 2. Schuljahres *(N=3; 1. FEESS-EHP: M=11,7; 2. FEESS-EHP: M=6,7; 3. FEESS-EHP: M=9,3; 4. FEESS-EHP: M=4,3)* 5) anfängliches Tief des Selbstkonzeptes der Schulfähigkeit, insbesondere direkt nach Schulbeginn, gefolgt von einem kontinuierlicher Anstieg bis zum Ende des 2. Schuljahres *(N=13; 1. FEESS-EHP: M=9,5; 2. FEESS-EHP: M=7,9; 3. FEESS-EHP: M=12,2; 4. FEESS-EHP: M=13,5)*. Weitere Analysen sind geplant, um z.B. Näheres über Kontextbedingungen der verschiedenen Entwicklungstypen zu erfahren.

Bezüglich der Frage, inwieweit sich Unterschiede in der Entwicklung des Selbstkonzepts der Schulfähigkeit zwischen verschiedenen Personengruppen feststellen lassen, ergeben sich zwischen Mädchen und Jungen im Verlauf der Schuleingangsphase keine signifikanten Unterschiede, wohingegen Kinder ohne Migrationshintergrund gegenüber Kindern mit Migrationshintergrund tendenziell ein positiveres, im 1. Schuljahr sogar ein signifikant positiveres, Selbstkonzept der Schulfähigkeit aufweisen *(2. FEESS-EHP: t=2,369, p≤05; 3. FEESS-EHP: t=2,897, p≤01)*. Kinder aus jahrgangsbezogenen Lerngruppen zeigen gegenüber Kindern aus jahrgangsübergreifenden Lerngruppen ähnliche Tendenzen. Diese Ergebnisse sind aber mit Vorsicht zu interpretieren, da z.B. der Anteil an Kindern mit Migrationshintergrund in den jahrgangsübergreifenden Lerngruppen bedeutend höher liegt (59%) als in den jahrgangsbezogenen Klassen (22%). Zu vermuten ist, dass u.a. der Organisationsform unter Berücksichtigung weiterer Einflussfaktoren eine geringere Bedeutung zukommt als ein einfacher Vergleich der Mittelwerte vermuten lässt. Hierzu sind weitere Analysen vorgesehen.

Literatur

Billmann-Mahecha, E./Tiedemann, J. (2008): Identität und Selbstkonzept. In: Jürgens, E./Standop, J. (Hrsg.): Taschenbuch Grundschule. Bd. 2. Das Grundschulkind. Baltmannsweiler: Schneider Verlag Hohengehren, 65-74.

Eckerth, M./Hanke, P. (2009): Jahrgangsübergreifender Unterricht: Ein Überblick über den nationalen und internationalen Forschungsstand. In: Zeitschrift für Grundschulforschung. Jg. 2, H. 1, 7-19.

Griebel, W./Niesel, R. (2004): Transitionen. Fähigkeiten von Kindern in Tageseinrichtungen fördern, Veränderungen erfolgreich zu bewältigen. Weinheim und Basel: Beltz.

Helmke, A. (1998): Vom Optimisten zum Realisten? Zur Entwicklung des Fähigkeitsselbstkonzeptes vom Kindergarten bis zur 6. Klassenstufe. In: Weinert, F. E. (Hrsg.): Entwicklung im Kindesalter. Weinheim: Beltz PVU, 115-132.

Kammermeyer, G./Martschinke, S. (2003): Schulleistung und Fähigkeitsselbstbild im Anfangsunterricht – Ergebnisse aus dem KILIA-Projekt. In: Empirische Pädagogik Jg. 17, H. 4, 486-503.

Moscher, B./Dickhäuser, O. (2006): Selbstkonzept. In: Rost, D. H. (Hrsg.): Handwörterbuch Pädagogische Psychologie. 3., überarbeitete und erweiterte Auflage. Weinheim: Beltz PVU, 685-692.

Rauer, W./Schuck, K. D. (2004): FEESS 1-2. Fragebogen zur Erfassung emotionaler und sozialer Schulerfahrungen von Grundschulkindern erster und zweiter Klassen. Göttingen: Beltz-Test.

Schöne, C./Dickhäuser, O./Spinath, B./Stiensmeier-Pelster, J. (2003): Das Fähigkeitsselbstkonzept und seine Erfassung. In: Stiensmeier-Pelster, J./Rheinberg, F. (Hrsg.): Diagnostik von Motivation und Selbstkonzept. Göttingen, Bern, Toronto und Seattle: Hogrefe, Verlag für Psychologie, 3-14.

Die Bewältigung des Übergangs von der Kita in die Grundschule durch Kinder aus der Sicht von Erzieherinnen, Erziehern und Eltern - Ergebnisse aus dem FiS-Projekt

Anna Katharina Hein, Melanie Eckerth & Petra Hanke

1 Übergang als Transition - theoretischer und empirischer Hintergrund

Vor dem Hintergrund verschiedener aktueller Schulleistungsstudien und weiterer empirischer Untersuchungen wird die Bedeutsamkeit einer frühen Förderung von Kindern für ihren späteren Bildungserfolg hervorgehoben. In diesem Kontext werden in den Bundesländern vielfältige strukturelle, curriculare und pädagogisch-didaktische Reformen zur Neugestaltung der Schuleingangsphase umgesetzt. Einer erfolgreichen Bewältigung des Übergangs von der Kindertageseinrichtung in die Grundschule wird hierbei ein hoher Stellenwert beigemessen.

Im Verständnis des Transitionsansatzes wird der Übergang vom vorschulischen Bereich in die Grundschule als ein ko-konstruktiver Prozess aufgefasst, den das Kind, die Familie, Kindertageseinrichtung und Grundschule als beteiligte Akteure gemeinsam gestalten (Griebel/Niesel 2003).

Von einem erfolgreich bewältigten Übergang bzw. „kompetenten Schulkind" sprechen Griebel und Niesel dann, „[...] wenn das Kind sich emotional, psychisch, physisch und intellektuell angemessen in der Schule präsentiert [...], wenn es sich in der Schule wohlfühlt, die gestellten Anforderungen bewältigt und die Bildungsangebote für sich optimal nutzt." (Griebel/Niesel 2003, 143).

Als bedeutsame Faktoren für eine erfolgreiche Bewältigung des Übergangs haben sich in diesem Sinne sowohl *kindbezogene Schutzfaktoren* (z.B. ein positives Selbstkonzept, problemlösende Bewältigungsstrategien oder eine positive Einstellung zum Lernen) als auch *interaktionale Schutzfaktoren* (z.B. eine stabile emotionale Bindungen zu mindestens einer Bezugsperson, die Anwesenheit vertrauter Kinder, ein positives Klassenklima oder die Information des Kindes über den Schuleintritt) und *kontextuelle Schutzfaktoren* (z.B. der sozioökonomische Status des Kindes, Angebote zur Übergangsgestaltung, die Kooperation von Kita und Grundschule oder der Einbezug der Eltern in die Übergangsgestaltung) herausgestellt (Griebel/Niesel 2004; Grotz 2005).

Untersuchungsbefunde von Beelmann und Schneider verweisen auf die Vielfalt individueller Entwicklungsverläufe im Rahmen der Bewältigung des Übergangs. So hat Schneider (2001) verschiedene Perspektiven des Einschulungserlebens aus biographischer Sicht herausgearbeitet. Von den von ihr Befragten wurde der Schulanfang u.a. als Impulsgeber, als Balanceerfahrung aber auch als Bruch oder Distanzwelt empfunden. Vier Typen der Verläufe kindlicher Verhaltensauffälligkeiten in der Übergangsphase identifizierte Beelmann (2002): Neben den „Geringbelasteten"[1] (ca. 42% der Kinder) und „Übergangsgewinnern" (ca. 15%) gehören hierzu auch die Typen der „Risikokinder" (ca. 29%) und der „Übergangsgestressten" (ca. 14%). Insgesamt schwanken in der Literatur jedoch die Angaben zum Anteil an Kindern mit Übergangsproblemen (Griebel/Niesel 2004; Faust 2008). Demnach besteht weiterhin großer Forschungsbedarf, die Bewältigung des Übergangs von der Kita in die Grundschule durch Kinder und in diesem Kontext auch das Vorhandensein kontextueller, kindbezogener und interaktionaler Schutzfaktoren zu untersuchen.

2 Untersuchungsdesign der Teilstudie des FiS-Projektes

Vor dem Hintergrund der berichteten Forschungsdesiderate wird in diesem Beitrag exemplarisch ein Fokus auf folgende Fragestellungen gerichtet[2]: Inwieweit finden in Elternhaus und Kindertageseinrichtung Aktivitäten zur Unterstützung des Übergangsprozesses im Sinne einer „Information der Kinder" über den bevorstehenden Schuleintritt (als interaktionaler Schutzfaktor) statt? Wie wird die Bewältigung des Übergangs von der Kindertageseinrichtung in die Grundschule durch Kinder von Erzieherinnen, Erziehern und Eltern wahrgenommen?

Berichtet werden Ergebnisse aus einer Teilstudie des Projektes FiS („Förderung der Lern- und Bildungsprozesse von Kindern in der Schuleingangsphase"), einer Längsschnittuntersuchung, welche in den Jahren 2006 bis 2009 unter der Leitung von P. Hanke und A.K. Hein an der Universität Münster durchgeführt wurde. Es wird auf Daten verschiedener schriftlicher Eltern- und Erzieher/innen-Befragungen zurück gegriffen. So wurden Eltern, Erzieherinnen und Erzieher ein halbes Jahr vor der Einschulung nach Aktivitäten zur Vorbereitung auf die Schule und kurz vor der Einschulung zu ihren Beobachtungen zur Bewältigung des Übergangs durch die Kinder befragt. Mitte des 2. Schuljahres in der Grundschule wurden die Eltern zudem um ihre Einschätzung gebeten, seit wann sich ihr Kind

---

[1] Die Begrifflichkeiten wurden jeweils übernommen von Griebel/Niesel 2002.
[2] Weitere Aspekte werden in anderen Teilstudien des FiS-Projektes näher in den Blick genommen. So sind Analysen zur Entwicklung des Selbstkonzeptes der Schulfähigkeit, als ein individueller Schutzfaktor, Gegenstand eines weiteren Beitrages von Eckerth/Hein/Hanke in diesem Tagungsband.

in der Rolle als Schulkind wohlfühlt. Für N=187 Kinder liegen vollständige Daten sowohl der Eltern- als auch der Erzieher/innen-Befragung vor.

3   Untersuchungsergebnisse der Teilstudie des FiS-Projektes

Hinsichtlich der Frage, inwieweit eine Information der Kinder über den bevorstehenden Schuleintritt als ein wesentlicher kontextueller Schutzfaktor für eine erfolgreiche Bewältigung des Übergangs von der Kindertageseinrichtung in die Grundschule erfolgt, lässt sich vor dem Hintergrund der Erzieher/innen- und Eltern-Befragung ca. ein halbes Jahr vor der Einschulung Folgendes feststellen: Fast alle Kinder erhalten vor Schulbeginn die Gelegenheit, ihre zukünftige Grundschule mit ihren Erzieherinnen bzw. Erziehern gemeinsam zu besuchen (93% der Kinder). Viele Kinder haben außerdem die Möglichkeiten, Lehrkräfte aus ihrer zukünftigen Grundschule in der Kindertageseinrichtung kennen zu lernen (51% der Kinder). Darüber hinaus wird sowohl in den Familien als auch in den Kindertageseinrichtungen bereits ein halbes Jahr vor der Einschulung mit der Mehrheit der Kinder regelmäßig, d.h. fast täglich oder wöchentlich, über Schule gesprochen (in den Familien mit 68% der Kinder bzw. in den Kindertageseinrichtungen mit 64% der Kinder) und z.B. erklärt, welche Gegenstände in der Schule benötigt werden (30% bzw. 32% der Kinder). Hinsichtlich weiterer schulvorbereitender Aktivitäten, wie das Vorlesen von Büchern zum Thema Schule, Erzählungen zur eigenen Schulzeit oder das Vertraut machen der Kinder mit dem Schulweg, sind ein halbes Jahr vor der Einschulung z.T. große Unterschiede in der Alltagspraxis von Eltern, Erzieherinnen und Erziehern festzustellen. Aktivitäten dieser Art werden tendenziell weniger häufig (d.h. meist etwa monatlich oder seltener), in Familien etwas öfter als in Kindertageseinrichtungen umgesetzt. Zusammengefasst lässt sich feststellen, dass in den Familien und Kindertageseinrichtungen der FiS-Stichprobe ca. ein halbes Jahr vor der Einschulung Kinder in vielfältiger Weise über den bevorstehenden Schuleintritt informiert werden, diesbezüglich aber z.T. große Differenzen bestehen.

Kurz vor der Einschulung wurden Eltern, Erzieherinnen und Erzieher schließlich danach befragt, wie sie die Bewältigung des bevorstehenden Übergangs von der Kindertageseinrichtung in die Grundschule durch die Kinder wahrnehmen. Die Mehrheit der Kinder scheint demnach dem bevorstehenden Übergang positiv gegenüber zu stehen bzw. den Übergang in die Grundschule, gemessen an ihrem Wohlbefinden in der Rolle als Schulkind, erfolgreich zu bewältigen. So berichten sowohl Eltern als auch Erzieherinnen und Erzieher, dass über die Hälfte der Kinder kurz vor der Einschulung sehr oft oder oft explizit Freude auf Schule äußert (68% bzw. 53% der Kinder), wohingegen nur 7%

bzw. 6% der Kinder häufig zurückhaltende Reaktionen auf Schule zeigen. Ähnliche Tendenzen zeigen sich auch, nachdem der Übergang vollzogen wurde. Rückblickende Einschätzungen der Eltern Mitte des 2. Schuljahres weisen diesbezüglich darauf hin, dass sich über die Hälfte der Kinder (56%) bereits von der ersten Schulwoche an in der Rolle als Schulkind wohlfühlt, weitere 22% bereits nach einigen Schulwochen. Es gibt allerdings auch wenige Kinder, bei denen dies erst nach einigen Schulmonaten (7%), dem ersten Schulhalbjahr (7%) oder dem ersten Schuljahr (4%) der Fall war. 4% der Kinder fühlen sich aus Sicht der Eltern auch Mitte des 2. Schuljahres noch nicht in ihrer Rolle als Schulkind wohl. Einzelfallanalysen wären in Zukunft sinnvoll, um Näheres über die spezifischen Kontextbedingungen dieser Kinder und das (Nicht-)Vorhandensein kindbezogener, interaktionaler und kontextueller Schutzfaktoren zu erfahren.

Darüber hinaus sollen in weiteren Auswertungsschritten u.a. Zusammenhänge zwischen schulvorbereitenden Aktivitäten und der Bewältigung des Übergangs durch Kinder näher in den Blick genommen werden, ebenso wie die Frage, ob sich diesbezüglich bestimmte Typen von Kindern identifizieren lassen.

Literatur

Beelmann, W. (2002): Entwicklungsrisiken und -chancen bei der Bewältigung normativer sozialer Übergänge im Kindesalter. In: Leyendecker, Ch./Horstmann, T. (Hrsg.): Große Pläne für kleine Leute. Grundlagen, Konzepte und Praxis der Frühförderung. 2. Auflage. München und Basel: Ernst Reinhardt, 71-77.

Faust, G. (2008): Übergänge gestalten – Übergänge bewältigen. Zum Übergang vom Kindergarten in die Grundschule. In: Thole, W./Roßbach, H.-G./Fölling-Albers, M./Tippelt, R. (Hrsg.): Bildung und Kindheit. Pädagogik der Frühen Kindheit in Wissenschaft und Lehre. Opladen und Farmington Hills: Budrich, 225-240.

Griebel, W./Niesel, R. (2002): Abschied vom Kindergarten. Start in die Schule. München: Don Bosco.

Griebel, W./Niesel, R. (2003): Die Bewältigung des Übergangs vom Kindergarten in die Grundschule. In: Fthenakis, W. E. (Hrsg.): Elementarpädagogik nach PISA. Wie aus Kindertagesstätten Bildungseinrichtungen werden können. Freiburg im Breisgau: Herder, 136-151.

Griebel, W./Niesel, R. (2004): Transitionen. Fähigkeiten von Kindern in Tageseinrichtungen fördern, Veränderungen erfolgreich zu bewältigen. Weinheim und Basel: Beltz.

Grotz, T. (2005): Die Bewältigung des Übergangs vom Kindergarten zur Grundschule. Zur Bedeutung kindbezogener, familienbezogener und institutionenbezogener Schutz- und Risikofaktoren im Übergangsprozess. Hamburg: Dr. Kovač.

Schneider, I. K. (2001): Kinder kommen in die Schule. Schulanfang aus biographischer Perspektive. In: Behnken, I./Zinnecker, J. (Hrsg.): Kinder. Kindheit. Lebensgeschichte. Ein Handbuch. Seelze-Velber: Kallmeyer, 458-472.

Bildung gemeinsam gestalten - Kooperation von Kitas und Grundschulen begleiten und unterstützen

Bianca Kreid & Andreas Knoke

Der Elementar- und Primarbereich sind in Deutschland zwei getrennte Welten. Was vielen Kindern den Übergang von der Kita in die Grundschule erschwert, hat eine lange Tradition und lässt sich bis auf die Entstehung der Grundschule als gemeinsame Schule für alle zurückzuführen. Denn bereits bei ihrer Gründung im Jahr 1919 wurde der Vorschulbereich weitgehend außer Acht gelassen und seitdem haben sich Kindergarten und Volksschule als zwei voneinander weitgehend isolierte Bildungssysteme entwickelt (vgl. Schorch 2006). Bis heute haben sie jeweils eigenständige Bildungsaufträge, sind administrativ und politisch unterschiedlichen Systemen zugeordnet und die Professionen unterscheiden sich in Ausbildung und Status erheblich (vgl. Faust/Roßbach 2004, 91).

Vor diesem Hintergrund wird nachvollziehbar, warum es trotz unterschiedlicher Anstrengungen in der Praxis so schwierig ist, zwischen Kitas und Grundschulen tragfähige Brücken zu bauen. Anschlussfähige Bildungsprozesse für Kinder zu gestalten stellt jedoch eine pädagogische Notwendigkeit dar (vgl. Griebel/Niesel 2003). Dies haben auch bildungspolitische Verantwortungsträger längst erkannt und in den vergangenen Jahren die Kooperation von Kitas und Grundschulen formalisiert, z.B. durch gesetzlich verankerte Verpflichtungen zur Kooperation, Bildungsempfehlungen der Länder oder übergreifende Rahmenlehrpläne. Diese Vorgaben allein reichen jedoch nicht aus, solange die Frage nach dem „Wie" der Kooperation offen bleibt.

Seit 2004 arbeitet die Deutsche Kinder- und Jugendstiftung (DKJS) gemeinsam mit öffentlichen, privaten und wissenschaftlichen Partnern, Pädagoginnen und Pädagogen, Eltern und Kindern daran, Antworten auf das „Wie" der Kooperation zu finden. In den Programmen „ponte. Kindergärten und Grundschulen auf neuen Wegen", „Tandem. Unterschiede managen", „Fliegen lernen" und „Humbolde. Kinder erforschen Naturwissenschaften"[1] hat die DKJS insgesamt 40 Tandems[2] in fünf Bundesländern dabei begleitet, fachliche Kooperatio-

---

[1] Weitere Informationen zu den Programmen finden Sie unter: www.dkjs.de.
[2] Tandem = Verbund aus Pädagoginnen und Pädagogen einer oder mehrerer Kitas und einer oder mehrerer Grundschulen

nen miteinander aufzubauen, ihre Praxis gemeinsam zu reflektieren und im Sinne anschlussfähiger Bildungsprozesse weiterzuentwickeln.

Alle diese Programme verfolgen drei wichtige Ziele:

1. Kinder werden am Übergang von der Kita in die Grundschule unterstützt.
2. Erzieherinnen/Erzieher und Lehrkräfte gestalten gemeinsam Bildungsangebote.
3. Kitas und Grundschulen entwickeln feste Kooperationsstrukturen (Tandems) und verbessern die Qualität ihrer Angebote.

Um diese Ziele zu erreichen, kommen zwei unterschiedliche Handlungsansätze zu Anwendung: Mit „ponte" und „Tandem" wird zunächst ein offener Dialog zwischen den Pädagoginnen und Pädagogen in Kitas und Grundschulen initiiert. Durch die regelmäßigen Gespräche soll nicht nur eine kontinuierliche Zusammenarbeit zwischen den Organisationen etabliert werden, sondern es geht darum, durch den Austausch die pädagogische Praxis an beiden Einrichtungen selbst zu verändern. Die Tandems fühlen sich vor allem dem Kooperationsprozess verpflichtet und beleuchten dadurch auch die jeweilige Herkunftsinstitution konsequent unter der Prämisse einer gelingenden Kooperation und einer kindgerechten Übergangsgestaltung (vgl. Honig/Kreid 2008). Bei „Fliegen lernen" und „Humbolde" dagegen bildet die praktische Zusammenarbeit den Ausgangspunkt dafür, ein gemeinsames Bildungsverständnis und anschlussfähige Bildungsprozesse zu fördern. Die Pädagoginnen und Pädagogen richten zusammen naturwissenschaftliche Lernwerkstätten ein, die sie gemeinsam in multiprofessionellen Teams verantworten und in denen Kita- und Grundschulkinder forschend Lernen (vgl. Knoke 2011).

Trotz der verschiedenen Handlungsansätze liegen den Programmkonzepten grundlegende Prinzipien zu Grunde, deren Wirksamkeit durch externe Evaluationen bestätigt wurde. Zunächst gilt es, sich bei der Begleitung und Unterstützung der Einrichtungen an deren jeweiligem Sozialraum zu orientieren, ggf. ihre Kooperationshistorie zu ermitteln und vom Ist-Stand ausgehend konkrete Ziele für die Zusammenarbeit zu vereinbaren, z.B. einrichtungsübergreifende Fortbildungen, gemeinsame Aktivitäten, Bildungsangebote oder fachliche Arbeitsgruppen. Die Ausgestaltung erfolgt nicht anhand vorgegebener „Rezepte", sondern die Tandems entwickeln ihre je eigenen Kooperationsformen. Dabei werden sie von Praxisbegleiterinnen und -begleitern individuell unterstützt und erhalten zudem Gelegenheit, sich auf Netzwerktreffen mit ihren Peers auszutauschen und zu beraten. Hinzu kommt, dass alle Ebenen der Steuerung (Träger, Bildungsverwaltung und Bildungspolitik) und andere für die Einrichtungen relevante Akteure, wie z.B. Eltern, in den Programmprozess eingebunden, mit ihnen Ergebnisse diskutiert und Handlungsbedarfe artikuliert werden.

Schauen wir auf sieben Jahre Modellerfahrungen zurück, so können wir einige Bedingungen für das Gelingen von Kooperationen zwischen Kitas und Grundschulen benennen:

- Es braucht eine feste, steuernde Struktur, die verantwortlich für die Gestaltung der Kooperation ist und den Prozess in die jeweilige Herkunftsinstitution kommuniziert.
- Es ist wichtig, dass die Pädagogen und Pädagoginnen der Tandems bei ihren Leitungskräften und Kollegen auf Wertschätzung, Anerkennung und Rückhalt ihrer Arbeit stoßen. Ist dies nicht der Fall, dann kann die Kooperation scheitern, da das Tandem ohne Mandat und Rückhalt von Kollegen und Kolleginnen resp. Leitungskräften ein bloßes „Denk- und Planungs-", aber kein „Entscheidungsgremium" ist.
- Darüber hinaus gilt es, verbindliche Koordinations- und Kommunikationsstrukturen zu entwickeln und fest zu verankern. Dies wird z.B. durch die Nutzung von Projektmanagementinstrumenten, wie Zielvereinbarungen, Kooperationskalender oder -handbücher, erleichtert (Hammes-di Bernardo/Kreid 2010, 61-62). Auch feste Rituale können zu stabilen Kommunikationen führen.
- Bildungsprojekte, Aktivitäten und Angebote für Kita- und Grundschulkinder (und deren Familien) werden konsequent gemeinsam geplant und umgesetzt.
- Schließlich ist es wichtig, gemeinsame Qualifizierungsbedarfe zu erkennen und entsprechende Maßnahmen, wie z.B. einrichtungsübergreifende Fortbildungen, umzusetzen. Solche Qualifizierungsmaßnahmen wirken in dreierlei Hinsicht: Erstens bilden sich die Pädagoginnen und Pädagogen fachlich weiter; zweitens werden auch die Kolleginnen und Kollegen, die sonst nicht aktiv im Tandem mitarbeiten, einbezogen und an der Kooperation beteiligt und drittens dienen insbesondere informelle Situationen wie Pausen oder gemeinsame Reisen dazu, dass die Personen sich besser kennen lernen und auf „Augenhöhe" begegnen. Letzteres ist eine dauerhafte Kooperationsaufgabe, die weder vorausgesetzt noch – bspw. bedingt durch Personalwechsel – jemals final erreicht werden kann.

In unserem Beitrag haben wir in aller Kürze einige Eckpunkte dargestellt, wie eine strukturelle Zusammenarbeit zwischen Kitas und Schulen gestaltet und vor allem wie sie unterstützt werden kann. Denn damit es den Pädagogen und Pädagoginnen gelingt, vor Ort „Unmögliches möglich zu machen" bzw. „Unvereinbares zu managen" (Honig/Kreid 2008, 128) und schließlich „Tandemidentitäten" (Lamprecht 2010) zu bilden, die auf die Herkunftsinstitutionen im Sinne eines Change Managements wirken, brauchen sie Unterstützung z.B. durch Prozessbegleitung, Anerkennung und Wertschätzung.

Abschließend möchten wir kritisch anmerken, dass die Kooperationsproblematik in ihren Grundfesten nur durch eine Strukturreform gelöst werden kann. Die hier dargestellten Programme beschreiben Handlungs- und Unterstützungsansätze, die die lokale Praxis weiterentwickeln, nicht aber das Problem im Kern packen. Dafür muss es gelingen, die historische Trennung zu überwinden und eine strukturell-organisierte Verschränkung des Elementar- und Primarbereichs zu erreichen.

Literatur

Faust, G./Roßbach, H.-G. (2004): Der Übergang vom Kindergarten in die Grundschule. In: Denner, L./Schumacher, E. (Hrg.): Übergänge im Elementar- und Primarbereich reflektieren und gestalten. Beiträge zu einer grundlegenden Bildung. Bad Heilbrunn: Julius Klinkhardt, 91-105.

Griebel, W./Niesel, R. (2003): Die Bewältigung des Übergangs vom Kindergarten bis zur Grundschule. In: Fthenakis, W. (Hrsg.): Elementarpädagogik nach PISA. Wie aus Kindertagesstätten Bildungseinrichtungen werden können. Freiburg i.B.: Herder, 136-151.

Hammes-di Bernardo, E./Kreid, B. (2010): Bildung für alle Kinder: Elementar- und Primarbereich im Gespräch. In: Bartnitzky, H./Hecker, U. (Hrsg.): Allen Kindern gerecht werden. Aufgabe und Wege. Frankfurt a. M.: Grundschulverband, 56-66.

Honig, M.-S./Kreid, B. (2008): Kooperation als Unvereinbarkeitsmanagement. Wie ponte Unmögliches möglich zu machen versucht. In: Ramseger, J./Hoffsommer, J. (Hrsg.): ponte. Kindergärten und Grundschulen auf neuen Wegen. Erfahrungen und Ergebnisse aus einem Entwicklungsprogramm. Weimar/Berlin: Verlag Das Netz, 128-133.

Knoke, A. (2011): Werkstattarbeit im Tandem. Die Zusammenarbeit von Kitas und Grundschulen stärken. In: Grundschule Heft 6, 16-17.

Kreid, B. (2008): Moderation – eine Methode zur Begleitung von Kooperationsprozessen. In: Ramseger, J./Hoffsommer, J. (Hrsg.): ponte. Kindergärten und Grundschulen auf neuen Wegen. Erfahrungen und Ergebnisse aus einem Entwicklungsprogramm. Weimar/Berlin: Verlag Das Netz, 39-43.

Lamprecht, J. (2010):: Evaluation und Imagination. Eine praxeologische Studie zu den Bewertungslogiken pädagogischer Akteure im Übergang vom Elementar- in den Primarbereich. Dissertation an der Freien Universität Berlin Fachbereich Erziehungswissenschaft und Psychologie (Im Erscheinen).

Schorch, G. (2006): Die Grundschule als Bildungsinstitution. Leitlinien einer systematischen Grundschulpädagogik. Bad Heilbrunn: Klinkhardt.

Verzahnung von Elementar- und Primarbereich: Erfahrungen von Erstklässlern mit und ohne Vorschulbesuch

Ulrike Beate Müller, Harald Uhlendorff & Annedore Prengel

1 Theoretischer Hintergrund, Forschungsstand und Fragestellung

Auf der Grundlage des sozial-ökologischen Ansatzes von Bronfenbrenner (1989) betonen Knauf und Schubert (2005) das entwicklungsförderliche Potenzial des ökologischen Übergangs in die Grundschule, wenn die Rollenanforderungen in den verschiedenen Lebensbereichen – an dieser Stelle Vorschuleinrichtung und Grundschule – kompatibel sind und zwischen den Bereichen Verknüpfungen bestehen, die Vertrauen und Zielübereinstimmungen fördern. Aus Sicht der Transitionsforschung (Griebel/Niesel 2004) wird der Übergang in die Grundschule als Ko-Konstruktion des werdenden Schulkindes mit seinen engen Bezugspersonen (z.B. mit Lehrern und Gleichaltrigen) verstanden. Grundschulen mit integrierter Vorschule dürften gute Voraussetzungen für Verknüpfungen zwischen den vorschulischen und schulischen Lebensumwelten und entsprechende Ko-Konstruktionen bieten.

Nationale und internationale Studien zeigen, dass 10-30% der Kinder Schwierigkeiten bei der Bewältigung des Übergangs vom Kindergarten in die Grundschule haben (vgl. u.a. Grotz 2005). Für die Bewältigung des Schuleintritts konnten risikoerhöhende und risikomildernde Faktoren (Selbstkonzepte der sozialen und kognitiven Kompetenz, Sozialverhalten, Lernverhalten und Leistungsfähigkeit) herausgearbeitet werden (vgl. Kammermeyer u.a. 2006). Es gibt Hinweise darauf, dass diese Faktoren auch längerfristig das Erleben und Verhalten von Kindern in der Schule beeinflussen (vgl. z.B. von Salisch 2010 für den Bereich der sozialen Integration). Besonderer Forschungsbedarf besteht bei der Untersuchung der unterschiedlichen Verzahnungen von Elementar- und Primarbereich und ihren Auswirkungen auf die Kinder (vgl. Diehm 2008; Faust 2008).

An den Forschungsstand anknüpfend wird in der vorliegenden Studie untersucht, wie sich Erstklässler, die eine an der Grundschule integrierte Vorschule besucht haben, von Erstklässlern an Schulen ohne integrierte Vorschule hinsichtlich ihrer Integration in die Kindergruppe, ihres Lernverhaltens und ihrer Kompetenzstände unterscheiden. Es werden erste Auswertungen dazu vorgestellt.

2　Vorgehensweise, Stichprobe und Messinstrumente

Im Rahmen des Forschungsprojektes *VELP* wurden von September 2007 bis Juni 2010 Erstklässler in Brandenburg und Berlin befragt. Insgesamt 375 Kinder im Durchschnittsalter von 6 Jahren und 6 Monaten waren an der Untersuchung beteiligt (166 Mädchen, 209 Jungen). Davon haben 72 Kinder eine integrierte Vorschule an der Grundschule besucht.

In der integrierten Vorschule wurden die Kinder von einer Erzieherin und einer Lehrperson gemeinsam betreut und gingen anschließend mit der Lehrperson als Gruppe in die erste Klasse über. Diese Kinder lernten demnach bereits ein Jahr vor Schulbeginn die Schule mit ihrem Umfeld, ihren Regeln, Ritualen und Strukturen und ihre Gruppe kennen. Im Übergangsjahr der Vorschule wurden Spiel- und Lernphasen miteinander verknüpft.

Die Integration in die Kindergruppe wurde mit den Skalen *Soziale Integration* (Kinderselbsteinschätzung aus Rauer/Schuck 2004; 11 Items, Mittelwert: 8,64, Standardabweichung: 2,18, Wertebereich: 4-11, Cronbach's Alpha: .74) und *Peerakzeptanz* (Kinderselbsteinschätzung aus Harter 1982; 6 Items, Mittelwert: 17,39, Standardabweichung: 3,84, Wertebereich: 8-24, Cronbach's Alpha: .77) gemessen.

Das Lernverhalten wurde durch die Skalen *Anstrengungsbereitschaft* (Kinderselbsteinschätzung aus Rauer/Schuck 2004; 13 Items, Mittelwert: 11,18, Standardabweichung: 2,06, Wertebereich: 5-13, Cronbach's Alpha: .73) und *Lernfreude* (Kinderselbsteinschätzung aus Rauer/Schuck 2004; 13 Items, Mittelwert: 10,11, Standardabweichung: 2,73, Wertebereich: 4-13, Cronbach's Alpha: .80) erhoben.

Die Kompetenzstände wurden erfasst durch die Skalen *Kognitive Kompetenz* (Kinderselbsteinschätzung aus Harter 1982, 6 Items, Mittelwert: 17,35, Standardabweichung: 3,80, Wertebereich: 6-24, Cronbach's Alpha: .75), *Schriftsprache*[1] (Lernstandsanalyse aus Prengel/Liebers 2008; Mittelwert: 1,47, Standardabweichung: 0,64, Wertebereich: 0-4), *Phonologische Bewusstheit* (Lernstandsanalyse aus Prengel/Liebers 2008; 6 Items, Mittelwert: 2,37, Standardabweichung: 1,17, Wertebereich: 0-4, Cronbach's Alpha: .66), *Mengenvergleich* (Lernstandsanalyse aus Prengel/Liebers 2008; 3 Items, Mittelwert: 2,29, Standardabweichung: 0,92, Wertebereich: 0-3, Cronbach's Alpha: .55) und *Rechnen* (Lernstandsanalyse aus Prengel/Liebers 2008; 7 Items, Mittelwert: 4,10, Standardabweichung: 1,83, Wertebereich: 0-7, Cronbach's Alpha: .65).

---

[1] An dieser Stelle wird kein Cronbach's Alpha berichtet, da hier nicht verschiedene Einzelitems erfasst wurden. Der Stand des Schriftspracherwerbs wurde auf der Basis von Spontanschreibungen und deren Erlesen eingestuft.

3 Erste Ergebnisse

Es wurden Kovarianzanalysen unter Kontrolle von Geschlecht und Alter durchgeführt. Bei der Überprüfung von bivariaten Zusammenhängen zeigte sich, dass Mädchen ihre *Soziale Integration* (r = .14; p ≤ .01) und ihre *Lernfreude* positiver einschätzten als Jungen (r = .13; p ≤ .05). Im Bereich der Kompetenzstände schätzten Jungen ihre *Kognitive Kompetenz* höher ein (r = -.10; p ≤ .05), während Mädchen einen höheren Wert in der *Schriftsprache* (r = .13; p ≤ .05) aufwiesen. In der *Phonologischen Bewusstheit* und im *Rechnen* zeigte sich der Zusammenhang, dass ältere Kinder bessere Ergebnisse erzielten (jeweils r = .12; p ≤ .05).

Tabelle 1: Mittelwerte der Integration in die Kindergruppe, des Lernverhaltens und der Kompetenzstände von Kindern in Abhängigkeit vom Vorschulbesuch; Kovarianzanalysen unter Kontrolle von Geschlecht und Alter.

	Kinder mit Vorschule n = 72	Kinder ohne Vorschule n = 303	F-Wert Signifikanz
Integration in die Kindergruppe			
Soziale Integration	9,04	8,56	F = 3,12; p ≤ .10
Peerakzeptanz	18,08	17,23	F = 2,73; p ≤ .10
Lernverhalten			
Anstrengungsbereitschaft	11,63	11,08	F = 4,34; p ≤ .05
Lernfreude	10,64	9,97	F = 3,66; p ≤ .10
Kompetenzstände			
Kognitive Kompetenz	18,11	17,14	F = 3,99; p ≤ .05
Schriftsprache	2,04	1,35	F = 88,26; p ≤ .01
Phonolog. Bewusstheit	2,82	2,28	F = 14,46; p ≤ .01
Mengenvergleich	2,40	2,28	F = 1,28; n.s.
Rechnen	4,37	4,05	F = 2,06; n.s.

Die Ergebnisse in Tabelle 1 zeigen, dass Kinder mit Vorschule sich tendenziell besser in die Kindergruppe integriert fühlten als andere Kinder (Skalen *Soziale Integration* und *Peerakzeptanz*). Kinder mit Vorschule berichteten ein positiveres Lernverhalten als andere Kinder (Skalen *Anstrengungsbereitschaft* und *Lernfreude*). Zusätzlich gaben Kinder mit Vorschule ein höheres Selbstkonzept der *Kognitiven Kompetenz* an. Die Auswertung der Lernstandsdiagnostik ergab, dass Kinder mit Vorschule einen deutlich höheren Kompetenzstand in Deutsch (Skalen *Schriftsprache* und *Phonologische Bewusstheit*) aufwiesen, was sich vermutlich auf das inhaltliche Konzept der Vorschule zurückführen lässt. In Mathematik dagegen ließen sich keine Unterschiede feststellen.

Insgesamt bieten unsere Ergebnisse einige Hinweise darauf, dass die Verzahnung von Elementar- und Primarbereich in Form der integrierten Vorschule ertragreich für die Kinder als Akteure in ihrem Übergangsprozess ist.

Literatur

Bronfenbrenner, U. (1989): Die Ökologie der menschlichen Entwicklung. Frankfurt a.M.: Fischer Taschenbuch.

Diehm, I. (2008): Kindergarten und Grundschule. Zur Strukturdifferenz zweier Erziehungs- und Bildungsinstitutionen. In: Helsper, W./Böhme, J. (Hrsg.): Handbuch der Schulforschung. Wiesbaden: VS, 557-575.

Faust, G. (2008): Übergänge gestalten – Übergänge bewältigen. Zum Übergang vom Kindergarten in die Grundschule. In: Thole, W. u.a. (Hrsg.): Bildung und Kindheit. Pädagogik der Frühen Kindheit in Wissenschaft und Lehre. Opladen/Farmington Hills: Barbara Budrich, 225-240.

Griebel, W./Niesel, R. (2004): Transitionen. Fähigkeit von Kindern in Tageseinrichtungen fördern, Veränderungen erfolgreich zu bewältigen. Weinheim und Basel: Beltz.

Grotz, T. (2005): Die Bewältigung des Übergangs vom Kindergarten in die Grundschule. Hamburg: Dr. Kovač.

Harter, S. (1982): The Perceived Competence Scale for Children. In: Child Development. Jg. 53, H. 1, 87-97.

Kammermeyer, G. u.a. (2006): Zur Entwicklung von Risiko- und Sorgenkindern in der Grundschule. In: Schründer-Lenzen, A. (Hrsg.): Risikofaktoren kindlicher Entwicklung. Migration, Leistungsangst und Schulübergang. Wiesbaden: Verlag für Sozialwissenschaften, 140-155.

Knauf, T./Schubert, E. (2005): Der Übergang vom Kindergarten in die Grundschule. Grundlagen, Lösungsansätze und Strategien für eine systemische Neustrukturierung des Schulanfangs. In: Textor, M. R. (Hrsg.): Kindergartenpädagogik – Online-Handbuch.

Prengel, A./Liebers, K. (2008): ILeA 1. Individuelle Lernstandsanalysen. Ein Leitfaden für die ersten sechs Schulwochen und darüber hinaus. 4. überarbeitete Auflage. Landesinstitut für Schule und Medien Berlin-Brandenburg.

Rauer, W./Schuck, K. D. (2004): FEESS 1-2. Fragebogen zur Erfassung emotionaler und sozialer Schulerfahrungen von Grundschulkindern erster und zweiter Klassen. Göttingen: Beltz Test.

Von Salisch, M. (2010): „Neben der will ich auf keinen Fall sitzen!" Beliebtheitsranking in Klassen. In: Behnken, Imbke u.a. (Hrsg.): Schüler 2010. Szenen, Gruppen, Peers. Seelze: Friedrich, 42-45.

Hochbegabte Kinder im Übergang vom Kindergarten in die Grundschule

Kathrin Racherbäumer

1 Ausgangslage

Die Ergebnisse der PISA Untersuchung zeigen, dass das deutsche Bildungssystem keineswegs Spitzenleistungen hervorbringt bzw. das Potenzial besonders begabter Schüler/innen optimal in Schulleistungen umzusetzen weiß. Ferner belegt die IGLU Studie, dass auch in der Grundschule die Leistungen der Kinder im oberen Kompetenzbereich deutlich gesteigert werden können (vgl. Bos et al. 2007, 109ff.). Die Hochbegabungsforschung kommt zu dem Ergebnis, dass eine hohe Begabung keinesfalls als Garant für gute oder sehr gute Schulleistungen angesehen werden kann, da etliche Kinder hinter den Leistungserwartungen zurückbleiben (Stamm 2008; Freund-Braier 2000; Rost 2000).

Als ein wesentlicher schulpolitischer Ansatzpunkt zur Optimierung der Schulleistungen innerhalb der Grundschule ist die verpflichtende Einführung der flexiblen Schuleingangsstufe in Nordrhein-Westfalen zum Jahr 2005 zu nennen, die im wesentlichen zwei Veränderungen implizierte: Zum einen die vorbehaltlose Einschulung aller schulpflichtigen Kinder und zum anderen die Zusammenfassung der 1. und 2. Klassen zu einer organisatorischen Einheit: der sogenannten Schuleingangsphase. Prinzipiell ist diese Veränderung aus Sicht der Hochbegabungsforschung positiv zu bewerten, da zu erwarten ist, dass sie mit einem erhöhten Einsatz individualisierenden Unterrichts einhergeht. Zudem bietet die formale Zusammenlegung der Jahrgangsstufen besonders leistungsstarken und hochbegabten Kindern die Möglichkeit, die Schuleingangsstufe in nur einem Jahr zu durchlaufen, ohne die Lerngruppe verlassen zu müssen. Einzelne aktuelle Untersuchungen zum tatsächlichen Handeln von (Grundschul-)Lehrkräften zeigen jedoch, dass diese eher die Förderung von leistungsschwachen Kindern zur Ausgleichung von Leistungsunterschieden forcieren (vgl. Kucharz/Wagener 2009; Bos et al. 2009; Künsting et al. 2010).

2 Methode

Entsprechend der skizzierten Ausgangslage verfolgte das hier vorgestellte Forschungsprojekt das Ziel, die Leistungsentwicklung hochbegabter Kinder unter den Bedingungen der flexiblen Schuleingangsstufe über ein Schuljahr mit Beginn der Einschulung zu verfolgen. Dazu wurden aus einer unausgelesenen Stichprobe im Frühjahr 2005 35 hochbegabte Vorschulkinder (IQ $\geq$ 130) mit dem CFT 1 (Culture Fair Test nach Catell) identifiziert. Im Anschluss daran wurden die vorschulischen Fertigkeiten dieser Kinder im Lesen, Schreiben und Rechnen unter Verwendung des SLRT (Salzburger Lese Rechtschreibtest) und des DEMAT 1+ (Deutscher Mathematiktest für erste Klassen) bestimmt. Im nächsten Schritt wurde die schulische Förderung erfasst, die als Anknüpfung an die vorschulischen Fertigkeiten im alltäglichen Unterrichtsgeschehen durch die Lehrer/in verstanden wurde und durch die Sichtung der Arbeitsaufträge und Arbeitsprodukte im Verlauf des ersten Schulhalbjahres ermittelt wurde. Durch den Vergleich der Testergebnisse und der Arbeitsprodukte konnte in den Bereichen Deutsch (Lesen, Schreiben) und Rechnen eine zuverlässige Aussage darüber getroffen werden, ob an den Vorkenntnissen der Kinder angeknüpft wurde oder nicht. Am Ende des ersten Schulbesuchsjahres wurde unter anderem die Leistungsentwicklung in Mathematik unter Verwendung des DEMAT 1+ (und zum Teil des DEMAT 2+) ermittelt.

3 Ergebnisse

Die Ergebnisse der Untersuchung zeigen zunächst, dass sich die hochbegabten Schulanfänger/innen hinsichtlich ihres Geschlechts, ihrer sozialen Herkunft und ihres Migrationshintergrundes unterschieden. So setzte sich die Gruppe aus 18 Jungen und 17 Mädchen im Alter von 5,4-6,8 Jahren zusammen. Ferner stammten 45% der Kinder aus Akademikerfamilien (mind. ein Elternteil hatte einen Hochschulabschluss) und sieben Kinder hatten einen Migrationshintergrund. Im Verlauf des Projekts fielen zwei Kinder aus der eigentlichen Untersuchung heraus, da sie ein weiteres Jahr im Kindergarten verbleiben sollten. Nach der Einschulung verteilten sich die 33 Kinder auf 24 Grundschulen (und 27 Klassen), die durch ein sehr unterschiedliches Einzugsgebiet gekennzeichnet sind.

Hinsichtlich der vorschulischen Fertigkeiten ist festzuhalten, dass insgesamt 12 Kinder mit hohen vorschulischen Fertigkeiten eingeschult wurden. Das heißt, sie konnten entweder bereits sinnentnehmend (fließend oder stockend) lesen und/oder schreiben und/oder im 20er Zahlenraum rechnen (T-Wert im DEMAT 1 $\geq$ 44). Von diesen 12 Kindern wiesen jedoch nur vier in allen drei betrachteten

Fertigkeitsbereichen deutliche Vorkenntnisse auf. Das bedeutet zum einen, dass Hochbegabung nicht zwangsläufig mit hohen vorschulischen Fertigkeiten einherging und zum anderen, dass sich die Fertigkeiten untereinander nicht bedingten.

Ausgehend von diesem Ergebnis stellt sich nun die Frage, ob die flexible Schuleingangsstufe die Schulanfänger/innen entsprechend ihrer Vorkenntnisse fördert. Dazu ist zunächst anzumerken, dass keines der Kinder eine jahrgangsgemischte Klasse besuchte. Die Durchsicht der Schulunterlagen bis zu den Herbstferien sowie offenkundige akzelerative Maßnahmen (Springen in die Jahrgangsstufe 2) gaben Aufschluss über die Durchführung von Fördermaßnahmen. Von Fördermaßnahmen wurde dann ausgegangen, wenn an den Vorkenntnissen der Schüler/innen angeknüpft wurde. Das könnte zum Beispiel durch Aufgaben in individualisierenden Arbeitsplänen realisiert werden.. Hier zeigte sich, dass vier der Kinder mit deutlichen vorschulischen Vorkenntnissen schulisch gefördert wurden. Ein Kind erhielt individualisierte Wochenarbeitspläne, während ein anderes Kind neben ‚einfachen' Aufgaben auch solche bekam, die in etwa seinen Fertigkeiten entsprachen. Zwei weitere Kinder sprangen kurz vor den Herbstferien in die zweite Klasse. Demnach wurden bis zu den Herbstferien Zweidrittel der Kinder nicht ihren vorschulischen Fertigkeiten entsprechend gefördert. Bis zu den Osterferien wurden schließlich insgesamt neun Kinder schulisch gefördert (davon fünf durch das Springen in die 2. Klasse), unter ihnen waren drei Kinder ohne deutliche vorschulische Fertigkeiten zum Schulanfang.

Die Leistungsentwicklung wurde am Ende des ersten Schulbesuchsjahres durch die gleichen Tests erhoben, die bereits zum Schulanfang eingesetzt worden waren. Nach einem Schulbesuchsjahr waren die Leistungen der Kinder im Durchschnitt in allen drei Fertigkeitsbereichen überdurchschnittlich. Die vertiefende Betrachtung der Leistungsentwicklung in Mathematik zeigte jedoch deutliche Unterschiede zwischen den hochbegabten Kindern, die auf Zusammenhänge mit weiteren Variablen überprüft wurden. Hier wird sichtbar, dass sowohl die schulische Förderung ($r= 0.512$) als auch die Vorkenntnisse ($r= 0.433$) positiv mit der mathematischen Leistungsentwicklung korrelierten. Es konnte kein Zusammenhang zwischen der Leistungsentwicklung und der sozialen Herkunft, dem Geschlecht oder dem Migrationshintergrund festgestellt werden.

4 Resümee und Ausblick

Im Rahmen der Innovierung des Überganges vom Kindergarten in die Schule durch die flexible Schuleingangsstufe wird ausdrücklich angestrebt, an die Fertigkeiten und Fähigkeiten, die die Kinder aus dem Kindergarten mitbringen, anzuknüpfen. Die Ergebnisse dieser Arbeit deuten darauf hin, dass die Anknüpfung an die vorschulischen Fertigkeiten eher die Ausnahme und nicht, wie die Gesetzeslage es vorsieht, die Regel ist. Nur vier der zwölf Kinder mit deutlichen vorschulischen Fertigkeiten wurden schulisch individuell gefördert. Dennoch waren die Leistungen der meisten hier betrachteten Kinder überdurchschnittlich. Diejenigen Kinder, die schulisch akzelerativ gefördert wurden, zeigten jedoch mit Abstand die besten Leistungen. Dementsprechend scheint der schulischen Förderung ein hohes Maß an Bedeutung zuzukommen. Welche Faktoren zur schulischen Förderung hochbegabter Kinder führen, konnte im Rahmen dieser Untersuchung nicht aufgeklärt werden. Tendenziell zeigte sich, dass Jungen mit vorschulischen Fertigkeiten ohne Migrationshintergrund die größten Chancen hatten, durch akzelerative oder anreichernde Maßnahmen gefördert zu werden. Ob die übrigen hochbegabten Kinder von ihren Lehrer/innen als solche erkannt, aber aus unterschiedlichen Gründen nicht gefördert wurden, kann hier nicht beantwortet werden, da die Lehrer/innensicht nicht erfasst wurde. Abschließend erscheint individuelle Forderung und Förderung aller Schüler/innen nach diesem Ergebnis nach wie vor als Utopie bzw. Ausnahme, was in Anbetracht des aufgezeigten Potentials derselben zur Steigerung der Schüler/innenleistung bedenklich ist.

Literatur

Bos, W./Valtin, R./Hornberg, S./Buddeberg, I./Goy, M./Voss, A. (2007): Internationaler Vergleich 2006: Lesekompetenzen von Schülerinnen und Schülern am Ende der vierten Jahrgangsstufe. In: Bos, W./Hornberg, S./Arnold, K./Faust, G./Fried, L./Lankes, E./Schwippert, K /Valtin, R.; IGLU 2006. Lesekompetenzen von Grundschulkindern in Deutschland im internationalen Vergleich. Münster Waxmann.

Bos, W./Hornberg, S./Arnold, K./Faust, G./Fried, L./Lankes, E./Schwippert, K./Valtin, R. (2009): IGLU-E. Die Länder der Bundesrepublik Deutschland im nationalen und internationalen Vergleich. Münster Waxmann.

Freund-Braier, I. (2000): Persönlichkeitsmerkmale. In: Rost, D. (Hrsg.): Hochbegabte und hochleistende Jugendliche. Münster Waxmann.

Kucharz, D./Wagener, M. (2009): Jahrgangsübergreifendes Lernen. Eine empirische Studie zu Lernen, Leistung und Interaktion von Kindern in der Schuleingangsphase. Baltmannsweiler: Schneider Verlag Hohengehren.

Künsting, J./Post, S./Greb, K./Faust, G./Lipowski, F. (2010): Leistungsheterogenität im mathematischen Anfangsunterricht – Ein Risiko für die Leistungsentwicklung? In: ZfG, H. 1, 46-63.

Rost, D. H. (2000): Hochbegabte und Hochleistende Jugendliche. Münster Waxmann.

Stamm, M. (2008): Überdurchschnittlich begabte Minderleister. Wo liegt das Versagen? In: DDS, H. 1, 73-84.

Formen und Klima der Kooperation zwischen Kindertageseinrichtung und Grundschule in der Übergangsphase vom Elementar- zum Primarbereich - Ergebnisse aus dem Landesprojekt TransKiGs Nordrhein-Westfalen (Phase II)

Benedikt Rathmer, Petra Hanke, Johanna Backhaus,
Imke Merkelbach & Inga Zensen

1 Vorstellung des Projektes TransKiGs NRW (Phase II)

Das Verbundprojekt „Transition von der Kindertageseinrichtung in die Grundschule" (TransKiGs) 2005-2009 zielte auf eine Stärkung der Bildungs- und Erziehungsarbeit in Kindertageseinrichtung (Kita) und Grundschule sowie eine Verbesserung des Übergangs zwischen beiden Einrichtungen. Die Bundesländer Berlin, Brandenburg, Bremen, Nordrhein-Westfalen und Thüringen nahmen am Verbundprojekt teil (Lenkungsgruppe TransKiGs 2009).

Im Landesprojekt TransKiGs NRW (Phase II) wurde die Kooperation zwischen Kita und Grundschule im Kontext des Sprachstandsfeststellungsverfahrens „Delfin 4" in Hinblick auf Rahmenbedingungen, Formen und Klima der Zusammenarbeit sowie Veränderungen in der Kooperationspraxis evaluiert. Dafür wurden eine quantitative und eine qualitative Teilstudie durchgeführt (Hanke/ Rathmer 2009; Hanke u.a. 2009; 2010).

2 Problem- und Fragestellung

Die Bedeutung der Kooperation zwischen Kita und Grundschule für die Bewältigung des Übergangs wird in bildungspolitischen Vorgaben und pädagogischen Fachpublikationen seit langem hervorgehoben. Dabei wird zumeist normativ von einer Produktivität und Wirksamkeit der Kooperation zwischen pädagogischen Fachkräften in Kita und Schule sowie Eltern ausgegangen (Hanke/Rathmer 2009). Im Sinne des Transitionsansatzes (Griebel/Niesel 2004) zielt die Kooperation auf die Herstellung von Anschlussfähigkeit zwischen Elementar- und Primarbereich (Faust/Götz/Hacker/Rossbach 2004; Hanke 2007).

In NRW besteht eine gesetzliche Verankerung der verbindlichen Sprachstands-feststellung in Kooperation zwischen Kita und Grundschule (Kinderbildungsge-setz NRW 2008; Schulgesetz NRW 2006). Durch die bildungsprogrammatische Grundlegung dieser Maßnahme handelt es sich hier um eine „Top-Down"-Implementationsstrategie (Gräsel/Parchmann 2004).

Dieser Artikel konzentriert sich auf die folgenden, aus der quantitativen Teilstudie ausgewählten Fragen: Welche Formen der Kooperation werden in der Praxis praktiziert? Welche Merkmale kennzeichnen das Kooperationsklima?

3 Theoretischer Hintergrund und Untersuchungsdesign der quantitativen Teilstudie TransKiGs NRW

Gegenstand der Untersuchung ist die Kooperation zwischen Kita und Grund-schule. Kooperation wird dabei definiert als (Spieß 2004; Maag Merki 2009; Hanke/Rathmer 2009):

- eine Form der Zusammenarbeit zwischen Personen bzw. Akteursgruppen der gleichen oder verschiedener Institutionen,
- eine Form sozialer und kommunikativer Interaktion, die auf Vertrauen ba-siert, eine gewisse Autonomie beansprucht, der Reziprozität verpflichtet ist sowie das Verfolgen gemeinsamer Ziele und Aufgaben intendiert.

Gräsel, Fußangel und Pröbstel (2006) unterscheiden drei Kooperationsniveaus:
Niveau 1: Wechselseitiger Austausch über berufliche Inhalte und Gegebenheiten.
Niveau 2: Arbeitsteilige Kooperation, bei der sich die Kooperationspartner im Sinne einer Effizienzsteigerung über eine präzise Zielstellung sowie über eine möglichst gute Form der Aufgabenteilung und -zusammenführung verständigen.
Niveau 3: Ko-Konstruktion, bei der die Partner sich intensiv hinsichtlich einer Aufgabe austauschen und dabei ihr individuelles Wissen so aufeinander bezie-hen, dass sie dabei neues Wissen oder gemeinsame Lösungen entwickeln.

Für die Evaluation der Formen und des Klimas der Kooperation wurde die Methode einer repräsentativen Fragebogenerhebung mit den Leitungen der Kitas und Grundschulen und mit den für die Durchführung der Sprachstandsfeststel-lung beauftragten pädagogischen Fach- und Lehrkräften sowie mit den Eltern der getesteten Kinder gewählt. Die Stichprobe umfasste 450 Kitas (von ca. 9.700 in NRW) und 150 Grundschulen (von ca. 3.300 in NRW).

4 Ausgewählte Untersuchungsergebnisse

Bei rund 2.500 versandten Fragebögen ergaben sich folgende Rücklaufquoten: Leitungen Kita (69%); Fachkräfte Kita (51%); Leitungen Grundschule (89%); Lehrkräfte Grundschule (75%); Eltern (56%).

Die Auswertung zeigt, dass Kitas in Bezug auf Themen des Übergangs in bestehenden gewachsenen Strukturen durchschnittlich mit ca. zwei Grundschulen und die Grundschulen durchschnittlich mit vier Kitas kooperierten. Im Kontext von Delfin 4 kooperierte im Jahr 2008 durchschnittlich eine Kita mit einer Grundschule, umgekehrt eine Grundschule mit ca. drei Kitas.

Formen der Kooperation fanden nach Angaben der Leitungen und Fach- bzw. Lehrkräfte mindestens 1-2mal im Jahr wie folgt statt (in Prozent für den Kita-Bereich / für die Grundschule):

Niveau „Austausch": Besuche von Kindern aus der Kita in der Grundschule (95/99) und umgekehrt: (34/25); Teilnahme einer Fachkraft aus der Kita an Elternabenden der Grundschule (35/22) und umgekehrt: (22/31).

Niveau „Arbeitsteilung": gemeinsam gestaltete Aktionen, Feste und Projekte (27/40); gemeinsame Übergabe der Bildungsdokumentation an die Eltern (14/13); gemeinsame Zusammenarbeit mit Eltern (14/13).

Niveau „Ko-Konstruktion": gemeinsame Konferenzen (38/41); gemeinsame Einschulungskonferenzen (12/23); gemeinsame Fortbildungen (20/33).

Das Klima der Kooperation zeichnete sich nach Angaben der Leitungen und Fach- bzw. Lehrkräfte durch eine Atmosphäre des Vertrauens, der gegenseitigen Wertschätzung und Akzeptanz aus (in Prozent für den Kita-Bereich / für die Grundschule): Bezugseinrichtung akzeptierte eigene Einrichtung als gleichberechtigt (86/99); Bezugseinrichtung wurde von eigener Einrichtung als gleichberechtigt akzeptiert (96/99); Vertrauen in die Kompetenz des Kooperationspartners (94/99).

Hinsichtlich der Merkmale Kontrolle und Erwartungs- bzw. Leistungsdruck ergab sich hinsichtlich der Kooperationstätigkeit zwischen Kita und Grundschule folgender Befund (in Prozent für den Kita-Bereich / für die Grundschule): Kontrolle durch Kooperationspartner (3/1); Erwartungsdruck von Seiten der Bezugseinrichtung (11/15); Leistungsdruck von Seiten der eigenen Leitung (8/9).

5 Bilanz und Perspektiven

Traditionelle Kooperationsformen wie beispielsweise der Schulbesuchstag sind etabliert. Entwicklungsbedarf besteht hinsichtlich der Gestaltung anspruchsvoller

Kooperationsformen (gemeinsame Konferenzen und Fortbildungen, gemeinsame Entwicklung innovativer Konzepte, …).

Das Kooperationsklima ist durch ein hohes Maß an gegenseitiger Wertschätzung, Vertrauen und Aufgeschlossenheit geprägt.

Literatur

Faust, G./Götz, M./Hacker, H./Rossbach, H.-G. (Hrsg.) (2004): Anschlussfähige Bildungsprozesse im Elementar- und Primarbereich. Bad Heilbrunn / Obb.: Klinkhardt.

Gräsel, C./Fußangel, K./Pröbstel, C. (2006): Lehrkräfte zur Kooperation anregen – eine Aufgabe für Sisyphos? In: Zeitschrift für Pädagogik, Jg. 52, H. 2, 205-219.

Gräsel, C./Parchmann, C. (2004): Implementationsforschung – oder: der steinige Weg, Unterricht zu verändern. In: Zeitschrift Unterrichtsforschung, H. 3, 196-214.

Griebel, W./Niesel, R. 2004: Transitionen. Fähigkeiten von Kindern in Tageseinrichtungen fördern, Veränderungen erfolgreich zu bewältigen. Weinheim und Basel: Beltz.

Hanke, P. (2007): Anfangsunterricht. Leben und Lernen in der Schuleingangsphase. Weinheim und Basel: Beltz.

Hanke, P./Merkelbach, I./Rathmer, B./Zensen, I. (2010): Evaluation der bildungsstufenübergreifenden Kooperation zwischen Kindertageseinrichtung und Grundschule. In: Arnold, K.-H./Hauenschild, K./Schmidt, B./Ziegenmeyer, B. (Hrsg.): Zwischen Fachdidaktik und Stufendidaktik: Perspektiven für die Grundschulpädagogik. Jahrbuch Grundschulforschung, Bd. 14. Wiesbaden: VS-Verlag für Sozialwissenschaften, 321.

Hanke, P./Merkelbach, I./Rathmer, B./Zensen, I. (2009): Evaluation der Kooperationspraxis zwischen Kindertageseinrichtung und Grundschule. Ergebnisse aus dem Landesprojekt TransKiGs Nordrhein-Westfalen. In: Lenkungsgruppe TransKiGs (Hrsg.): Übergang Kita – Schule zwischen Kontinuität und Herausforderung. Materialien, Instrumente und Ergebnisse des TransKiGs-Verbundprojekts. Ludwigsfelde: Verlag das Netz, 40-47.

Hanke, P./Rathmer, B. (2009): Kooperation zwischen Kindertageseinrichtungen und Grundschulen im Kontext der Sprachstandsdiagnose Delfin 4 – Konzeption des TransKiGs-Projektes NRW (Phase II). In: MGFFI NRW (Hrsg.): Kinder bilden Sprache – Sprache bildet Kinder. Münster: Waxmann, 57-69.

Lenkungsgruppe TransKiGs (Hrsg.) (2009): Übergang Kita – Schule zwischen Kontinuität und Herausforderung. Materialien, Instrumente und Ergebnisse des TransKiGs-Verbundprojekts. Ludwigsfelde: Verlag das Netz.

Maag Merki, K. (2009): Kooperation und Netzwerkbildung. Strategien zur Qualitätsentwicklung in Schulen. Seelze: Kallmeyer und Klett.

Spieß, E. (2004): Kooperation und Konflikt. In: Schuler, H. (Hrsg.): Organisationspsychologie – Gruppe und Organisation. Göttingen: Hogrefe, 193-247.

Auswirkungen einer pädagogischen Gestaltung des Übergangs vom Kindergarten in die Grundschule auf die Einstellungen von Kindern

Elke Reichmann

1 Einführung

Die im Folgenden vorgestellte Interventionsstudie ging der Frage nach, inwieweit das Kooperationsprojekt „Schüler helfen Kindern" Einfluss auf die Einstellungen von Kindergartenkindern bezüglich der Schule und des Schuleintritts sowie auf die Übergangsbewältigung der Kinder sowie deren Eltern hat.

Im Fokus des Kooperationsprojekts stand die Erprobung einer für die kindliche Übergangsbewältigung effektivere Organisation von Unterrichtsbesuchen. Hintergrund hierfür waren u.a. Ergebnisse von Roux (2002) und Griebel/Niesel (2002), die zeigen, dass die in der pädagogischen Praxis häufig durchgeführten einmaligen Unterrichtsbesuche für die Übergangsbewältigung von Kindern nicht so ergiebig sind wie angenommen. Darüber hinaus werden Kindergartenkinder durch die Gestaltung der besuchten Unterrichtsstunden teilweise in eine Besucher- und Zuschauerrolle gedrängt, die ein aktives Erleben des Unterrichts verhindert (vgl. Knörzer/Grass/Schumacher 2007). Das Kennenlernen des schulischen Umfelds und des Unterrichts ist jedoch eine wichtige Voraussetzung für eine erfolgreiche Übergangsbewältigung (vgl. Margetts 2006).

2 Empirische Studie

2.1 Konzeption des Projekts „Kinder helfen Schülern"

Auf dem Hintergrund der oben genannten Forschungsergebnisse wurde zunächst der zeitliche Rahmen der Unterrichtsbesuche erweitert. Dieser umfasste zehn wöchentliche Besuche im Zeitraum von April bis Juni 2005, bei denen die Kindergartenkinder jeweils für eine Schulstunde am Unterricht einer zweiten Klasse teilnahmen.

Darüber hinaus wurde eine aktive Integration der Kindergartenkinder in den Unterricht angestrebt. Dies wurde durch den gezielten Einsatz kooperativer Lernformen und der Implementierung eines Patensystems unterstützt. Kindergarten- und Schulkinder bildeten feste Tandems, die Aufgaben gemeinsam bearbeiteten. Auf diese Weise konnten ko-konstruktive Aspekte der Zusammenarbeit genutzt werden (vgl. Topping 2001).

2.2 Methode

Es wurde eine Längsschnittstudie mit Pre-Post-Design durchgeführt. Die Daten-erhebung fand zu drei verschiedenen Messzeitpunkten im März/April 2005, Juli 2005 und Oktober-Dezember 2005 statt. Die Intervention selbst wurde von April bis Juni 2005 durchgeführt.

Die Stichprobe umfasste 39 Kinder im letzten Kindergartenjahr, die in eine Interventions- und Kontrollgruppe eingeteilt wurden. Darüber hinaus nahmen 26 Eltern, 11 Erzieherinnen und 4 Lehrerinnen an der Studie teil.

Die Daten wurden in Einzelinterviews erhoben. Mit Hilfe eines Interview-leitfadens wurden die Kinder u.a. zu ihrer emotionalen Einstellung zu verschie-denen schulischen Aktivitäten und Merkmalen wie das Erlernen der Kulturtech-niken, Kunst, Sport, die Pause, die Schulklasse als neuen Sozialverband sowie die Kenntnisse des Schulwegs und des Schulgebäudes befragt. Um den besonde-ren Anforderungen von Interviews mit Kindern zu begegnen, kamen bei den Befragungen Photos, Handpuppen und symbolische Antwortmöglichkeiten zum Einsatz (vgl. Heinzel 2000).

Auch die elterliche Perspektive auf den kindlichen Schuleintritt wurde durch verschiedene Themenbereiche wie z.B. emotionale Einstellungen zur Schule und zum Schuleintritt, Informationen zum Schuleintritt, vorbereitende Maßnahmen, Wünsche etc. erfasst. Darüber hinaus wurde das Bild durch die institutionelle Sicht der Erzieherinnen und Lehrerinnen ergänzt.

3 Ausgewählte Ergebnisse

Der Schuleintritt wurde von Kindern in der Regel positiv antizipiert (vgl. Reichmann 2010, S. 106). Trotz dieser positiven Grundeinstellung konnten Un-terschiede in der emotionalen Haltung gegenüber spezifischen schulischen Merkmalen festgestellt werden.

Bei der Einschätzung der Kinder beider Untersuchungsgruppen lassen sich beim ersten Erhebungszeitpunkt drei Merkmalsgruppen mit positiv, ambivalent und negativ geprägter Beurteilung differenzieren (vgl. Reichmann 2010, S.184).

Tabelle 1: Positiv bewertete Merkmale bei EHZ 1 und EHZ 2

Schulisches Merkmal		Interventionsgruppe		Kontrollgruppe	
		EHZ 1	EHZ 2	EHZ 1	EHZ 2
		%	%	%	%
Sport	☺	85,7	85,7	61,1	88,8
Bildende Kunst	☺	70,0	80,9	83,3	88,8
Pause	☺	63,6	91,0	68,4	94,4
Spiel	☺	61,9	90,4	72,2	78,9

Positiv eingeschätzt wurden aus dem Kindergarten vertraute oder kindergarten-nahe Aktivitäten wie Sport, malen, spielen oder die Pause (vgl. Tab. 1). Als Begründung gaben die Kinder vor allem an, dass diese Aktivitäten Spaß machten und sie damit vertraut waren (vgl. Reichmann 2010, S. 111).

Tabelle 2: Ambivalent bewertete Merkmale bei EHZ 1 und EHZ 2

Schulisches Merkmal		Interventionsgruppe		Kontrollgruppe	
		EHZ 1	EHZ 2	EHZ 1	EHZ 2
		%	%	%	%
Rechnen	☺	47,6	71,4	55,6	52,9
Lesen	☺	61,9	57,2	47,4	63,2
Schreiben	☺	42,9	71,4	72,2	72,2
Gebäudekenntnis	☺	45,0	66,7	57,9	54,2
Schulweg	☺	50,0	56,5	77,8	83,3

Schulspezifischere Merkmale wie der Erwerb der Kulturtechniken, die Kenntnis des Schulgebäudes und des Schulwegs wurden weniger positiv und somit überwiegend ambivalent beurteilt (vgl. Tab. 2). Hier äußerten die Kinder vor allem Versagensängste in Bezug auf das Erlernen der Kulturtechniken. Bei der Einschätzung des Schulwegs wie auch des Schulgebäudes war in erster Linie die Angst sich zu verlaufen ausschlaggebend (vgl. Reichmann 2010, S. 114-116).

Tabelle 3: Negativ bewertete Merkmale bei EHZ 1 und EHZ 2

Schulisches Merkmal		Interventionsgruppe		Kontrollgruppe	
		EHZ 1	EHZ 2	EHZ 1	EHZ 2
		%	%	%	%
Mitschüler	☺	30,0	45,0	50,0	33,3

Überwiegend negativ wurde der neue Klassenverband antizipiert (vgl. Tab. 3). Die Kinder fürchteten sich hier vor allem vor der Ablehnung durch Mitschüler und sozialer Isolation (a.a. O., S. 117).

Nach der Durchführung des Projekts zeigten sich teilweise deutliche Differenzen in der Einschätzung (vgl. Tab. 1 – 3). Dies ist vor allem bei zuvor ambivalent und negativ besetzten Merkmalen der Fall. Diese Bereiche werden von der Interventionsgruppe nun häufig positiver eingeschätzt. Demgegenüber bleibt die Einstellung in der Kontrollgruppe gleichbleibend ambivalent oder zeigt zum Teil sogar negativere Tendenzen als beim ersten Erhebungszeitpunkt (a.a.O., S. 184).

4 Diskussion und Ausblick

Die in diesem Beitrag vorgestellten Ergebnisse deuten auf einen Abbau von Unsicherheiten und eine positive Veränderung der kindlichen Einstellungen durch das Kooperationsprojekt hin und bestätigen grundsätzlich die unterstützende Funktion, die Unterrichtsbesuche in der Vorbereitung des Schuleintritts spielen können. Dabei ist davon auszugehen, dass die Konzeption der Besuche eine wesentliche Rolle spielt. Es bleibt zu klären, ob und inwieweit dies auch für andere Kooperationselemente zutrifft.

Literatur

Griebel, W./Niesel, R. (2002): Abschied vom Kindergarten – Start in die Schule. Grundlagen und Praxishilfen für Erzieherinnen, Lehrkräfte und Eltern. München: Don Bosco.

Heinzel, F. (Hrsg.) (2000): Methoden der Kindheitsforschung. Ein Überblick über Forschungszugänge zur kindlichen Perspektive. Weinheim und München: Juventa.

Knörzer, W./Grass, K./Schumacher, E. (6 2007): Den Anfang der Schulzeit pädagogisch gestalten. Studien- und Arbeitsbuch für den Anfangsunterricht. Weinheim und Basel: Beltz.

Margetts, K. (2006): Planning transition programmes. In: Fabian, H./Dunlop, A.-W. (eds.): Transitions in the Early Years. Debating continuity and progressing for young children in early education. 3. Edition. London and New York: Routledge Falmer, S. 111–122.

Reichmann, E. (2010): Übergänge vom Kindergarten in die Grundschule unter Berücksichtigung kooperativer Lernformen. Baltmannsweiler: Schneider.

Roux, S. (2002): Wie sehen Kinder ihren Kindergarten? Theoretische und empirische Befunde zur Qualität von Kindertagesstätten. Weinheim und München: Juventa.

Topping, K. (2001): Peer Assisted Learning. A Practical Guide for Teachers. Newton, MA: Brookline Books.

Mathematik lernen im Übergang vom Kindergarten zur Grundschule: mit dem KSM-Modell[1] Übergänge ohne Brüche gestalten

Thomas Royar & Christine Streit

Wie können mathematische Lernanlässe im Kindergarten ausgestaltet werden, wenn diese nicht als Vorwegnahme schulischen Mathematiklernens verstanden werden?

Dieser Frage wurde im Rahmen des Forschungs- und Entwicklungsprojektes „MATHElino" nachgegangen. Innerhalb dieses Projektes wurden gemeinsam mit den Akteuren des Feldes verschiedene Lernformen im Bereich Mathematik erprobt und ausgewertet. Hieraus wurde ein Konzept entwickelt, das auf mathematisches Lernen im Kindergarten fokussiert und eine mathematische Lernbiografie ohne Brüche ermöglichen soll. Ein zentraler Baustein dieses Konzeptes ist das hier vorgestellte KSM-Modell.

1 Das Konzept MATHElino

Mathematik ist die Wissenschaft der Muster und Strukturen (Wittmann 2005). Die Rolle der Kinder ist diejenige der Kommunikationspartner und aktiv Lernenden (Lengnink 2002). Innerhalb eines solchen Verständnisses von frühem mathematischem Lernen sind die eigenen Konstruktionsleistungen der Kinder Ausgangspunkt sowohl der Theorie als auch der Beobachtung und der behutsamen pädagogischen Intervention.

Damit ist das zentrale Ziel verbunden ein Lernfeld zu bieten, innerhalb dessen die Kinder Unterstützung im Aufbau mathematischer „Vorläuferkenntnisse" und Grundvorstellungen sowie positiver Selbstwirksamkeitserfahrungen erhalten, welche als Prävention möglicher Lernschwierigkeiten dienen.

---

[1] KSM steht für Kernbereiche, Sichtweisen und Methoden

2 Einsatz von Materialien

Mathematik ist abstrakt und nicht über unsere Sinne erfahrbar. Sinnlich erfahrbar sind jedoch mathematikhaltige Materialien, also Materialien, die in sich das Potenzial tragen, zu mathematischen Tätigkeiten wie Ordnen und Musterbildung anzuregen. Man könnte auch sagen, sie ermöglichen einen „niederschwelligen" Zugang zur Mathematik. Solche Materialien können in unterschiedlichen Szenarien eingesetzt werden und erlauben die Auseinandersetzung mit mathematischen Fragestellungen auf verschiedenen Niveaus. So kann man z. B. mit bunten Spielwürfeln „einfach nur spielen", man kann sie aber auch sortieren, mit ihnen Muster legen, damit Pyramiden bauen oder erste Erfahrungen zur Wahrscheinlichkeit sammeln.

Zum Einsatz kam ein bewegliches Containerregal mit unterschiedlichen mathematikhaltigen Materialien („MaMa-Schrank"). Dieses umfasste nicht nur spezielle Lernmaterialien, sondern auch Alltagsgegenstände wie Knöpfe und Bänder oder Naturmaterialien. Alle Materialien waren primär einer der drei Kategorien Zahl, Maß oder Raum und Form zugeordnet. Diese Ordnung spiegelte sich auch in der äußeren Gestaltung des Schranks wider. Zu jedem Material gehörten Handreichungen mit Hintergründen, Anregungen, Ideen und Beobachtungsempfehlungen, die in Zusammenarbeit mit den Nutzern ausdifferenziert und weiterentwickelt wurden.

3 Ein Ergebnis des Projektes: Das KSM-Modell

Basierend auf der konzeptuellen Rahmung und der wissenschaftlichen Begleitung der praktischen Erprobung entstand das dreidimensionale KSM Modell zur Kategorisierung mathematischer Lernanlässe. Es bietet Orientierungshilfe, um das eigene pädagogische und didaktische Handeln begründbar zu machen, es an Zielperspektiven zu koppeln und Beliebigkeit zu vermeiden.

Bezugnehmend auf die NCTM-Standards für Mathematik (Fuson et al. 2010) erfolgte eine Klassifizierung mathematischer Themen in drei Kernbereiche, nämlich Zahlen, Maß sowie Raum und Form. Die Bereiche „Beziehung und Veränderung" sowie „Daten und Zufall" wurden nicht eigenständig, sondern integriert betrachtet.

Die Sichtweisen auf mathematische Inhalte sind mit den Begriffen „Anwendungsorientierung" und „Strukturorientierung" bezeichnet. Für den Kindergarten ist das insofern relevant, als Mathematik einerseits im Alltag präsent erscheint (zum Beispiel beim Richten, Aufräumen, Planen, Gestalten, Organisieren), andererseits als geistiges Konstrukt auch gerade durch die Fähigkeit gekennzeichnet ist, sich von Anwendungen zu lösen und in sich selbst sinnstiftend sein zu können (zum Beispiel beim gezielten Experimentieren, Forschen, Mustererkunden usw.).

Methodisch zu unterscheiden sind ungelenktes Freispiel, Impulse durch pädagogische Arrangements bzw. Angebote sowie angeleitete Aufgaben. Damit wird eine Balance zwischen Konstruktion und Instruktion angestrebt, denn nur diese eröffnet „Möglichkeiten zum Erwerb anwendbaren Wissens, das zu erfolgreichem Handeln führen kann". (Mandl et al. 1995)

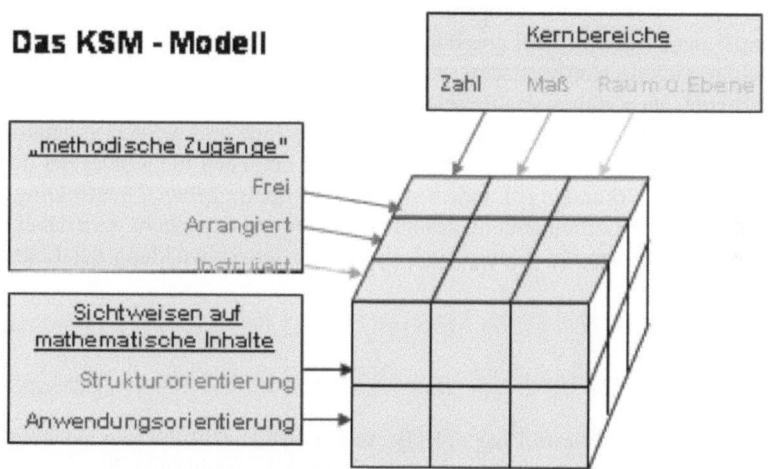

Abbildung 1:   Schematische Darstellung des KSM-Modells

4   Anschlussfähigkeit in der Schule

Grundlegende mathematische Bildung ist eine zentrale Aufgabe von Kindergarten und Schule. Wir gehen davon aus, dass gerade für das Lernen von Mathematik eine kontinuierliche Lernbiografie ohne Brüche förderlich ist. Das kann aber nur gelingen, wenn beide Institutionen an gleichen Grundsätzen orientiert und kooperativ tätig sind.

Wittmann betont, dass die Weiterentwicklung des Mathematikunterrichts um so erfolgversprechender sei, „je mehr das Mathematiklernen vom Kindergarten bis zum Abitur einschließlich der Lehrerbildung als Einheit gesehen und im Gesamtzusammenhang entwickelt wird. Dafür ist eine inhaltliche Leitlinie erforderlich, die für die Kohärenz der Bemühungen quer über die Stufen und Schulformen sorgt. Eine solche Leitlinie kann nicht von außen übergestülpt werden, sondern muss aus dem Fach erwachsen" (Wittmann 2005).

Die Bedeutung der Qualität des Übergangs vom Kindergarten in die Grundschule ist im Hinblick auf die mathematische Lernbiographie noch relativ wenig untersucht worden. Die meisten Entwicklungs- und Forschungsprojekte sind entweder nur im Elementarbereich oder nur im Primarbereich verankert. Entsprechend braucht es noch geeignete Konzepte dazu, wie Erzieher/innen und Grundschullehrer/innen gemeinsam zu einem „guten Mathestart" beitragen können. Auf der Basis von Kooperationen zwischen Kindergärten und Schulen, die gemäß dem KSM-Modell arbeiten, wird an der Pädagogischen Hochschule der Fachhochschule Nordwestschweiz an einer entsprechenden Konzeptentwicklung gearbeitet. Im Rahmen des Projektes kommen Kindergarten- und Schulkinder u. a. auch gemeinsam an die Pädagogische Hochschule und werden in heterogenen Kleingruppen mathematisch tätig. Studierende begleiten die Kinder bei den mathematischen Erkundungen, indem sie gezielt Impulse geben ("Scaffolding") und eine anregende Lernumgebung gestalten. Begleitend untersucht wird dabei neben den Lernprozessen der Kinder auch die Kompetenzentwicklung der Lehrpersonen.

Literatur

Fuson, Karen C./Clements, Douglas H./Beckmann, Sybilla (2010): Focus in kindergarten. Teaching with curriculum focal points. Reston VA , Washington DC.

Lengnink, K. (2002): Mathematisches in der Kommunikation. In: Prediger, S./Siebel, F./Lengnink, K (Hrsg.): Mathematik und Kommunikation. Darmstädter Texte zur Allgemeinen Wissenschaft 3. Mühltal: Verlag allgemeine Wissenschaft, 121-136.

Mandl, H./Gruber, H./Renkl, A. (1995): Situiertes Lernen in multimedialen Lernumgebungen. In: Issing & Klimsa (Hrsg.): "Information und Lernen mit Multimedia und Internet". Weinheim: Beltz, Psychologie Verlags Union, S. 139 – 149.

Peter-Koop, A./Prediger, S. (2005): Dimensionen, Perspektiven und Projekte mathematikdidaktischer Handlungsforschung. In: Eckert, E./ Fichten, W. (Hrsg.): Schulbegleitforschung: Erwartungen – Ergebnisse – Wirkungen. Münster: Waxmann, 185-201.

Royar, T./Streit, C. (2010): MATHElino. Kinder begleiten auf mathematischen Entdeckungsreisen. Seelze: Kallmeyer.

Wittmann, E. Ch. (2005): Eine Leitlinie für die Unterrichtsentwicklung vom Fach aus: (Elementar-)Mathematik als Wissenschaft von Mustern. In: Der Mathematikunterricht (MU), Jg. 51, Heft 2/3, 5-22.

Übergang in die Basisstufe

Christa Urech

1 Die heterogen zusammengesetzte Klasse

Wird eine Schulklasse betrachtet, lässt sich unschwer erkennen, dass deren Zusammensetzung heterogen ist: Dies ist bereits beim Einritt in den Kindergarten der Fall und beim Eintritt in die 1. Klasse liegen erhebliche Unterschiede in den Kompetenzen Lesen, Wortschatz und Mathematik vor (Moser/Stamm/Hollenweger 2005). Etwa ein Drittel der Kinder verfügt zu diesem Zeitpunkt über akzelerierte Kenntnisse im Lesen und in der Mathematik, ein weiteres Drittel hat Kenntnisse in einzelnen Bereichen und etwa 25 Prozent treten ohne Vorwissen in die Schule ein. Zudem zeigen die Ergebnisse der PISA-Studie, dass in der Schweiz die soziale Herkunft stark über den Schulerfolg und die Bildungschancen entscheidet. Benachteiligte Kinder sind doppelt benachteiligt, ihre Erstsprache entspricht oft nicht der Unterrichtssprache und ihr Vorwissen können sie oft nicht zugunsten der schulischen Bildung nutzen können (Moser, 2005; Stamm, 2007). Diese Benachteiligung zeigt sich zudem in der drastischen Selektion am Ende des Kindergartens (Coradi Vellacott et al., 2007; Grossenbacher, 2008): Kinder mit Migrationshintergrund werden häufiger in Sonderklassen überwiesen als heimische Kinder und deutlich häufiger vor der Einschulung zurückgestellt.

Vor diesem Hintergrund wurde in der deutschsprachigen Schweiz ein neues Schuleingangsmodell erprobt: die Basisstufe. Es werden vier- bis sieben- oder achtjährige Kinder von zwei Lehrpersonen gemeinsam unterrichtet (Schweizerische Konferenz der kantonalen Erziehungsdirektoren, 1997). Es handelt sich um ein integratives Modell. Von der Basisstufe wird unter anderem erwartet, dass der Übergang vom Kindergarten in die Schule problemloser erfolgt, weil er fließend ist. Implizit wird von der Basisstufe aber erhofft, dass sie die Chancengleichheit für die Kinder erhöhen kann. Die Ergebnisse aus der Evaluation der Basisstufe zeigen jedoch, dass die Unterschiede, die bereits beim Eintritt in die Basisstufe bestehen, von den Kindern in den ersten drei Jahren nicht aufgeholt werden (Moser & Bayer, 2010).

Kinder orientieren sich vor dem Eintritt in eine öffentliche Institution innerfamiliär. Der Übergang vom Elternhaus gilt daher als zentrale Zäsur in der kindlichen

Welt, als „grundlegende Entwicklungsaufgabe" (Prengel, 1999, S. 11) und als kritisches Lebensereignis (Martschinke & Frank, 2002). Das Kind knüpft neue Beziehungen zu Gleichaltrigen und muss innerhalb der Kindergruppe einen Platz finden.

2 Forschungsmethodisches Vorgehen

2.1 Fragestellung, Stichprobe, Erhebung und Auswertung

Im hier diskutierten Forschungsprojekt wurde folgende Frage gestellt: Welches sind Merkmale pädagogischen Handelns der Lehrpersonen in einem Basisstufen-Unterricht, in welchem die Schülerinnen und Schüler einen hohen Lernzuwachs erzielten?

Die Auswahl der Stichprobe erfolgte aufgrund quantitativer Daten aus der Evaluation der Basisstufe. Der Unterricht von fünf best practice Basisstufen-Klassen, die als erfolgreich bezeichnet werden können (hoher Leistungszuwachs zwischen zwei Messzeitpunkten), wurde in einer Vertiefungsstudie beschrieben und analysiert. Jede Fall-Klasse wurde während einer Woche anhand der Methode der teilnehmenden Beobachtung untersucht. Im Fokus standen das Handeln der Lehrpersonen sowie drei bis fünf Kinder, die als benachteiligt bezeichnet werden können.

Der aufgezeichnete Unterricht bildete als Text das empirische Material. Er wurde anhand des thematischen Codierens mittels MAXQDA-Programm analysiert und anhand der qualitativen Inhaltsanalyse beschrieben.

2.2 Ergebnisse zum Übergang in die Basisstufe

Die hier vorgestellten Ergebnisse zu den Bereichen Sozialverhalten, Förderung und Teambesprechungen beziehen sich auf den Übergang in die Basisstufe.

A Sozialverhalten unter den Kindern
Die Befunde zeigen, dass die älteren Kinder den jüngeren inhaltlich auch dann helfen, wenn sie von diesen nicht explizit darum gebeten werden. Ebenso zeigt sich, dass die neu in die Basisstufe eingetretenen Kinder schnell von den älteren in die geltenden Gepflogenheiten der Basisstufe eingeführt werden, was als zentral für eine gelungene soziale Eingliederung bezeichnet werden kann. Gesamthaft legen die Ergebnisse dar, dass der Übergang von daheim zum Unterricht rasch erfolgt, dass nach einer kurzen Ankommenszeit am Inhalt gearbeitet wird.

B Individuelle Förderung
In einem Fall konnte ein Einzelgespräch zwischen einem Kind und einer Lehrperson von 20 bis 30 Minuten beobachtet werden. Es handelte sich um die Quartalsziele.

> Die Lehrperson fragt Manuela: „Wie geht es dir in der Basisstufe? Wo geht es dir gut und wo nicht so gut?" Manuela sagt: „Im Rechnen geht es mir nicht so gut." [...] Manuela liest das erste Ziel laut vor: „Ich kann Formen benennen, beschreiben, zeichnen." Die Lehrperson fragt nach, welche Formen sie kenne. Manuela zeichnet ein Dreieck und ein Rechteck auf die Rückseite des Blattes. Die Lehrperson fragt sie, ob sie zwei Arten von Vierecken kenne. Sie verneint. Darauf zeichnet die Lehrperson ein Quadrat. Manuela kann es benennen. Sie gehen zum nächsten Ziel.

In der Analyse zeigt sich, dass in allen Fällen die individuelle Lernbegleitung benachteiligter Kinder groß geschrieben ist. Sie basiert oft auf den Teambesprechungen.

C Planung und Reflexion des Unterrichts im Team
Bei diesem Beispiel geht es darum, was außerhalb des Unterrichts geschieht, nicht im Schulzimmer, sondern im Teamraum.

> Eine Lehrperson erzählt, dass Silvio sich sehr mühsam verhalten habe. Unerträglich. Sie habe schon alles ausprobiert, streng, nett, nichts habe genützt. Die Lehrpersonen diskutieren, ob sie ihn bestrafen sollen, sind sich aber nicht einig. Eine Lehrperson möchte ihm das Turnen verbieten, eine andere findet diese Strafe zu hart. Nach einer halben Stunde vereinbaren sie, mit Silvio zu sprechen und ihm eine Woche Zeit zu geben sein Verhalten zu bessern, ansonsten erhalte er eine Strafe.

Aus dieser Feldnotiz und aus weiteren zu dieser Kategorie wird deutlich, dass dem Austausch über die Kinder bei den Besprechungszeitpunkten eine zentrale Stellung zukommt. In mehreren Teams wird sehr ausgiebig über einzelne Kinder, ihr Lernen und ihr Verhalten gesprochen. Das Ergebnis der Besprechung hat Auswirkungen auf die weitere Planung und Umsetzung des Unterrichts.

3   Bilanz

Die Befunde zeigen, dass die neu in die Basisstufe eingetretenen Kinder schnell von den älteren in die geltenden Gepflogenheiten der Basisstufe eingeführt wurden, was auf eine gelungene soziale Eingliederung hinweist. Ebenso erfolgte der Übergang von daheim zum Unterricht rasch. Das Teamteaching stand im Zusammenhang mit der Lernbegleitung, denn zwei Lehrpersonen können mehr Kinder zur selben Zeit individuell begleiten als eine einzelne. Das Teamteaching ermöglichte, dass sich eine Lehrperson über längere Zeit einem Kind widmen konnte. Im Team wird intensiv über einzelne Kinder ausgetauscht.

Diese Bilanz lässt sich aus der vorgestellten Studie ziehen. Da die Ergebnisse jedoch nicht mit jenen erfolgreicher Klassen verglichen wurden, können keine endgültigen Aussage hinsichtlich von Kausalzusammenhängen getroffen werden. Sie können jedoch Ausgangslage für weitere Forschungsarbeiten sein.

Literatur

Coradi Vellacott, M., Denzler, S., Grossenbacher, S., Kull, M., Meyer, P., Vögeli-Mantovani, U., et al. (2007). *Bildungsbericht Schweiz.* Aarau: Schweizerische Koordinationsstelle für Bildungsforschung (SKBF).

Grossenbacher, S. (2008). *Das Projekt "EDK-Ost 4bis8" im nationalen und internationalen Kontext. Eine erste Bilanz.* Aarau: Schweizerische Koordinationsstelle für Bildungsforschung.

Martschinke, S. & Frank, A. (2002). Wie unterscheiden sich Schüler und Schülerinnen in Selbstkonzept und Leistung am Schulanfang? In F. Heinzel & A. Prengel (Eds.), *Heterogenität, Integration und Differenzierung in der Primarschule* (pp. 191-197). Opladen: Leske + Budrich.

Moser, U. (2005). Lernvoraussetzungen in Schulklassen zu Beginn der 1. Klasse. In U. Moser, M. Stamm & J. Hollenweger (Eds.), *Für die Schule bereit?* (pp. 167-185). Oberentfelden: Sauerländer.

Moser, U. & Bayer, N. (2010). *EDK-Ost 4bis8. Schlussbericht der summativen Evaluation.* Bern: schulverlag.

Prengel, A. (1999). *Vielfalt durch gute Ordnung im Anfangsunterricht.* Opladen: Leske + Budrich.

Schweizerische Konferenz der kantonalen Erziehungsdirektoren (Ed.). (1997). *Bildung und Erziehung der vier- bis achtjährigen Kinder in der Schweiz. Dossier 48A.* Bern: EDK.

Stamm, M. (2007). Basisstufe - eine Antwort auf Heterogenität? Ein Blick auf die nationale und internationale Szene. In C. Bollier & M. Sigrist (Eds.), *Auf dem Weg zu einer integrativen Basisstufe. Integration, Prävention, frühe heilpädagogische Förderung als Auftrag der Basis- und Grundstufe* (pp. 27-46). Luzern: Edition SZH/CSPS.

Classroom Management als verbindendes Element zwischen Kindergarten und Grundschule

Evelyne Wannack & Kirsten Herger

Seit längerer Zeit werden in der deutschsprachigen Schweiz Bemühungen unternommen, den zwei Jahre dauernden Kindergarten und die ersten zwei Grundschuljahre im Rahmen der sogenannten Eingangsstufe zusammenzuführen (Schweizerische Konferenz der kantonalen Erziehungsdirektoren, 1997). Diese Bemühungen kumulierten im kantonsübergreifend angelegten Schulentwicklungsprojekt „edk-ost-4bis8", das im Jahr 2010 seinen Abschluss fand[1]. Unabhängig vom Schulentwicklungsprojekt werden bereits seit rund 10 Jahren Lehrpersonen für die Eingangsstufe ausgebildet. Eine Herausforderung, die sowohl die gemeinsame Ausbildung von Kindergarten- und Grundschullehrpersonen wie auch die Schaffung einer neuen Stufe mit sich bringt, ist die Zusammenführung pädagogisch-didaktischer Elemente aus der kindergarten- und grundschulpädagogischen Tradition. An dieser Schnittstelle setzt unser Forschungsprojekt an, in dem es das Konzept des Classroom Management als verbindendes Element nutzt.

1   Theoretische Grundlagen

Für die Beschreibung der Unterrichtsgestaltung in der Eingangsstufe gehen wir von den Ebenen Unterrichtssequenzen, Spiel- und Lernbegleitung sowie Classroom Management aus. Auf der Ebene der Unterrichtssequenzen stehen u.a. die Fragen im Zentrum, wie die Lehrperson Inhalte auswählt, den Unterricht mittels geführten und offenen Unterrichtsformen gestaltet und welche Sozialformen sie einsetzt (Wannack/Arnaldi/Schütz 2009). Die Ebene der Spiel- und Lernbegleitung fokussiert darauf, wie die Lehrperson Spiel- und Lernprozesse der Kinder analysiert, beobachtet und unterstützt. In Anlehnung an Evertson/Emmer/Worsham (2003) unterscheiden wir auf der Ebene des Classroom Management die Elemente Regeln, Prozeduren, Rituale und Raumgestaltung. Jedes dieser Elemente ist zentral, wenn es darum geht, eine Unterrichtslektion

---

[1] Projektbeschrieb sowie Zwischen- und Abschlussberichte sind auf der folgenden Website zu finden: <http://www.edk-ost.ch/Grundstufe-Basisstufe.19.0.html>

oder einen Halbtag zu rhythmisieren, von geführten zu offenen Unterrichtssequenzen oder auch innerhalb einer Unterrichtslektion die Unterrichtsformen zu
wechseln.

Im vorliegenden Beitrag stellen wir die Aspekte Regeln und Prozeduren ins
Zentrum und bearbeiten die folgende Frage: Wie und welche Regeln und Prozeduren nutzen Lehrpersonen in geführten und offenen Unterrichtssequenzen, um
den Kindern vielfältige Spiel- und Lernmöglichkeiten anzubieten?

2 Untersuchungsdesign

Die Grundlage für unsere Untersuchung bildete ein «mixed-methodology-
design» (Flick, 2004). Wir führten zuerst eine quantitative Untersuchung in
Form einer standardisierten Befragung bei Kindergarten- und Grundschullehrpersonen des Kantons Bern durch. Ausgesendet wurden 619 Fragebogen. Der
Rücklauf belief sich auf 63%.

Für den qualitativen Teil haben wir 6 Kindergarten- und 6 Grundschullehrerinnen anhand der Kriterien Klassenlehrperson, Berufserfahrung und 4 Merkmalen zum Classroom Management aus der Fragebogenerhebung ausgewählt.

Die qualitative Untersuchung enthielt zwei Teile: Zunächst wurden zwei
Unterrichtslektionen videografiert. Die 12 Lehrpersonen hatten lediglich die
Vorgabe, mindestens eine offene und eine geführte Unterrichtssequenz im Kindergarten oder Klassenzimmer durchzuführen. Im Verlauf einer Woche wurde
nach der videobasierten Beobachtung mit der Lehrperson ein weiterer Termin
vereinbart, an dem das fokussiertes Interview stattfand. Dafür entwickelten wir
einen Interviewleitfaden, den wir um drei Videoszenen pro Lehrperson zu Ele-
menten des Classroom Management wie z.B. Regeln, Übergänge oder Rituale
gruppierten.

Die gewonnenen Daten aus den qualitativen Interviews transkribierten wir
und entwickelten anschliessend in einem mehrstufigen Verfahren das Kategoriensystem. 5 Interviews wurden doppelt codiert, woraus eine Intercoderreliabili-
tät von 0.7 (bei 43 Kategorien und Subkategorien) resultierte.

3 Ergebnisse

Material- und theoriegeleitet konnten wir für die Kategorie Regelinhalte fünf
Subkategorien extrahieren. Die Subkategorien Integrität der Person, Kommuni-
kation und Sorgfalt im Umgang mit Material zielen darauf ab, ein Spiel- und
Lernklima zu schaffen, in dem sich die Kinder anerkannt und wertgeschätzt

fühlen. Die verbleibenden zwei Subkategorien Organisation (z.B. Aufräumen nach Nutzung bestimmter Angebote) und Mobilität (z.B. Verlassen des Klassenraums) werden genutzt, um einen verlässlichen Rahmen zu geben und den Lehrpersonen die Übersicht zu erleichtern.

In der Kategorie Aufrechterhalten von angemessenem Verhalten betonten die Lehrpersonen, dass sie die eher allgemeineren Regeln zu Beginn des Schuljahres einführten und dann vor allem im ersten Quartal sehr darauf bedacht waren, dass diese Regeln eingehalten wurden. Bei Regelverletzungen wurde zunächst die Diskussion in der Klasse oder mit einzelnen Kindern gesucht, um so die Einsicht und Verbindlichkeit von Regeln zu stärken. Bei weiteren Regelverletzungen wurden die Kinder zuerst ermahnt. Die Lehrpersonen gaben an, dass sie verbale Hinweise oder auch gelbe und rote Karten zeigten, wie das in Sportspielen gebräuchlich ist. Fruchtete dies nicht, griffen die Lehrpersonen ein. Sie berichteten, dass die Kinder ihre Tätigkeit unterbrechen und ihren Platz aufräumen mussten. Es wurde ihnen eine andere Aufgabe zugeteilt oder sie mussten eine kurze Auszeit nehmen. Mit Ausnahme einer Lehrperson hielten sie wenig von Bestrafungs-Systemen. Wenn immer möglich, versuchten die Lehrpersonen mit den beschriebenen Strategien zurecht zu kommen.

Die Thematik Prozeduren weist zwei Kategorien auf. Bei der ersten Kategorie geht es um die Gestaltung von Übergängen. Um die Kinder auf einen Übergang hinzuweisen, verwendeten die Lehrpersonen vor allem Klanginstrumente. Danach wurden organisatorische Anweisungen gegeben, eine neue Aufgabe erklärt oder das Ende einer Unterrichtssequenz angekündigt, um den Kindern Zeit zu geben, ihre Aufgabe abzuschliessen.

Ein Übergang endete häufig mit einer Sammelphase im Sitzkreis. Dazu hatten die Lehrpersonen Kreisspiele eingeführt, die die Kinder selber zur Überbrückung der Wartezeit machen konnten. Waren alle Kinder im Kreis, folgte eine gemeinsame Aktivität wie z.B. ein Bewegungsspiel oder eine Reflexion zur letzten Unterrichtssequenz.

Handelte es sich um einen Übergang in eine offene Unterrichtssequenz, konnten aus den Interviews drei Strategien zum Verteilen der Kinder auf verschiedene Spiel- und Lernangebote unterschieden werden: (1) Die Lehrpersonen stellten die Gruppen nach bestimmten Merkmalen in Bezug zu bestimmten Spiel- und Lernangeboten zusammen. (2) Die Lehrperson überliess die Gruppenzusammensetzung dem Zufall, indem die Kinder z.B. Bilder ziehen konnten und (3) die Kinder wählten sich ihre Partnerinnen oder Partner selber.

Mit diesen Strategien wurden zwei Ziele verfolgt, nämlich durch das gestaffelte Verteilen der Gruppen auf Spiel- und Lernangebote Friktionen vorzubeugen und Gruppen pädagogisch gezielt homogen oder heterogen bezüglich Interessen oder Entwicklungsstand usw. zusammenzusetzen.

Die zweite Kategorie zum Thema Prozeduren betrifft häufig vorkommende Abläufe wie z.B. bestimmte Materialien, Spiele hervorzunehmen oder fertige Aufgaben abzugeben. Die Lehrpersonen brachten zum Ausdruck, dass je besser solche Abläufe eingeübt wurden, desto mehr ergab sich in solchen Situationen eine Entlastung, weil die Kinder wussten, was zu tun war. Oftmals hatten die Lehrpersonen ein Klassenhelfer-System mit Chefinnen und Chefs eingerichtet, die sowohl das Verteilen wie das Einsammeln von Materialien oder das Bereitstellen von Spiel- und Lernangeboten übernahmen. Die Abläufe wurden von den Lehrpersonen ebenfalls eingeführt und so wenig wie möglich geändert.

4 Fazit

Unser Beitrag fokussierte die Classroom Management-Elemente Regeln und Prozeduren und deren Funktion, den Kindern vielfältige Spiel- und Lernmöglichkeiten in einem förderlichen Spiel- und Lernklima anzubieten. Die Regeln zielen sowohl auf generelle Verhaltensweisen als auch auf klassenspezifische Anforderungen ab. Die Prozeduren erleichtern die Organisation von Abläufen und helfen Übergänge geschmeidig zu gestalten.

Es zeigte sich, dass die Lehrpersonen mithilfe der beschriebenen Elemente des Classroom Management eine filigrane organisatorische Grundlage schafften, und so ein produktives Spiel- und Lernklima erzeugten. Hinsichtlich der Regeln und Prozeduren war der leichte Teil die Einführung zu Beginn des Schuljahrs. Der diffizilere Teil war die Aufrechterhaltung der Regeln und Prozeduren sowie die situativ-adäquate Erweiterung während des Schuljahres. Um die Verbindlichkeit zu erhöhen, wurden Regeln und Prozeduren mit den Kindern diskutiert resp. erweitert. Waren sie in der Klasse akzeptiert und verankert, gewannen sowohl die Kinder als auch die Lehrperson in der Eingangsstufe mehr Zeit für Spiel- und Lernaktivitäten.

Literatur

Evertson, C. M./Emmer, E. T./Worsham, M. E. (2003): Classroom Management for Elementary Teachers. 6. Auflage. Boston: Allyn and Bacon.

Flick, U. (2004): Triangulation. Wiesbaden: VS Verlag für Sozialwissenschaften.

Schweizerische Konferenz der kantonalen Erziehungsdirektoren (Ed.) (1997): Bildung und Erziehung der vier- bis achtjährigen Kinder in der Schweiz (Dossier 48a). Bern: Schweizerische Konferenz der Erziehungsdirektoren.

Wannack, E./Arnaldi, U./Schütz, A. (2009): Überlegungen zur Didaktik des Kindergartens. 4 bis 8. Fachzeitschrift für Kindergarten und Unterstufe, Jg. 99, H. 9, 24-26.

Grundlegende Bildung und Übergänge aus grundschulpädagogischer Sicht im Rahmen von Schul- und Unterrichtsprozessen

Kommunikative Brüche in Gesprächen schulischer Akteure und die Herstellung generationaler Ordnung

Sarah Alexi

1 Theoretischer Rahmen

Ende der 1980er Jahre wurde die Diskussion um „Veränderte Kindheit" angestoßen, in welcher die Aufwachsensbedingungen damaliger Kinder durch eine Analyse gesellschaftlicher Wandlungsprozesse herausgearbeitet und deren Auswirkungen auf Schule und Unterricht verdeutlicht wurden (vgl. u.a. Fölling-Albers 1989), wobei jedoch stets auch die biographischen Kindheitserfahrungen der forschenden und rezipierenden Erwachsenen als Hintergrundfolie präsent waren und deren Wahrnehmung subjektiv beeinflussten (vgl. u.a. Heinzel 2002). Objektive Wandlungsprozesse und subjektive Wahrnehmungen müssen demzufolge als ineinander verschränkt betrachtet werden, wenn adäquate Aussagen über Kindheit entstehen sollen.

Die sozialwissenschaftliche Kindheitsforschung unterscheidet in ihren theoretischen Analysen zwischen einem *sozialstrukturellen* und einem *soziokulturellen* Generationenkonzept (vgl. Hengst 2008). Dabei bildet sich in struktureller Sichtweise Kindheit als ein soziales Konstrukt im Gegenüber der Erwachsenheit aus (vgl. u.a. Alanen 2005), während das soziokulturelle Generationenkonzept Kindheit zu verschiedenen Zeiten thematisiert und auf die Unterschiedlichkeit der je vorherrschenden gesellschaftlichen Rahmenbedingungen fokussiert. Auch in der Institution Schule treffen Erwachsene auf Kinder, wobei sie sich sowohl in sozialstruktureller bzw. *lebenszyklischer* Hinsicht voneinander als auch in soziokultureller Perspektive unterscheiden, da sie jeweils differente *gesellschaftshistorische* (Lebens)Erfahrungen gemacht haben.

Ein tragfähiges Konzept zur Analyse von generationsspezifischen Gemeinsamkeiten und Unterschieden im Sinne dieser doppelten Generationsangehörigkeit bietet die Wissenssoziologie Karl Mannheims (insbes. 1980), in der zwischen *konjunktiven* und *kommunikativen* Erfahrungsräumen unterschieden wird. Mit dem Gedanken der konjunktiven Erfahrung wird ein Verständnis der existentiellen Verankerung von Erfahrungs- und Bewusstseinsbildung und damit ein konstitutives Merkmal kollektiven Handelns entworfen. Im Gegensatz dazu wird unter kommunikativem Wissen jenes verstanden, dessen Bedeutung in der konkreten Interaktion von Menschen mit unterschiedlichen Erfahrungshintergründen erst ausgehandelt werden muss.

Für die hier vorgestellte Untersuchung sind die Prozesse *konjunktiven Verstehens* ebenso relevant wie die *kommunikativen Verhandelns*, denn beide Prozesse sind sowohl auf der Ebene *lebenszyklischer* als auch auf der Ebene *gesellschaftshistorischer* Generationendifferenz anzutreffen. Durch die Analyse der konkreten Praxen, in denen Kinder zu Kindern und Erwachsene zu Erwachsenen werden (Honig 2009, 46ff.) sowie mit Rückgriff auf die analytische Unterscheidung von konjunktiven und kommunikativen Erfahrungsräumen wird in einer konstruktivistisch-differenztheoretischen Perspektive, die soziale Genese von Kindheit zum Ausgangspunkt der folgenden empirischen Analyse genommen.

2 Anlage der Untersuchung

Die hier vorgestellte Studie zielt darauf ab, die Konstitutionslogik generationaler Ordnung aufzudecken. Dazu wurden Gruppendiskussionen mit Angehörigen dreier verschiedener Alterskohorten durchgeführt und mit der dokumentarischen Methode (vgl. u.a. Bohnsack 2010) ausgewertet. Bei der Auswahl der beteiligten schulischen Akteure wurde darauf geachtet, dass diese unterschiedliche kindliche Primärerfahrungen gemacht haben.

Zuerst wurden Gruppendiskussionen durchgeführt, in denen Angehörige unterschiedlichen Alters und Geschlechts in *heterogener* Zusammensetzung aufeinandertrafen: Mann und Frau um die 60 Jahre, Mann und Frau um die 30 Jahre sowie drei Jungen und drei Mädchen im Grundschulalter. Im Anschluss an die Überlegungen Mannheims können in den heterogenen Gruppendiskussionen kommunikative Beziehungen untersucht werden, die dort entstehen, wo Menschen mit verschiedenen Erlebnishintergründen interagieren. Jedoch können auch konjunktive Erfahrungen rekonstruiert werden, da lebenszyklisch betrachtet alle Teilnehmenden bereits über das Wissen verfügen, was es bedeutet ein Kind im Gegenüber der Erwachsenen zu sein.

In einem zweiten Durchgang wurden die Teilnehmenden in einer neuen Gruppenzusammensetzung noch einmal zu ihren Kindheitserfahrungen befragt. Die Zusammensetzung erfolgte nach einer Trennung in Alter und Geschlecht mit dem Ziel möglichst *homogene* Gruppen zu erhalten. Im Sinne Mannheims kann man davon ausgehen, dass sich die Teilnehmenden in den homogen zusammengesetzten Gruppen unmittelbar verstehen, da sie sowohl als Angehörige einer Generation als auch eines Geschlechts strukturidentische Erfahrungen gemeinsam haben und demzufolge über kollektiv geteilte bzw. konjunktive Erfahrungsräume verfügen. Beispielhaft folgt die Interpretation einer Interaktionssequenz aus einer *heterogenen* Gruppe, die (dem Tagungsthema folgend) als kommunikativer Bruch oder Missverstehen gewertet werden kann.

3 Erste Interpretationsergebnisse

Der folgende Auszug befindet sich am Anfang der Gruppendiskussion. Nachdem der Lehrer mittleren Alters über seine Kindheit berichtet hat, er denke sofort an „Freiheit", denn er sei „ganz viel draußen" gewesen, ergänzt der ältere Lehrer die Ausführungen. So war auch er „früher oft draußen in Feld, Wald und Wiese unterwegs", da die damals herrschenden Verkehrsbedingungen noch „günstig und ungefährlich" waren. Die beiden anwesenden Lehrerinnen bestätigen die Erfahrungen ihrer beiden Kollegen und führen aus, dass auch „große Gärten" die Möglichkeit zum „Draußensein" boten und man „sehr selten drin gehockt" hätte. Daraufhin ist der ältere Lehrer (Bm) darum bemüht, nun auch die Kindergeneration zu diesem Thema zu Wort kommen zu lassen. Ihm antworten die drei anwesenden Jungen (Gm, Fm, Hm).

```
 1 | Bm |                      ∟ dürft ihr denn auch einfach so raus wenn ihr
 2 |    | wollt ((fragend))
 3 | Gm |              ∟ mh joa
 4 | Fm |                  ∟ ich eigentlich schon manchmal also wenn nichts
 5 |    | Besonderes ist dann kann ich raus
 6 | Bm |                                   ∟ und kannst auch hingehen wo
 7 |    | de willst ((fragend))
 8 | Hm |              ∟ ja wenns noch vor sieben ist
 9 | Bm |                                        ∟ wie ((fragend))
10 |    |                                        ∟ wenns noch vor
11 | Hm | sieben ist ja
12 | Bm |           ∟ jaja (.) °mhm°
```

In dieser Sequenz werden intergenerationelle Aushandlungen auf *konjunktiver* und *kommunikativer* Ebene erkennbar: Bereits anhand der Verwendung des Modalverbs „dürfen" wird deutlich, dass es aus der Sicht von Bm nicht alleine in der Macht der Kinder liegt, zu entscheiden, „einfach so rauszugehen", denn es existieren gewisse kinderspezifische Einschränkungen. Die Kindergeneration bejaht die gestellte Frage kollektiv und Fm erläutert zudem, dass er „wenn nichts Besonderes ist" auch raus kann. Es herrscht zwischen den beiden Generationen also Einverständnis darüber, dass Kinder gewissen Restriktionen unterworfen sind. Bm zielt mit seiner dann folgenden Frage nach dem *wo*, auf eine mögliche Einschränkung hinsichtlich des Raumes, in dem Kinder sich bewegen dürfen, ab. Sein Blick auf heutige Kindheit beinhaltet, dass es weniger Freiräume gibt als zu früheren Zeiten. Die objektiven gesellschaftlichen Veränderungen (z.B. andere

Verkehrsbedingungen, die er ja vorher bereits ins Gespräch eingebracht hatte) haben zu räumlichen Einschränkungen heutiger Kinder geführt. Irritierend ist jedoch die Reaktion des Jungen, der die Frage nach einer räumlichen Einschränkung mit der zeitlichen Restriktion „wenns noch vor sieben ist" beantwortet.

Hieran wird deutlich, dass es in der Interaktion verschiedener Generationen immer um sehr unterschiedliche Verständigungsprozesse geht. Zwar gehen alle Beteiligten in lebenszyklischer Perspektive davon aus, dass Kinder gewissen Restriktionen unterworfen werden, jedoch sind diese gesellschaftshistorisch betrachtet unterschiedlich. Konjunktives Verstehen findet hier im Sinne lebenszyklischer Generationen statt, wird aber durch ein kommunikatives Missverstehen in der gesellschaftshistorischen Ausgestaltung der Restriktionen überlagert.

Zusammenfassend lässt sich festhalten, dass die konkreten Unterscheidungspraxen zwischen Kindern und Erwachsenen also nur mit Hilfe einer analytischen Trennung von lebenszyklisch und gesellschaftshistorisch differenter Generationsangehörigkeit *sowie* unter Rückgriff auf die beiden Mannheimschen Verständigungsformen adäquat erfasst werden können. Für die Schule und ihre Akteure folgt daraus, dass es um eine dies (mit)reflektierende Gestaltung von schulischen Generationenbeziehungen (vgl. Heinzel 2010) gehen muss.

Literatur

Alanen, L. (2005): Kindheit als generationales Konzept. In: Hengst, H./Zeiher, H. (Hrsg.): Kindheit soziologisch. Wiesbaden: VS-Verlag, 65-82.

Bohnsack, R. (2010): Rekonstruktive Sozialforschung. Einführung in qualitative Methoden. 8. durchges. Aufl., Opladen; Farmington Hills: Budrich.

Fölling-Albers, M. (1989): Veränderte Kindheit – Veränderte Grundschule. Frankfurt a. M.: Grundschulverband.

Heinzel, F. (2002): Der Blick auf die Kinder und der Blick zurück. In: Grundschulunterricht. 49. Jg., H. 9, 9-12.

Heinzel, F. (2010): Generationenbeziehungen reflektieren. In: Heinzel, F. (Hrsg.): Kinder in Gesellschaft. Was wissen wir über aktuelle Kindheiten? Frankfurt a. M.: Grundschulverband, 161-170.

Hengst, H. (2008): Kindheit. In: Willems, H. (Hrsg.): Lehr(er)buch Soziologie. Für die pädagogischen und soziologischen Studiengänge. Band II. Wiesbaden: VS-Verlag, 551-581.

Honig, M.-S. (2009): Das Kind der Kindheitsforschung. Gegenstandskonstitutionen in den childhood studies. In: Honig, M.-S. (Hrsg.): Ordnungen der Kindheit. Problemstellungen und Perspektiven der Kindheitsforschung. Weinheim; München: Juventa, 25-51.

Mannheim, K. (1980): Strukturen des Denkens. Hrsg. von Kettler, D./Meja, V. /Stehr, N. Frankfurt a. M.: Suhrkamp.

Evaluation Positiver Peerkultur in der Grundschule

Angela Brosch

„Ich finde den Klassenrat toll, weil man dort sagen kann, was man zu sagen hat" - diese Schüleraussage stammt aus einer Grundschule, die den Klassenrat im Sinne einer Praxis Positiver Peerkultur in allen Klassenstufen eingeführt hat und beschreibt ihn als Ort, an dem die Schüler sich ernstgenommen und eingebunden fühlen. Es geht dabei um die Schaffung eines sozialen Bildungsortes, der die Komplexität des schulischen Binnenlebens stärker in den Fokus rückt und die Schüler als Akteure ihres Lernens und Lebens wahrnimmt. Im Folgenden werden die Projektgrundlagen erläutert und erste Evaluationsergebnisse vorgestellt.

1   Theoretische Grundlagen Positiver Peerkultur

Der Arbeitsansatz Positive Peerkultur hat sich dem Gedanken der positiven Wirkung sozialer Gemeinschaften für erzieherische Zwecke verschrieben. Diese Idee findet sich bereits in den reformpädagogischen Kinderrepubliken und wurde in den 50er und 60er Jahren in amerikanischen *summer camps* (vgl. Redl 1987) sowie später unter der Bezeichnung *positive peer culture* in der Arbeit mit delinquenten Jugendlichen weiterentwickelt (vgl. Vorrath/Brendtro 1985). In Deutschland fand eine Adaption des Konzeptes bisher vor allem im rehabilitativen Bereich statt (vgl. Opp/Teichmann 2008). Die theoretischen Grundlagen können anhand dreier Bausteine aufgezeigt werden: *Positiv* steht für eine Stärkenperspektive, die unter anderem aus den Ergebnissen der Resilienzforschung (vgl. Opp/Fingerle 2007) das Vertrauen in die Kompetenzen von Kindern und Jugendlichen ableitet, welche sich trotz widriger Umstände erfolgreich entwickeln können, soweit entsprechende Nischen geschaffen sind. *Peer* verweist auf eine aktive Schülerpartizipation und betont die Relevanz der Peerbeziehungen für die Entwicklung der Kinder und Jugendlichen. Der Fokus liegt dabei vor allem auf gemeinsamen Erfahrungen und einer geteilten Lebenspraxis. *Kultur* wird im Sinne Freuds als Schutz des Einzelnen durch die Gruppe gegenüber Stärkeren verstanden (vgl. Freud 1956, 122). Hierbei wird kein Harmonieideal angestrebt, sondern auf Aushandlungsprozesse verwiesen, die durchaus auch von schmerzlichen Erfahrungen begleitet sein können. Kultur ist dabei ein dynamischer Prozess, der durch Regeln und Rituale gestützt wird.

2 Positive Peerkultur in der Grundschule

Das zentrale Element Positiver Peerkulturen ist ein ritualisierter Gesprächskreis, in dem sich die Beteiligten authentisch und solidarisch über ihre gemeinsamen Erfahrungen austauschen. Ein strukturierter Ablauf kennzeichnet die Zusammenkunft. Demnach beginnt die Sitzung mit einer Begrüßung und Wiederholung der Gesprächsregeln sowie ggf. einem Rückblick. Daran kann eine Lobrunde anschließen, in der positives Feedback an Einzelne oder die Gruppe gegeben wird. Es folgt die Vorstellung von Problemen und Themen reihum in der Schülergruppe und die Auswahl des zu besprechenden Themas. Den Hauptteil bildet die gemeinsame Diskussion und Beratung im Hinblick auf das gewählte Thema sowie das Festhalten von und Abstimmen über Vereinbarungen, Lösungen und Beschlüsse. Eine Abschlussrunde könnte durch eine Rückmeldung an die Gruppe bezüglich der Sitzung gekennzeichnet sein. In diesem Gesprächskreis erfahren die Schüler Interesse und Empathie durch ihre Peers und übernehmen Verantwortung für ihre Themen und Probleme. Innerhalb der Sitzungen liegt der Fokus auf Hilfe statt Konfrontation durch die Gleichaltrigen. Der Gesprächskreis bietet die Möglichkeit, sowohl den schulischen Alltag mitzugestalten (Partizipation) als auch demokratische Aushandlungskompetenzen zu erlernen sowie Handlungsalternativen für die Schüler zu eröffnen.

Bei der Implementierung dieser Praxis an Grundschulen konnte an das schulpädagogische Konzept des Klassenrates angeknüpft werden, um die Etablierung Positiver Peerkulturen zu verwirklichen. Hierzu finden sich neben den konzeptionellen Wurzeln (Freinet 1979, Dreikurs u.a. 2008) zahlreiche Erfahrungsberichte und Praxisbeschreibungen (vgl. bspw. Friedrichs 2009) sowie schulpädagogische (vgl. Edelstein 2008) oder empirische Analysen (vgl. de Boer 2006).

In Abgrenzung zur Literatur und Forschungslage und in Bezug auf die Zielstellung des Projektes und der Einbindung in das Konzept der Positiven Peerkultur wird der Klassenrat innerhalb der vorgestellten Praxis funktional verortet als kulturelle Rahmung und ritualisierte Voraussetzung für gelingende Aushandlungsprozesse.

3 Evaluation Positiver Peerkulturen – Der Klassenrat aus Kindersicht

Im Folgenden werden exemplarisch die Ergebnisse eines offenen Fragebogens vorgestellt, der innerhalb der Evaluation der zweijährigen Klassenratspraxis einer Münchner Grundschule erhoben wurde, bei dem die Schüler sich zu positiven und negativen Aspekten des Klassenrates äußern konnten.

Positive Aspekte

> „Ich finde den Klassenrat toll, weil man im Klassenrat Dinge besprechen kann, wo man ein Problem hat, also dass man sich etwas wünschen kann. Es ist auch sehr interessant zu hören, was die anderen Kinder sich wünschen. Der Klassenrat ist auch mal eine Abwechslung anstatt Deutsch, Mathe, HSU, Kunst usw. Natürlich kann man dort auch ganz ehrlich seine Meinung äußern." (Sina, 10 Jahre)

Im Zusammenhang mit einer positiven Bewertung des Klassenrates waren folgende Punkt zentral: Interaktiver Austausch, Gesprächskultur, Positive Peerkultur und Attraktivität. Der interaktive Austausch mit den Unterkategorien Zuhören und Mitteilen war die am häufigsten genannte Rubrik. Dies verdeutlicht, dass es den Kindern wichtig ist, sich untereinander in Kenntnis von Dingen zu setzen und über Vorgänge in der Klassengemeinschaft Bescheid zu wissen, die so nicht ohne Weiteres präsent sind, beispielsweise Pausenaktivitäten. Ebenfalls häufig wurde der Aspekt Gesprächskultur bedient. Dieser beinhaltet verschiedene Punkte, die der geordneten Auseinandersetzung mit einem Thema dienlich sein können (Lösungsorientierung, freie Meinungsäußerung, Gesprächsregeln). Das Ergebnis unterstreicht die Bedeutung des ritualisierten und strukturierten Ablaufs der Gesprächsrunde. Unter dem Oberbegriff Positive Peerkultur wurden Werthaltungen wie Ehrlichkeit, Zusammenhalt oder Gerechtigkeit sowie eine Verbesserung im Sinne einer Auflösung der Problemsituation benannt. Hierin deutet sich an, dass der Klassenrat mit einer positiven Grundhaltung verbunden ist beziehungsweise sein sollte. Schließlich zeigt die Kategorie Attraktivität, dass weiterhin Interesse, Spaß, ein schulalternativer Charakter und das Ausführen der Ämter zu den positiven Aspekten der Klassenratspraxis gehören.

Negative Aspekte

> „Ich finde den Klassenrat nicht so toll, weil manche auch lügen, damit man den anderen beschuldigt und die Klassensprecher lassen die Betroffenen manchmal nicht zu Wort kommen." (Omar, 8 Jahre)

Hinsichtlich der negativen Bewertung kristallisierten sich folgende Aspekte heraus: Themenfrustration, Störung des Ablaufes, Dauer sowie die Art und Weise der Durchführung. Die Häufigkeit negativer Nennungen war hierbei um die Hälfte geringer als die der Positiven. Eine Frustration gegenüber dem Thema tritt hauptsächlich in Bezug auf den Inhalt auf, so zum Beispiel bei spezifischen Mädchen- oder Jungenthemen. Weiterhin kann Langeweile oder Missmut über die eigene Betroffenheit auftreten. Die Kinder haben eine genaue Vorstellung darüber, was ein Thema ausmacht, das im öffentlichen Raum des Klassenrates besprochen werden kann und sollte. Dabei geht es darum, verschiedene Interessen miteinander in Einklang zu bringen, aber auch die eigene Identität zu wahren. Die Störung des Ablaufes als auch die Dauer des Klassenrates, allgemein oder insbesondere die Themenbesprechung, sind Aspekte, die vor allem individuell in der Klassengemeinschaft diskutiert werden sollten. Die Praxis zeigt, dass der Klassenrat nicht immer unnötig in die Länge gezogen werden muss und auch eigene Regulierungsmechanismen des Ablaufes gefunden werden können. Abschließend spiegelt der Punkt der Durchführung eine kritische Beschäftigung mit Themen wie der Ämterausführung oder auch der Art der gemeinsam gefundenen Lösung wieder. Hier müssen weitere qualitative Untersuchungen ansetzen.

4 Resümee und Ausblick

Insgesamt zeigen die Evaluationsergebnisse, dass der Klassenrat eine hohe Zustimmung in der Schülerschaft erfährt. Anhand der negativen Aspekte konnte gezeigt werden, dass die Schüler sich kritisch mit diesem Verfahren auseinandersetzen. Eine weitere Aufgabe hinsichtlich der Zielsetzung der Untersuchung liegt nun in der Diskussion dieser Ergebnisse mit den Evaluationsbeteiligten. Es ist geplant, ausgewählte Punkte in einem Schülerkreis zur Diskussion zu stellen, mit Blick auf mögliche Lösungs- beziehungsweise Verbesserungsvorschläge.

Literatur

De Boer, H. (2006): Klassenrat als interaktive Praxis. Auseinandersetzung – Kooperation – Imagepflege. Wiesbaden: VS Verlag.
Dreikurs, R./Grunwald, B.B./Pepper, F.C. (2008): Lehrer und Schüler lösen Disziplinprobleme. Weinheim und Basel: Beltz Verlag.
Edelstein, W. (2008): Überlegungen zum Klassenrat. Erziehung zu Demokratie und Verantwortung. In: Die Ganztagsschule, Jg. 48, H. 2/3, 93-101.
Freinet, C. (1979): Die moderne französische Schule. 2. Auflage. Paderborn: Schöningh.
Freud, S. (1956): Das Unbehagen in der Kultur. 6. Auflage. Frankfurt: Fischer Bücherei.
Friedrichs, B. (2009): Praxisbuch Klassenrat. Gemeinschaft fördern, Konflikte lösen. Weinheim und Basel: Beltz Verlag.
Opp, G./Fingerle, M. (Hrsg.) (2009): Was Kinder stärkt. Erziehung zwischen Risiko und Resilienz. 2. Auflage. München: Ernst Reinhardt Verlag.
Opp, G./Teichmann, J. (Hrsg.) (2008): Positive Peerkultur. Best Practices in Deutschland. Bad Heilbrunn: Klinkhardt Verlag.
Redl, F. (1987): Erziehung schwieriger Kinder. München: Piper.
Vorrath, H. H./Brendtro, L. K. (1985): Positive Peer Culture. 2. Auflage. New York: de Gruyter.

Brüche zwischen Schein und Sein - Zu den Chancen, Risiken und unbeabsichtigten Nebenwirkungen interkultureller Bildung für Grundschulkinder

Petra Büker

Wie gehen Kinder einer dritten Klasse im Rahmen eines interkulturell orientierten Literaturprojektes mit einem Migrationstext zum Thema "Fremdsein in Deutschland" um? Welche Wirkeffekte eines auf "Integration" angelegten Unterrichts lassen sich hinsichtlich Identifikation, Perspektivenübernahme und interkultureller Handlungsbereitschaft bei Kindern mit und ohne Zuwanderungsgeschichte feststellen? Die Ergebnisse eines qualitativ angelegten empirischen Unterrichtsforschungsprojektes, expliziert am Fall einer sog. Brennpunktschule in Bielefeld, verweisen auf Brüche zwischen Authentizität und Unterrichtskonformität; auf ein "Deutschstunden-Gesicht" und ein "Pausen-Gesicht" bereits bei 9-10jährigen. Nach Skizzierung des Designs und ausgewählter Befunde des Projektes werden im Folgenden die hier angedeuteten Risiken und Nebenwirkungen einer in bester pädagogischer Absicht realisierten interkulturellen Bildung beleuchtet und in den Kontext grundschulpädagogischer Professionalisierungsperspektiven gestellt.

Untersuchungsziel der an anderer Stelle ausführlich beschriebenen Fallstudie (Büker 2008a und b) ist eine möglichst „dichte Beschreibung" interkultureller Lehr-/Lernsituationen im Literaturunterricht der Grundschule. Mit dem Anspruch einer möglichst großen Alltagsnähe wird die Untersuchung eingebunden in eine dreiwöchige Unterrichtseinheit rund um die Klassenlektüre: „Als die Schmetterlinge kamen" (Höfle/Sohn 1991). Protagonist der Problemgeschichte ist der griechische Junge Kosta, der mit seinen Eltern nach Deutschland immigriert. Im Fließbereich zwischen literarischer Realität und Fiktion wird Kostas psychologische Akkulturation, also sein individueller, innerer Veränderungsprozess im Zusammenhang der Migration beschrieben. Die Integration in die Aufnahmegesellschaft erweist sich dabei als schwierig.

Zwei Untersuchungsfoki bestimmen das Erhebungsdesign: Zum einen der von den Schüler/-innen gezeigte *Umgang mit ethnisch bedingter Differenz als soziale und ästhetische Praxis.* Unter literaturdidaktischer Perspektive werden die kindlichen Rezeptionsweisen im Umgang mit Migrationsliteratur eruiert. Hier erfolgt eine Fokussierung auf die für literarisches und lebensweltliches

„Fremdverstehen" gleichermaßen relevanten Kompetenzen der Identifikation, Empathie, Perspektivenübernahme und Perspektivenkoordination (Büker/Kammler 2003). Dieses Unterrichtshandeln wird unter pädagogischer Perspektive mit dem interkulturell relevanten, sozialen Alltagshandeln der Kinder in den Pausenzeiten und auf dem Schulhof verglichen. Der zweite, professionsforschungsbezogene Fokus liegt auf der *Untersuchung der Sichtweisen und Deutungsmuster der involvierten Lehrkräfte* sowie der elf beteiligten Lehramtsstudierenden in Bezug auf ethnisch-kulturell bedingte Heterogenität.

Realisiert wird eine komplex angelegte Methodentriangulation: Datenquellen sind in die Unterrichtseinheit integrierte „Diagnostische Lernsituationen" wie Unterrichtsgespräche, szenisches Spiel, Schüler/-innentexte und –zeichnungen. Ergänzt durch ein Einzelinterview, zwei Fragebogenerhebungen sowie durch die schriftlichen Beobachtungsprotokolle der Studierenden entsteht für jeden der 22 Drittklässler/-innen ein umfangreiches Dossier, welches inhaltsanalytisch ausgewertet wird. Die Klasse setzt sich gleichmäßig verteilt aus Mädchen und Jungen zusammen. 50% der Kinder haben eine Zuwanderungsgeschichte. Im Stadtteil und in der Schule herrschen zum Zeitpunkt der Erhebung gravierende ethnisch bedingte Konflikte. Dies findet deutlichen Niederschlag in der Untersuchungsklasse, wie folgende Szenerie dokumentiert:

Lehrerin (*im Rahmen eines Unterrichtsgesprächs*): „Sabrina meint, die deutschen Kinder grenzen Kosta aus. Warum tun die das wohl? Warum lassen sie ihn nicht mit Fußball spielen?"
Michael: „Deutsche mögen Türken ja nicht so gerne. Das ist genau das gleiche dann, nur dass Kosta Grieche ist."
Niklas: „Und dann ist das egal ob das ein Ausländer ist. Der ist genauso wie wir." (Büker 2008a, 223)
Niclas (*zwei Tage vorher in der Pause im Streitgespräch mit einem aus Polen stammenden Mitschüler*):
„Du Scheiß-Ausländer! Okay, du bist ja kein Scheiß-Türke, sondern Pole. (…). Das steht doch überall so: Ausländer raus!"
Niklas (*im Gespräch mit einem anderen Kind über diesen Mitschüler*):
„Das ist doch ein altes Polenschwein. Polenschwein, Polenschwein!" (ebd.)

Niklas bildet zwar das extremste Beispiel für die bislang dem Jugendalter zugeschriebene Kluft zwischen Unterrichtsäußerungen und sozialem Alltagshandeln, allerdings stellt er innerhalb der Untersuchungsgruppe keinen Einzelfall dar.

Pädagogisch und didaktisch interessant ist die Frage, inwieweit *der Unterricht selbst* zur Förderung dieser Diskrepanz beigetragen haben mag und wo derselbe ansetzen müsste, um höhere Authentizität und dadurch nachhaltigere Lernchancen zu gewährleisten.

Ein Blick auf das zu Grunde liegende Unterrichtskonzept zeigt, dass es auf *integrative* interkulturelle Bildung hin angelegt wurde als Prozess des Aufeinanderzubewegens verschiedener Kulturen in einem gleichberechtigten, begegnungs- und konfliktorientierten Dialog. Bei der Textauswahl wurde seitens der Klassenlehrerin ein hohes Identifikationspotenzial speziell für Kinder mit Zuwanderungsgeschichte erwartet, da nicht allein die Geschichte eines Migranten, sondern zugleich die Kulturgeschichte der Gastarbeitermigration für Kinder der sog. zweiten und dritten Generation thematisiert wird. Intendiert wurde die Förderung des Klassenklimas durch besseres „Verstehen" fremder Lebenswelten in der Auseinandersetzung mit dem Erleben des Protagonisten und ein Transfer auf die eigene Realität. Die Untersuchungsergebnisse belegen, dass diese Erwartungen nicht erfüllt wurden: Besonders prekär erweist sich dabei der Aspekt der Identifikation im Rahmen der Figurenrezeption. Zu Beginn der Unterrichtseinheit erfolgten spontane Negativ-Konnotationen des kulturell Fremden, was an dem südländischen Aussehen des Protagonisten, seinem sozioökonomischem Status und an einer als unmännlich empfundenen Sensibilität festgemacht wurde. Im weiteren Unterrichtsverlauf rückte das Äußere zu Gunsten einer stärkeren Bewertung des immateriellen Kapitals der Figur zwar in den Hintergrund, allerdings ist der dunkle Teint bis zum Schluss ein Ablehnungsgrund für einzelne Kinder, was vorurteilstheoretisch sehr interessant ist. Besonders aufschlussreich ist die beobachtete Diskrepanz zwischen identifikatorischer Auseinandersetzung und gezeigtem Unterrichtsverhalten bei den Kindern mit türkischer Zuwanderungsgeschichte: So zeigten sich die Mädchen dieser Gruppe in Unterrichtssituationen signifikant zurückhaltend. Im geschützten Raum des Einzelinterviews, frei von sozialer Kontrolle durch die Mitschüler/-innen und die Lehrerin gaben sie hingegen dezidiert Auskünfte über ihr sympathetisches Wiederfinden in Kostas Situation, über ihre subjektiven Selbstentwürfe und individuellen Strategien im Umgang mit Differenz. Sie zeigen eine eindeutige Akkulturationsorientierung (Berry 1997), also ein vitales Interesse an persönlicher Weiterentwicklung im Kontext der Integration von Herkunfts- und Aufnahmekultur. Ihr Rückzug aus dem Unterricht kann sozialpsychologisch mit besonderer Sensibilisierung durch erhöhte Selbstaufmerksamkeit, Selbstwertbedrohung und Scham im Sinne der Stereotype Threat Theory erklärt werden (vgl. Steele 1997).

Die Ergebnisse erheben keinen Repräsentativitätsanspruch. Dennoch lassen sich durch die „dichte Beschreibung" Problemfelder einer auf „Integration" angelegten intentionalen interkulturellen Bildung identifizieren, die im einzelnen und hinsichtlich ihrer Verstärkungseffekte in größeren Studien weiter untersucht werden müssen: Eine differenzbetonende Kulturalisierung (Attribuierung „fremde Kultur"; Schüler/-innen als „Experten für ihr Heimatland") und die Tendenz zu einer mit der Altersstufe begründeten Harmonisierung und Moralisierung der interkulturellen Thematik stellen sich dabei als problematische Faktoren einer institutionellen Vereindeutigung heraus. Die subjektiven Theorien der Lehrkräfte verweisen auf die Persistenz binär und an Differenzlinien konstruierter Nomalitätvorstellungen („Wir Deutschen" vs. „Die Migranten") und auf entsprechende handlungsleitende pädagogische Strategien (vgl. Büker 2008b). Unterricht wird damit zum sozial kontrollierten Raum mit hohen Sollens-Anforderungen. Die gesellschaftliche Paralleldiskussion ober- und unterhalb der political correctness findet ihre Analogie in der Schule. Auch die Ergebnisse in Bezug auf Lerninteressen, Kommunikationsbedürfnisse und Akkulturationsstrategien von Schüler/-innen mit Zuwanderungsgeschichte öffnen den Blick für bislang nicht ausgeschöpfte Potentiale interkultureller Bildung in der Grundschule, welche einer möglichst bruchlosen Identitätsentwicklung und damit einer Kompensation herkunftsbedinger Nachteile zuträglich sein können. Grundschulpädagogik und -didaktik benötigen dringend eine Neudefinition der „interkulturellen Bildung" im Kontext der Diskurse um Transkulturalität, Heterogeniät und Inklusion, eine Verstärkung der Kinder- und Vorurteilsforschung, eine an den Präkonzepten der Kinder orientierte Unterrichtsentwicklung sowie eine fokussierte Professionsforschung. Hier geht es um die Konzeptualisierung grundlegender Bildung im Sinne eines aufgeklärten Umgangs mit dem (veränderbaren) Eigenen, dem (veränderbaren) Fremden und dem komplexen, unbestimmbaren und Ambiguitätstoleranz erfordernden „Dazwischen".

Literatur

Büker, P./Kammler, C. (Hrsg.) (2003): Das Fremde und das Andere: Interpretationen und didaktische Analysen zeitgenössischer Kinder- und Jugendbücher. Weinheim: Juventa.

Büker, P. (2008a): „Als die Schmetterlinge kamen" – ein empirisches Unterrichtsforschungsprojekt zum ästhetischen Lernen im interkulturell orientierten Literaturunterricht der Grundschule. In: Vorst, C. et al. (Hrsg): Ästhetisches Lernen. Fachdidaktische Grundfragen und praxisorientierte Konzepte im interdisziplinären Kontext von Lehrerbildung und Schule. Frankfurt/M.: Peter Lang, 205-230.

Büker, P. (2008b): Zur Entwicklung eines „fremden Blicks" durch Unterrichtsforschung: Studierende auf dem Weg zum ästhetischen Lernen. In: Vorst, C. et al. (Hrsg): Ästhetisches Lernen. A.a.O., 169-186.

Berry, J.W. (1997): Immigration, acculturation and adaption. Applied Psych ology: An International Review, Jg. 46, 5-68.

Höfle, H./Sohn, R. (1991): Als die Schmetterlinge kamen. Hamburg: Wittig.

Steele, C. (1997): A threat in the air. How stereotypes shape intellectual identity and performance. American Psychologist Jg. 52, 6, 613-62.

Brüche mit pädagogischem Potential?! Videogestützte Praxisbeobachtungen in der Lehrerbildung

Jana Eisenstein, Thyra Graff & Birgit Ziegenmeyer

1 Einsatz von Unterrichtsvideos in der ersten Phase der Lehrerbildung

Die Nutzung von Unterrichtsvideos in der Lehrerbildung wird seit dem von Brophy (2004) herausgegebenen Sammelband „Using video in teacher education" auch im deutschsprachigen Raum wieder vermehrt diskutiert. In seiner zusammenfassenden Übersichtsdarstellung betont Helmke dazu, dass sich „[in] der Unterrichtsvideografie [...] ein noch wenig genutztes Potenzial für die Lehrerausbildung und -fortbildung verbirgt" (Helmke 2009, 15). Veröffentlichungen sind dabei bisher überwiegend in Anlehnung an videobasierte Unterrichtsforschung und mit Blick auf die Weiterbildung von Mathematiklehrkräften erschienen (z.b. Fischer/Schratz 2005, Krammer et al. 2008). Eine empirische Erforschung der videobasierten Lehrerbildung steht allerdings noch weitgehend aus.

Für die erste Phase der Lehrerausbildung bieten insbesondere Unterrichtsaufzeichnungen von „Dritten" verschiedene Nutzungsmöglichkeiten. Im Medium des Videos werden annähernd reale und alltägliche unterrichtliche Begebenheiten festgehalten und in ihrer Komplexität und Variabilität beobachtbar. Durch die Perspektive der Kamera können flüchtige Praxissituationen visuell und akustisch erkundet, wiederholt oder durch Pausen verlangsamt betrachtet und – ggf. in der Zusammenschau mit weiteren Daten aus Realbeobachtungen oder Befragungen der beteiligten Akteure zum Unterricht – paraphrasiert, strukturiert und komplex gedeutet werden. Dabei können Unterrichtsvideos in zeitlicher wie räumlicher Distanz zum Realgeschehen mit verschiedenen Zielsetzungen und unter verschiedenen fachlichen Perspektiven in der Lehrerbildung eingesetzt werden, z.B. (vgl. Krummheuer 1999; Reusser 2005):

- *Illustration* von Ergebnissen aus der qualitativ orientierten Unterrichtsforschung; fachspezifische Theorien und Konzepte des Lernens und Lehrens können in Sichtstrukturen des unterrichtlichen Handelns ‚übersetzt' und situiert werden;

- exemplarische *Rekonstruktionen* bestimmter (fach)didaktischer Aspekte von Unterricht; Unterrichtsvideos können so für die Betrachter zu „Kristallisationspunkte[n] gemeinsamer fachlicher Diskussionen des Handelns und Geschehens in Klassenzimmern" werden (Reusser 2005, 10);

- *Irritation* von (z.T. vorurteilsbehafteten) Deutungsmustern über Eigenschaften und Eigentümlichkeiten von Grundschulunterricht;
- *Differenzierung* und *Reflexion* eigener Beobachtungen;
- *Sensibilisierung* für die Komplexität und Eigendynamik unterrichtlicher Interaktionsprozesse.

Insbesondere vor dem Hintergrund eines theoretisch-reflexiven Praxisverständnisses sehen wir vor allem in der Sensibilisierung Studierender für unterrichtliche Interaktionsprozesse ein Potential für die Arbeit mit Unterrichtsvideos in der ersten Phase der Grundschullehrerausbildung.

2 Das Projekt HILDE

Zur Unterstützung videogestützter Praxisbeobachtungen mit fachdidaktischem Fokus werden im Rahmen des Projektes „HILDEsheimer Videos zur Fachdidaktik" forschungsorientierte Lernangebote für die Lehrerbildung in den Fachdidaktiken entwickelt und erprobt. Im Zentrum dieses Projektes steht der inhaltliche Aufbau eines videobasierten Archivs mit bereits knapp 50 Unterrichtsaufzeichnungen in verschiedenen Unterrichtsfächern. Die Aufzeichnungen dokumentieren alltägliche Unterrichtspraxis in Klassenzimmern bzw. Sporthallen, überwiegend in den Klassenstufen 3 bis 8. Auch Unterrichtsversuche im Rahmen von Praktika werden im Rahmen des Projektes videografiert und in das Archiv aufgenommen. Für Lehramtsstudierende stellt diese Materialbasis zahlreiche Arbeits- und Forschungsmöglichkeiten, wie z.B. die Analyse unterrichtlicher Brüche, bereit.

3 Unterrichtliche „Irritationen" aus fachdidaktischer Perspektive wahrnehmen, analysieren und reflektieren

Unterricht verstehen wir als einen komplexen und dynamischen Inszenierungsraum, in dem Lehrende und Lernende als Akteure mit ihren individuellen Handlungsweisen Sinn und Bedeutung von Unterricht prozesshaft konstruieren und in konkreten Handlungssituationen zur Darstellung bringen (vgl. Frei et al. 2008). Eine Beschreibung und Analyse unterrichtlicher Interaktionen und Handlungsweisen kann anhand zentraler Bedeutungsfelder und -dimensionen von Unterricht erfolgen: z.B. der Herstellung unterrichtlicher Rahmungen, der Konstitution und Gestaltung des unterrichtlichen Gegenstandes, fachgebundener Muster unterrichtlichen Handelns.

In unserem Projekt zu videobasierter Fallarbeit interessieren wir uns für Situationen alltäglicher Unterrichtspraxis, die insbesondere in der Beobachtung irritieren oder als Bruch wahrgenommen werden. Es kann davon ausgegangen werden, dass im komplexen Geschehen der unterrichtlichen Handlungen und im zügigen Handlungsverlauf Irritationen auftreten. Anders als manifeste Unterrichtsstörungen (vgl. Lohmann 2003) treten vielerlei Irritationen meist von den Akteuren unbemerkt auf oder bleiben zumindest für den unmittelbaren Fortgang des unterrichtlichen Geschehens folgenlos. Somit gibt es aus der Beobachterperspektive neben *offenkundigen Irritationen* (Störungen) auch erst in der Analyse des unterrichtlichen Geschehens *rekonstruierbare Irritationen*. Im Folgenden soll exemplarisch an zwei Videosequenzen aus der Grundschule dargestellt werden, welche Fragen sich mit Studierenden bei videogestützten Praxisbeobachtungen bearbeiten lassen.

Beispiel 1: „Gibt es Fragen?" (Deutschunterricht, 4. Klasse, Dauer 4:30 Min.)
> In einem Unterrichtsgespräch zu begrifflichen Klärungen eines gerade vorgelesenen kurzen Abschnittes aus dem Kinderroman „Oma" von Peter Härtling auf vornehmlich lokaler Textebene fragt ein Schüler unvermittelt nach der Gefühlslage einer der Hauptfiguren:
> *Steffen: [...] eigentlich beschreibt die im buch [Anm.: der Autor] da ja gar nicht, dass die oma da irgendwie gar nicht die gefühle für hat, weil immerhin is da der sohn gestorben*

Irritationspotential: Auf welche Ebenen des Textverständnisses bezieht sich die Frage von Steffen? Inwiefern besteht eine Spannung zur unterrichtlichen Inszenierung durch die Lehrperson? In der Analyse des Unterrichtsgesprächs können Irritationen auf gegenstandsbezogener Ebene rekonstruiert werden. Der Schülerbeitrag unterläuft eine Modellierung der Texterarbeitung, die die Begriffsklärung der Auseinandersetzung mit der Geschichte voranstellt. Damit ist die grundlegende literatur- und lesedidaktische Frage nach der Erarbeitung und Modellierung literarischer Texte im Gespräch angesprochen – und die Forschungsfrage berührt, inwiefern es sich beim beobachteten Ablauf um ein typisches Muster handelt.

Beispiel 2: „Obst und Gemüse" (Sachunterricht, 3. Klasse, Dauer 2:30 Min.)
> Die Schülerinnen und Schüler haben ihre fünf Lieblingsobst- und -gemüsesorten gezeichnet. In der anschließenden Unterrichtsphase werden die Ergebnisse der Reihe nach genannt, aber nicht weiter aufgegriffen.

Kati: *kirsche apfel erdbeere birne weintraube*
Lehrerin: *gut leon*
Leon: *ananas apfel ehm erdbeere banane und kirsche*
Lehrerin: *mhm [ja] lisa*
Lisa: *kirsche, banane, apfel mö möhre und melone*
Lehrerin: *gut hendrik [usw.]*

Irritationspotential: Die Beobachtung dieser über zweiminütigen Aufzählung irritiert vor allem auf der didaktisch-methodischen Ebene der Unterrichtsgestaltung. Fragen nach der sachbezogenen kognitiven Aktivierung der Schülerinnen und Schüler, der Ergebnissicherung von Arbeitsphasen (Sach- bzw. Altersangemessenheit?) oder dem Rückmeldeverhalten und der Gesprächsführung durch die Lehrerin können thematisiert werden.

Die Beispiele zeigen, dass unterrichtliche Brüche auf verschiedenen Ebenen rekonstruiert werden können, sowohl auf gegenstandsbezogener und didaktisch-methodischer Ebene als auch auf organisatorischer oder kommunikativer Ebene. Für die Lehrerbildung geht es dabei keinesfalls um eine defizitorientierte Betrachtung unterrichtlicher Praxis, vielmehr bietet die Rekonstruktion unterrichtlicher Irritationen Impulse für fachliche und fachdidaktische Analysen.

Literatur

Brophy, J. E. (Hrsg.) (2004): Using video in teacher education. Amsterdam: Elsevier.
Fischer, D./Schratz, M. (2005): Videos in der LehrerInnenbildung. In: journal für lehrerinnen- und lehrerbildung, Jg. 5, Bd. 2, 4-7.
Frei, P./Hauenschild, K./Plepei, I./Schmidt Thieme, B. (2008): Unterrichtliche Inszenierungen – interdisziplinäre Forschungen zur Fachdidaktik. Universität Hildesheim, unveröff. Manuskript.
Helmke, A. (2009): Unterrichtsqualität und Lehrerprofessionalität. Diagnose, Evaluation und Verbesserung des Unterrichts. Seelze: Kallmeyer.
Krammer, K. et al. (2008): Videobasierte Unterrichtsanalyse in der Weiterbildung von Lehrpersonen: Konzeption und Ergebnisse eines netzgestützten Weiterbildungsprojekts mit Mathematiklehrpersonen aus Deutschland und der Schweiz. In: Beiträge zur Lehrerbildung, Jg. 26, H. 2, 178-197.
Krummheuer, G. (1999): Die Analyse von Unterrichtsepisoden im Rahmen von Grundschullehrerausbildung. In: Ohlhaver, F./Wernet, A. (Hrsg.): Schulforschung, Fallanalyse, Lehrerbildung. Diskussionen am Fall. Opladen: Leske + Budrich, 99-120.
Lohmann, G. (2003): Mit Schülern klarkommen. Professioneller Umgang mit Unterrichtsstörungen und Disziplinkonflikten. Berlin: Cornelsen Scriptor.
Reusser, K. (2005): Situiertes Lernen mit Unterrichtsvideos. In: journal für lehrerinnen- und lehrerbildung, Jg. 5, Bd. 2, 8-18.

Klassenwechsel in jahrgangsgemischten Lerngruppen aus der Perspektive von Grundschulkindern

Johanna Hochstetter & Matthea Wagener

Zu Beginn jeden Schuljahres ändert sich in jahrgangsgemischten Lerngruppen die Klassenzusammensetzung, weil ein Teil der Kinder in die nächsthöhere Klasse wechselt und ein Teil der Gruppe neu hinzukommt (vgl. Kucharz/Wagener 2007). Wie Kinder den Klassenwechsel in jahrgangsgemischten Gruppen erleben, haben wir in Interviews in Berliner Grundschulen erfragt. Dieser Beitrag gibt einen Einblick in die theoretischen Grundlagen und erste Ergebnisse unserer Studie.

1 Transition und Jahrgangsmischung

Studien zur Transition zwischen Institutionen (z. B. vom Kindergarten in die Grundschule) liegen in begrenzter Zahl vor (vgl. Griebel/Niesel 2004). Untersuchungen, in denen Kinder zur Transition innerhalb der Grundschule in jahrgangsgemischten Klassen befragt werden, wurden unseres Wissens bisher nicht durchgeführt.

Als Transition ist nach Griebel und Niesel (vgl. ebd.) ein Prozess zu verstehen, in dem ein Kind, seine Eltern und die beteiligten Einrichtungen als Akteure gemeinsam einen Übergang gestalten. Fthenakis (1999) unterscheidet in Bezug auf Transitionsprozesse drei Ebenen: die individuelle, die interaktionale und die kontextuelle. Auf individueller Ebene geht es u. a. darum, Strategien zum Erhalt des Wohlbefindens und der Kontinuität der eigenen Biografie zu entwickeln (vgl. Wörz 2004). Während die interaktionale Ebene die Veränderung von Beziehungsstrukturen betont, fokussiert die kontextuelle Ebene auf veränderte institutionelle Rahmenbedingungen.

Diese theoretischen Ansätze waren leitend für die Auswertung der Interviews, wie an späterer Stelle noch ausgeführt wird.

2   Der Wechsel aus der Perspektive von Grundschulkindern

Die sechsjährige Grundschule in Berlin ist im Sinne der Montessori- oder Jena-plan-Pädagogik geeignet, drei verschiedene Jahrgänge zu kombinieren, sodass in einigen Schulen die Klassen 1 bis 3 und 4 bis 6 gemeinsam unterrichtet werden. Der Schwerpunkt unserer Untersuchung liegt auf den Sichtweisen, die Grundschulkinder beim Übergang von Klasse 1/2/3 in die Klasse 4/5/6 äußern. Insgesamt wurden 25 Schülerinnen und Schüler der 4. bis 6. Klasse mittels Leitfaden gestützter Einzelinterviews befragt.

Im Hinblick auf die theoretischen Überlegungen aus der Transitionsforschung stellen sich für uns folgende Fragen:

- Welche Emotionen beschreiben Kinder im Zusammenhang mit einem Klassenwechsel aus der 1/2/3 in die 4/5/6?
- Was sind Faktoren, die sie den Übergang stärker positiv oder stärker negativ erleben lassen?
- Welche Strategien nutzen sie zur Bewältigung der Situation?

Für diesen Beitrag wurden die Interviewaussagen von zwei Kindern nach dem Kriterium der größtmöglichen Kontrastierung ausgewählt. Auf die Frage, wie er den Wechsel von der einen in die andere Lerngruppe wahrgenommen hat, antwortete Thomas, der sich am Anfang des 4. Schulbesuchsjahres befand:

„Das war jetzt erstmal auch schwierig, weil, es gab ja auch noch 'nen paar Neue, die waren ja nicht immer bei mir in der Klasse. Weil manchmal kommen die ja dann auch von 'ner anderen Schule und so und dann kenn ich die noch überhaupt nicht und hab die noch nie gesehen. Und vor den Sommerferien hatte ich immer noch die Ganzen, mit denen ich schon längere Zeit zusammen war und die kannte ich dann auch sehr gut. Und hatte auch 'nen paar Freunde von denen, aber jetzt seh' ich sie noch auf der Hofpause, aber die kommen dann ja wieder in meine Klasse."

Thomas betrachtet die Transition in die neue Klassengemeinschaft anfänglich als eher problematisch. Sorge bereiteten ihm neue Klassenkameraden, die er nicht bereits kennen lernen konnte. Er ist freundschaftlich mit Kindern verbunden, die in diesem Jahr noch in der Klasse 1/2/3 bleiben. Als Strategien im Umgang mit der Situation nennt er das Halten des Kontakts zu diesen Freunden in den Hofpausen. Zudem weist er darauf hin, dass seine jüngeren Freunde im kommenden Schuljahr in seine 4/5/6-Klasse nachrücken werden. Damit ermöglicht er sich eine gewisse Kontinuität neben dem Wechsel (vgl. Wörz 2004). Betrachtet man seine Transition in die Klasse 4/5/6 auf der Kontext-Ebene, erweist sich für ihn

als erleichternd, dass der Kontext „Schule" weitestgehend erhalten bleibt und kein völliger Bruch mit seiner alten Klasse erfolgen muss (vgl. Fthenakis 1999).
Im Vergleich zu Thomas wird deutlich, dass der Schüler Jaro (6. Schulbesuchsjahr) seinen Wechsel in die Klasse 4/5/6 anders wahrnahm:

> „Eigentlich hatte ich immer nur Freunde, die älter sind als ich, bis ich jetzt hier bin [6. SBJ]. Und da [am Ende des 3. SBJ] war es, dass ich mich gefreut hab', jetzt endlich da rüber zu gehen [in die Klasse 4/5/6], weil da alle meine Freunde waren. Also in der nächsten Stufe [waren] alle meine Freunde. Und deswegen, das war eigentlich kein Unterschied, weil ich war nur direkt dabei."

Jaro spricht im Gegensatz zu Thomas nicht von Schwierigkeiten, sondern von Vorfreude auf den Wechsel. Ähnlich wie bei Thomas spielen Freundschaften dabei eine wichtige Rolle, nur gibt Jaro an, immer mit älteren Kindern und nicht mit jüngeren befreundet gewesen zu sein. Auch er sagt indirekt aus, dass die ihm wichtige Kontinuität von Freundschaften über die Klassen- und Altersgrenzen hinweg in dieser Schule möglich war.

3 Vorläufiges Fazit und Ausblick

Insgesamt lassen sich aus den 25 ausgewerteten Interviews folgende Aspekte erkennen:

a. Auf der individuellen Ebene: Die Bandbreite der Emotionen reicht von Vorfreude über Aufregung zur Erwartung von Schwierigkeiten.

b. Auf der interaktionalen Ebene: Freundschaften werden als entscheidender Faktor angesprochen. Der Kontakt zu noch nicht bekannten Kindern kann Befürchtungen auslösen.

c. Auf der kontextuellen Ebene: Trotz des Wechsels von Klassenraum und Lerngruppe pflegen die Kinder weiterhin Beziehungen zu Freunden und Bekannten auch außerhalb der Klasse.

In Bezug auf unsere Fragestellungen ist aus den vorläufigen Ergebnissen zu schließen, dass die Befragten den Prozess des Klassenwechsels emotional unterschiedlich wahrnehmen. Freundschaften scheinen einen großen Einfluss auf ein positives Erleben zu haben. Der Erhalt von Freundschaften auch außerhalb der eigenen Lerngruppe zeigt sich als wichtige Strategie, den Transitionsprozess besser zu bewältigen. Mit dem Wechsel von Klasse 1/2/3 in Klasse 4/5/6 werden die Kinder nach den kleineren jährlichen Erfahrungen von Transition vor eine etwas größere Herausforderung gestellt, bei der jedoch Elemente von Kontinuität erhalten bleiben.

Auf der Basis dieser ersten Ergebnisse wurden die Fragen zum Übergang und seiner Bewältigung dahingehend spezifiziert, dass wir nicht nur von den wechselnden Kindern erfahren wollten, wie sie den Übergang erleben bzw. vor einiger Zeit erlebt haben, sondern auch von den in der Klasse verbleibenden Kindern wissen wollten, wie sie mit dem Wechsel umgehen (vgl. Elias 1987). Für die Befragung konnten jeweils zwei Klassen aus drei Schulen gewonnen werden: eine 1/2/3-Klasse und eine 4/5/6 Klasse, deren Schülerinnen und Schüler nach und nach von der einen in die andere Klasse überwechseln. Interviewt wurden zum einen die Kinder, für die ein Wechsel unmittelbar bevorstand. Zum anderen erhielten die in ihrer Klasse verbleibenden Kinder Fragen zum Weggang der älteren und dem Hinzukommen der jüngeren Mitschülerinnen und Mitschüler. Außer den Schülerinnen und Schülern wurden auch deren Lehrerinnen befragt. Der Fokus der Interviews lag auf ihren Einschätzungen zum Wechsel der Klassenzusammensetzungen und auf den pädagogischen Maßnahmen, die im Zusammenhang mit diesen Wechseln ergriffen werden.

Von den qualitativen Auswertungen aller Kinder- und Lehrerinneninterviews erwarten wir weitere Erkenntnisse über die Bewältigung von Transitionsprozessen insbesondere in Hinblick auf die Bewältigung der jährlichen Wechsel in jahrgangsgemischten Klassen.

Literatur

Elias, N. (1987): Die Gesellschaft der Individuen. Frankfurt am Main: Suhrkamp.

Fthenakis, W. E. (1999): Transitionspsychologische Grundlagen des Übergangs zur Elternschaft. In: Fthenakis, W. E./Eckert, M./v. Block, M. (Hrsg.): Handbuch Elternbildung, Band 1. Opladen: Leske und Budrich, 31-68.

Griebel, W./Niesel, R. (2004): Transitionen. Fähigkeit von Kindern in Tageseinrichtungen fördern, Veränderungen erfolgreich zu bewältigen. Weinheim: Beltz.

Kucharz, D./Wagener, M. (2007): Jahrgangsübergreifendes Lernen. Eine empirische Studie zu Lernen, Leistung und Interaktion von Kindern in der Schuleingangsphase. Baltmannsweiler: Schneider Verlag Hohengehren.

Wörz, T. (2004): Die Entwicklung der Transitionsforschung. In: Griebel, W./Niesel, R.: Transitionen. Fähigkeit von Kindern in Tageseinrichtungen fördern, Veränderungen erfolgreich zu bewältigen. Weinheim: Beltz, 22-29.

"Verzieh dich oder komm rein!" - Übergänge im Grundschulalltag

Ilka Hutschenreuter

1 Übergänge im Alltag von Grundschulkindern

Der folgende Beitrag legt den Fokus auf Übergangssituationen und deren Bedeutsamkeit für Grundschulkinder zur Gestaltung schulischer Wirksamkeit. Betrachtet man die verschiedenen Ebenen von Schule, umfasst diese neben ihrer institutionellen und pädagogisch-didaktischen Struktur auch Interaktionszusammenhänge. Zwar werden die Aushandlungsprozesse zwischen den Kindern sowie Kindern und Lehrer/innen durch die institutionalisierten Routinen der Schule gesteuert und strukturiert. Gleichzeitig kann jedoch den Übergängen zwischen den Routinen ein besonderer Stellenwert als Interaktionsanlass zukommen.

In Anlehnung an Turner (vgl. Turner 2005/1969 in der Weiterführung von van Gennep 1909) kann der Begriff des Überganges als „Schwellenzustand" definiert werden. Zustand meint dabei „jeden kulturell definierten, stabilen oder wiederkehrenden Zustand" (Turner 2005/1969, 94). Der Schwellenzustand dagegen zeichnet sich durch seine Unbestimmtheit und seine fehlende Fixierung von Positionen im kulturellen Raum aus. Der Schwelle als Markierer eines Überganges kommt dabei eine zentrale Rolle zu, die verbunden oder gleichgesetzt wird mit dem Phänomen der „Grenze". Schwellen oder Grenzen finden sich dabei in vielfältiger Form im Schulalltag wieder, in der Regel innerhalb beziehungsweise entlang der institutionalisierten schulischen Routinen.

Als Beispiel für Schwellen in Situationen eines *räumlichen Überganges* kann die Türschwelle genannt werden, die sich als Grenze zwischen den zur Schulklasse oder Lehrpersonal Gehörenden und allen anderen formiert (vgl. Breidenstein 2006, 39). Schwellen finden sich auch in Situationen *zeitlicher Übergänge*; so strukturieren der Pausengong oder die Pausenglocke den Übergang vom Unterricht zur Pause bzw. umgekehrt (vgl. Wagner-Willi 2005, 139ff.) In Situationen *sozialer Übergänge* finden sich ebenfalls Schwellen, die beispielsweise gekennzeichnet sind durch die Veränderung der sozialen Strukturiertheit einer Situation oder einer Gruppe. Dies kann durch die Anwesenheit bzw. das Fehlen von Akteuren oder durch den Handlungsvollzug innerhalb eines sozialen Kontextes entstehen (vgl. bspw. Kelle/Breidenstein 1998).

2 Übergangssituationen im „Pausenausleihprojekt" einer Grundschule

Die folgenden Szenen geben einen Einblick in Übergangssituationen, die im Rahmen des Dissertationsvorhabens der Autorin teilnehmend beobachtet wurden. Im Mittelpunkt der Forschung stehen unter anderem die Mikroprozesse eines Projektes zur Ausleihe von Spielgeräten in der Hofpause. Ziel der ethnographischen Untersuchung ist es, die in die Aushandlungsprozesse eingebetteten sozialen Ereignisse empirisch zu beschreiben und zu analysieren. Fokussiert wird dabei auf die performativen und diskursiven Praktiken.

Im sogenannten „Pausenausleihprojekt" geht es um die Ausleihe von Spielgeräten in der Hofpause. Die Ausleihe ist in einer renovierten, ehemaligen Garage direkt auf dem Schulhof untergebracht. Immer drei Kinder der 3. bzw. 4. Klassen („Ausleihkinder") halten sich in diesem Raum auf und leihen die jeweiligen Spielgeräte an die Kinder auf dem Schulhof aus; im wöchentlichen Turnus wechseln die Dreier-Gruppen. Jedes Kind der Schule hat eine Karte, für die es sich ein Spielgerät ausleihen kann, spätestens am Ende der Pause gibt es das Spielgerät wieder ab und das Kind erhält seine Karte zurück. Die Betreuung der „Pausenausleihe" wird von den Kindern als Privileg empfunden. Getrennt vom Schulhof wird der Raum mit den Spielgeräten durch eine Tür, in deren Türrahmen auf Hüfthöhe der Kinder eine abnehmbare Kette hängt.

Die Kette vor der geöffneten Tür kann als ein *Markierer für eine räumliche Übergangssituation* festgehalten werden. Die Kette hatte zunächst eine *regulierende Funktion*, die ihr durch die Institution Schule zugeschrieben wurde. Das Pausenausleihprojekt wurde 2008 in der Schule initiiert. Die Einrichtung des Raumes wurde vollständig von Erwachsenen übernommen, somit auch die Einführung der Kette. Bei Eröffnung des Projektes wurde die Ausleihe von den Kindern stark nachgetragt, viele standen während der Hofpause in einer Schlange an, ohne jedoch rechtzeitig ein Spielgerät ausleihen zu können. Die Kette sollte hierbei den Ausleihprozess routinisieren: bei Erreichen der Kette war die ersehnte Möglichkeit zur Ausleihe eines Spielgerätes gegeben. Bei Beginn der Beobachtungsphasen 2009 gab es eine solche Nachfrage nicht mehr, entsprechend der Beobachtungsprotokolle ist es eher die Regel, dass kein Kind etwas ausleiht, falls doch, waren es nie mehr als fünf Ausleihen während einer Hofpause. Insofern hat die Kette ihre regulierende Funktion verloren.

> Ein Mädchen ruft laut auf den Schulhof: „Halloo, leiht sich jemand was aus?" Keine Reaktion von draußen erkennbar. Mit weniger Begeisterung in ihrer Stimme höre ich dann: „keine Antwort ist auch eine Antwort..." Die Frage wird öfter nach draußen gerufen, einmal kommt die Antwort, „nöö, ich hab nichts dabei". Das bezieht sich auf die Kärtchen, die die Kinder zum Ausleihen brauchen.

Die Kinder haben ganz unterschiedliche Formen, mit dem mangelnden Interesse an den Spielgeräten umzugehen: hier wird es mit Ausrufen versucht, um auf das Angebot der Ausleihe aufmerksam zu machen. Da keine Reaktion erfolgt, wird mit einem witzigen Spruch die Situation wieder auf eine „würdige" Ebene gehoben. Das Mädchen versucht hier, ihrer Funktion gerecht zu werden, die sie durch die Vergabe des Privilegs Pausenausleihe erhalten hat. Die Funktion, die sie versucht einzunehmen, würde sie in erster Linie in die *Rolle der Kontrollierenden und Zuweisenden* bringen, die auch mit einer Machtposition verbunden ist (erst wenn du mir deine Karte gibst, bekommst du ein Spielgerät). Sie kann diese Rolle nicht einnehmen, da es nicht ausreicht, dieses Privileg von der Schule zu erhalten und einfach in Anspruch zu nehmen, sondern dieses Privileg wird ebenso von den Peers vergeben. Damit kommt sie eher in die *Rolle der Fragenden und Bittenden* und durch den Witz ist diese Rolle auch anscheinend gut zu ertragen. Die Peers reagieren hier wohlwollend: wenn die Bitte auch noch abgewiesen wird („nöö, ich hab nichts dabei"), erfolgt die Ablehnung ganz sachlich, mit Tatsachen begründet und wahrt damit den Status, den das Ausleihkind eigentlich inne hat.

> Ein Junge steht draußen, schaut in die Pausenausleihe hinein. Jo ruft ihm laut zu: „Verzieh dich oder komm rein!", Isabell ruft ihm noch lauter zu: „Verzieh dich und komm nicht rein!" Der Junge ´verzieht´ sich.

Ein Junge nimmt nonverbal Kontakt mit den Ausleihkindern auf (das sind in dieser Szene Jo und Isabell) und Jo stellt mit seiner sich widersprechenden Aufforderung den Kontakt her. Das ist eher ungewöhnlich, da in der Ausleihe entsprechend den Regeln der Schule sich nur die drei Ausleihkinder aufhalten dürfen, nach den Regeln der Ausleihkinder dürfen zusätzlich zu ihnen auch ihre Freunde mit im Raum sein. Dieser Junge ist kein Freund von Jo, insofern hat die widersprüchliche Aufforderung eher den Charakter eines Tests. Die unterschiedlichen Regelsysteme von Kindern und Schule stellen in den meisten Situationen kein Problem dar, da beide Sphären durch die auf der Türschwelle hängenden Kette voneinander getrennt werden. In der Vielzahl der beobachteten Hofpausen gab es lediglich drei Situationen, in denen Lehrer/innen mit den Kinder in der Pausenausleihe interagierten.

Die Kette nimmt damit als zentrales Artefakt eine *Grenzziehung zwischen drinnen und draußen* vor und übernimmt gleichzeitig eine wichtige Rolle in den Aushandlungsprozessen der Ausleihkinder. In der Szene mit Jo und dem Jungen bietet sie den beiden die Möglichkeit zu einer unverbindlichen Kontaktaufnahme, die selbst bei Erfolglosigkeit - Isabel stellt eindeutig klar, dass sie keinen Kontakt wünscht und Jo verteidigt seine Aufforderung nicht - nur eine geringe

Beschädigung der eigenen Position innerhalb des Beziehungsgeflechtes der Kinder nach sich zieht.

3 Abschließende Einordnung

Übergangssituationen sind aufgrund ihrer Charakterisierung als wenig stabile Zustände, mit denen das Fehlen einer klar definierten Zuordnung innerhalb der Sozialstruktur einhergeht, eher negativ konnotiert. Die hier dargestellten Szenen zeigen, dass Übergänge ganz selbstverständlich zum Schulalltag gehören und von den Akteuren ohne größere Schwierigkeiten und sehr vielfältig gemeistert werden. Man hat fast den Eindruck, dass die beobachteten Kinder Freude an der Betonung von Grenzen haben und dass die Bewältigung von Übergangssituationen oft spielerisch erfolgt. Die Szenen zeigen weiterhin, das Übergänge auch verschiedene Dimensionen gleichzeitig umfassen können: zeitlich, räumlich, rollenförmig. Des Weiteren können Übergänge neue, für die Institution Schule eher unübliche Interaktionsräume eröffnen, wenn zum Beispiel die Aushandlungsprozesse der Pausenausleihkinder durch die besondere Räumlichkeit der Ausleihe und durch die Grenzziehung mittels Kette temporär der Schulöffentlichkeit entzogen sind.

Literatur

Breidenstein, G. (2006): Teilnahme am Unterricht. Ethnographische Studien zum Schülerjob. Wiesbaden: VS Verlag für Sozialwissenschaften.

Gennep, A. v. (1986/1909): Übergangsriten. Frankfurt a. M./New York: Campus Verlag.

Kelle, H./Breidenstein, G. (1998): Geschlechteralltag in der Schulklasse. Ethnographische Studien zur Gleichaltrigenkultur. Weinheim: Juventa.

Turner, V. (2005/1969): Das Ritual. Struktur und Anti-Struktur. Frankfurt a. M./New York: Campus Verlag.

Wagner-Willi, M. (2005): Kinder-Rituale zwischen Vorder- und Hinterbühne – Der Übergang von der Pause zum Unterricht. Wiesbaden: VS Verlag für Sozialwissenschaften.

Zur Entscheidung der längeren Verweildauer in jahrgangsgemischten Klassen der Grundschule

Martin Pape

Der Beitrag befasst sich mit der Entscheidung von Lehrkräften zur längeren Verweildauer von Kindern in jahrgangsgemischten Klassen. Diese Aufgabe, die im Kontext der Planung und Anleitung individueller Lernangebote im Rahmen einer explorativen Feldstudie untersucht wurde, stellt einen Teilbereich meines übergreifenden Erkenntnisinteresses zum didaktischen Handeln von Lehrkräften dar, die erstmals jahrgangsübergreifenden unterrichten[1].

Das Forschungsfeld besteht aus neun jahrgangsgemischten Klassen für die Jahrgänge eins bis drei an einer Grundschule, in denen 14 Lehrkräfte unterrichten. Die längere Verweildauer eines Kindes in einer drei Jahrgänge umfassenden Klasse bedeutet, dass es vier Jahre in dieser verbleibt[2]. Die Daten wurden in einem mehrstufigen Verfahren von 2004 bis 2008 durch Gruppendiskussion, Teilnehmende Beobachtung und Qualitative Interviews erhoben, die Datenauswertung erfolgte mittels der Qualitativen Inhaltsanalyse.

2 Datengrundlage, Analysefokus und Entscheidungsmuster

Die Lehrkräfte wurden in den Interviews unter anderem dazu aufgefordert, ihre Entscheidung am Beispiel von ein oder zwei Kindern mit längerer Verweildauer darzustellen. Aufgrund der Interviewausschnitte und zusätzlicher Unterrichtsbeobachtungen entstanden 19 Fallskizzen in zwei Kategorien. Bei den 13 Fällen von Kategorie I wurde eine längere Verweildauer bereits entschieden, bei je vier Kindern im ersten bzw. zweiten Jahrgang und bei fünf Kindern im dritten Jahrgang. Kategorie II umfasst weitere sechs Fälle, bei denen eine endgültige Entscheidung zum Interviewzeitpunkt noch ausstand. Hiervon befinden sich fünf

---

[1] Die Entscheidung zur kürzeren Verweildauer von Kindern und das entsprechende didaktische Handeln wurden ebenso untersucht, sind aber nicht Gegenstand dieses Beitrags.

[2] Die Möglichkeit zur individuellen Verweildauer findet sich in den Konzepten zur Schuleingangsphase verschiedener Bundesländer (vgl. Berthold 2008, 13ff.). Formal kann in der vorliegenden Studie nur die Verlängerung innerhalb der ersten beiden Schuljahre als längere Verweildauer bezeichnet werden. In der drei Jahrgänge umfassenden Klasse stellt sich jedoch auch die Entscheidung für eine Klassenwiederholung am Ende des dritten Schuljahrs als längere Verweildauer dar.

Kinder im ersten und ein Kind im zweiten Jahrgang. Das Verhältnis der Geschlechter ist in beiden Kategorien ausgewogen.

Die Analyse richtet den Fokus darauf, in welchen Fällen welche Faktoren Einfluss auf die Entscheidung für eine längere Verweildauer haben. Hierbei lassen sich drei Einflussfaktoren identifizieren, die in unterschiedlichem Maße bei der Entscheidung relevant sind: die Schulleistungen eines Kindes, seine sozial-emotionale Entwicklung und seine weitere Schullaufbahnplanung. Bei den Schulleistungen wird zudem analysiert, welche Beurteilungsnormen Verwendung finden[3]. Anhand der Fallanalysen ließen sich bezogen auf die Wirksamkeit dieser Einflussfaktoren drei Entscheidungsmuster formulieren (siehe Tab.1).

Entscheidungsmuster bezogen auf die Einflussfaktoren	Muster A		Muster B		Muster C	
1. Die Schulleistungen sind nicht ausreichend.	Ja		ja		nein	
2. Die sozial-emotionale Entwicklung ist beeinträchtigt.	Nein		ja		nein	
3. Die Schullaufbahnplanung wäre durch eine reguläre Verweildauer beeinträchtigt.	Nein		nein		ja	
Muster belegt in den Kategorien I bzw. II durch die Anzahl von Fällen:	I 9	II 3	I 3	II 2	I 1	II 1
Entscheidung über eine längere Verweildauer	ja	offen	ja	offen	ja	offen

Tabelle 1: Entscheidungsmuster bei längerer Verweildauer

In den zwölf Fällen von Muster A und den fünf Fällen von Muster B werden die nicht ausreichenden Schulleistungen von den Lehrkräften als zentraler Einfluss faktor benannt, häufig im Kontext eines unterdurchschnittlichen Lerntempos. Im Gegensatz zu Muster A wird in den fünf Fällen von Muster B die sozial-emotionale Entwicklung der Kinder als deutlich beeinträchtigt wahrgenommen, worin die Lehrkräfte einen der Gründe für die nicht ausreichenden Schulleistungen sehen. Als begleitender Kontext fällt hier die eher sozial benachteiligte Situation der Familien auf. Bei Muster C besitzt die Schullaufbahnplanung den entscheidenden Einfluss. So ist in einem Fall beabsichtigt, über die längere Verweildauer Zeit für die Vorbereitung des von den Eltern gewünschten Gymnasial-

---

[3] Hierzu werden die sachliche, die individuelle und die soziale Bezugsnorm gezählt (vgl. Wagener 2003). In der Diskussion zur Jahrgangsmischung wird vor allem die Eignung der sachlichen und der individuellen Bezugsnorm im Rahmen von verbalen Lernstandsberichten oder Portfolios betont (Berthold 2008, 46ff.). Inwieweit die soziale Bezugsnorm Relevanz in jahrgangsgemischten Klassen besitzen kann, ist bisher kaum untersucht.

besuchs zu gewinnen. Im zweiten Fall geht es der Lehrkraft darum, einem Kind mit Migrationshintergrund mehr Zeit zum Erlernen der deutschen Sprache zu geben, um einen später ansonsten befürchteten Förderschulbesuch zu verhindern. Auch wenn Muster C nur auf zwei Fällen basiert, wird hier deutlich, dass die Entscheidung über die längere Verweildauer auch von der im Schulsystem angelegten Selektion in das Sekundar- bzw. Förderschulwesen beeinflusst sein kann.

3 Entscheidungszeitpunkt und Bezugsnorm

Bei der Analyse des Entscheidungszeitpunkts fallen zwei gegensätzliche Positionen auf, die eng mit den verwendeten Bezugsnormen zur Beurteilung der Schulleistungen zusammenhängen. Eine Gruppe von Lehrkräften sieht das Ende von Jahrgang drei als geeigneten Entscheidungszeitpunkt an, wofür jedoch eine Veränderung der vertrauten Beurteilungsnormen der Jahrgangsklasse notwendig ist:

> „Man denkt ja im Moment noch immer: Das Lernziel der ersten Klasse, das Lernziel der zweiten Klasse erreicht, nicht erreicht. Und das ist ja eigentlich gar nicht mehr Sinn der Sache bei diesem jahrgangsübergreifenden Unterricht, das Prinzip ist ja im Moment bei uns, das Ziel von Klasse drei zu erreichen" (PIn, Z. 493 – 497).

Deutlich wird, wie unpassend die sachliche Bezugsnorm anhand von Lernzielen einzelner Jahrgangsstufen für die Beurteilung erlebt wird, wie sie dem Prinzip der Jahrgangsklassenwiederholungen entspricht. Wird jedoch eine von den Jahrgängen eins und zwei unabhängige sachliche Bezugsnorm mit einer individuellen Bezugsnorm kombiniert, spricht dies für einen späten Entscheidungszeitpunkt:

> „Weil das Kind hat Zeit und wenn es die Ziele am Ende von Klasse drei dann nicht erreicht hat, dann bleibt es dann halt noch ein Jahr. Es gibt ja auch die Spätentwickler, die dann erst in Klasse drei diesen Schub machen, die dann verstanden haben, (…), was Lernen heißt" (PIn, Z. 533 – 536).

Für die Lehrkräfte dieser Position scheint die Kombination der sachlichen und der individuellen Bezugsnorm bei einem 'späten' Entscheidungszeitpunkt ideal.

Hierzu wird eine Gegenposition erkennbar, betrachtet man die vier Fälle von Kategorie I mit einem 'frühen' Entscheidungszeitpunkt in Jahrgang eins, ergänzt durch die entsprechenden fünf Fälle von Kategorie II. Bei den Entscheidungen wird deutlich: Für ein Kind, dass „deutliche..., ja, Rückstände aufweist im Buchstabenlehrgang", scheint eine längere Verweildauer sinnvoll (VIn, Z. 719), ein anderes hat zur Zeit „von der Lernfähigkeit her gar nicht die Kapazitäten, mit ins zweite [Schuljahr, M. P.] gehen zu können" (TIn Z. 1413ff.) oder ein Problem liegt darin, dass ein Junge sich nicht „leistungsmäßig anschließen kann an die Gruppe der Erstklässler" (RIn, Z. 919). Hier werden ein sozialbezogener Leistungsvergleich mit der Jahrgangsgruppe und die sachliche Bezugsnorm in Form nicht erreichter Ziele eines Jahrgangs deutlich.

Daneben kann die Wahl des 'frühen' Entscheidungszeitpunkts auch durch formale Gründe beeinflusst sein: „Auch für die Statistik wieder: In welchem Jahrgang wird dieses Kind geführt?" (PIn Z. 498 – 499). Wird die längere Verweildauer für ein Kind bereits am Ende des ersten Jahrgangs entschieden, verringert sich dadurch die Zahl der neu in die Klasse aufzunehmenden Erstklässler, um die zahlenmäßige Ausgewogenheit der Jahrgangsgruppen zu sichern. Ebenso stellt die am Ende von Jahrgang zwei in NRW geforderte Benotung ein Motiv für die frühe Entscheidung dar, da hierdurch ein Kind mit schwachen Leistungen für ein Jahr vor schlechten Noten „geschützt" werden kann (vgl. NIn Z. 446ff.).

4   Fazit

Ein 'später' Entscheidungszeitpunkt scheint aus pädagogisch-didaktischen Gründen sinnvoll, um einer auch zeitlich individuellen Lernentwicklung der Kinder gerecht zu werden. Anforderungen für das Ende der jeweils obersten Jahrgangsstufe einer jahrgangsgemischten Klasse können als jahrgangsübergreifend-sachliche Bezugsnorm fungieren, die sich gut mit einer individuellen Bezugsnorm kombinieren lässt. Diesem Ansatz stehen die an den Kriterien einzelner Jahrgänge orientierte soziale und sachliche Bezugsnorm entgegen, die im Kontext von Statistik und Benotung eine 'frühe' Entscheidung begünstigen können.

Für Lehrkräfte, die erstmals jahrgangsübergreifend unterrichten, bedeutet die Entscheidung über die längere Verweildauer ein neues didaktisches Aufgabenfeld, in dem sie sich neu orientieren müssen, wie dies die Frage einer Lehrerin deutlich macht: „Das ist im Moment für uns ganz schwierig mit den Zeugnissen dann auch: Wann stufen wir zurück und wann nicht?" (PIn Z. 498 - 499).

Literatur

Berthold, B. (2008): Unterricht entwickeln in der Schuleingangsphase. Grundlagen – Ziele – Anregungen. Baltmannsweiler: Schneider Verlag Hohengehren.
Wagener, M. (2003): Ziffernzensuren oder verbale Beurteilung. Weinheim und Basel: Beltz.

Grundlegende Bildung und Übergänge in fachdidaktischer Sicht

Fußballstar, Schauspielerin oder Großkatzenforscherin? Berufliche Orientierungen in der Grundschule

Iris Baumgardt

Der Beruf bestimmt die Verteilung von Lebenschancen, den Grad von Autonomie, Freiheit und Selbstbestimmung bei der Arbeit und in der Freizeit. Noch 1965 galt der Beruf als „eine der großen sozialen Sicherheiten, die der Mensch in der modernen Gesellschaft (…) besitzt" (Schelsky 1965, 238). Dieses Bild hat sich radikal gewandelt. Empirische Untersuchungen von Hofbauer 1981 demonstrierten die Brüchigkeit der Vorstellung einer beruflichen Kontinuität im Sinne eines Lebensberufes. Wird der Beruf als ‚Lebensberuf' verstanden, geht dies mit einem Verständnis der Berufswahl als ‚einmaliger Akt' einher. Wenn aber die Jugendlichen mit mehrmaligen beruflichen Wechseln in ihrem späteren Erwerbsleben rechnen müssen, dann gewinnt ein Konzept der Berufswahl im Sinne einer „Kette von Übergängen" (Busshoff 1998, 19) an Bedeutung.

Die aktuellen Curricula sehen systematische Berufsorientierung für die Sekundarstufe I vor. Untersuchungen in dieser Altersgruppe weisen darauf hin, dass die Jugendlichen bereits in der Sekundarstufe I über „sehr verfestigte und auch ‚rollentypische' Berufsvorstellungen" (Hempel 1995a, 30)verfügen. Vor diesem Hintergrund stellt sich die Frage, wie hinsichtlich einer Bildung ohne Brüche die Auseinandersetzung mit dem Thema ‚Beruf' bereits in der Grundschulzeit implementiert werden kann. Was ist über die Berufsvorstellungen von Grundschulkindern bekannt? Berufswünsche sowie die dahinter liegenden Motive von Grundschulkindern sind bisher nur in wenigen Arbeiten untersucht worden: In der Flensburger Berufsorientierungsstudie von 1990 (Schimmel/Glumpler 1992), der Potsdamer Studie von 1994 (Hempel 1995b), in einer Internationalen Vergleichsstudie (Kaiser 2003) und einer der Untersuchung zu Arbeitslosigkeit (Gläser 2002). Voraussetzung für die Konstruktion von Unterricht ist das Wissen um die Lernvoraussetzungen der Kinder: Von welchen Berufen träumen die Kinder? Welche Motive sind bei den Kindern im Hinblick auf ihren jeweiligen Wunschberuf erkennbar?

Im Folgenden werden ausgewählte Ergebnisse einer Dokumentenanalyse nach Mayring 2007 (436 Aufsätze zum Thema „Mein Wunschberuf", verfasst 2009 von Kindern der dritten und vierten Klassen in Niedersachsen) vorgestellt.

1 Berufswünsche - Häufigkeit und Vielfalt

Die am häufigsten genannten 12 Berufe werden von mehr als der Hälfte der Kinder als Wunschberuf beschrieben. Dieses sehr einheitliche Bild ändert sich, sobald die Berufe betrachtet werden, die von weniger als 10 Kindern genannt wurden. In diesen 202 Aufsätzen fächert sich ein breites Spektrum von 124 Berufswünschen auf, z. B. Großkatzenforscherin, Schädlingsbekämpfer oder Kickboxerin. Während sich also die eine Hälfte der Kinder auf einige wenige Berufe konzentriert, ist bei der anderen Hälfte der Kinder eine große Vielfalt zu beobachten. Insofern kann zunächst die Konstanzerscheinung der „Häufigkeit und Vielfalt" (Hempel 2000, 114) durch die Untersuchung bestätigt werden. Die beliebtesten Berufe der Kinder im Jahr 2009 sind: Fußballspieler/-in, Tierärztin bzw. Tierarzt, Tierpfleger/-in, Schauspieler/-in, Polizist/-in, Lehrer/-in, Reitlehrer/-in, Ärztin/Arzt, Sänger/-in, Ingenieur/-in, Tierforscher/-in und Bäuerin bzw. Bauer.

2 Berufswünsche der Mädchen

Im Jahr 2009 träumen die Mädchen davon, Tierärztin oder -pflegerin zu werden, als Schauspielerin oder Sängerin auf der Bühne zu stehen oder mit Pferden zu tun zu haben.

1. Trend: Mädchen wollen höher hinaus
Die Berufswünsche 1990, die mit einer kurzen, oft schulischen Ausbildung, einer geringen Vergütung und wenig Aufstiegsmöglichkeiten verbunden sind, werden im Jahr 2009 kaum noch erwähnt. Der Trend, dass Mädchen schulische Ausbildungsberufe als unattraktiv empfinden und „höher hinaus" (Kaiser 2003, 9) wollen, hat sich in den letzten Jahren stabilisiert. Der Wunsch der Mädchen nach einer besseren beruflichen Qualifikation legt die Vermutung nahe, dass sie damit eine bessere Vergütung anstreben würden. Das Motiv, Geld zu verdienen, rangiert bei den Mädchen jedoch erst an 13. Stelle. Die Akademisierungstendenzen der Mädchen sind demnach im Grundschulalter nicht in einem direkten Zusammenhang mit dem Wunsch nach einem besseren Verdienst zu sehen.

2. Trend: Bühnenberufe: Schauspielerin - reich, berühmt und schön?
Während der Wunsch der Mädchen nach einer hoch qualifizierten Berufstätigkeit gesellschaftlich zu begrüßen ist, wirft der zweite Trend Fragen auf: Die Zunahme von Berufen, in denen sich die Mädchen ein Leben als Schauspielerin, Sängerin oder Tänzerin vorstellen, scheint geschlechtsspezifische Stereotype zu bestätigen. Eine genauere Untersuchung der Aufsätze aller Kinder, die als Berufswunsch „Schauspieler/-in" angegeben haben, scheint diese Assoziationen

zunächst zu bestätigen: Knapp die Hälfte dieser Kinder nennt Motive, die unter der Überschrift „Berühmt sein, schön sein, Spaß haben" erfasst werden können:

Die Untersuchung der übrigen Aufsätze aber zeichnet ein anderes Bild: Schönheit und Reichtum stellen für die Kinder der zweiten Gruppe keine zentralen Beweggründe für ihren Berufswunsch dar. Stattdessen beschreiben die Kinder detaillierte Kenntnisse und Fertigkeiten, die sie bei der Ausübung des Berufs für erforderlich halten und stellen diese in Zusammenhang mit ihren eigenen Kompetenzen. Dies ist ein klassischer matching-Prozess, den Busshoff als einen von verschiedenen Prozessen beschreibt, mit denen Übergänge im Berufswahlprozess bewältigt werden (Busshoff 1998, 71).

3   Berufswünsche der Jungen

Die Berufswünsche der Jungen haben sich in den vergangenen 20 Jahren in weiten Bereichen nicht verändert: Jungen möchten weiterhin gerne Polizist, Arzt, (Renn-) Fahrer, Kfz-Mechaniker oder Elektriker werden. Damals wie heute wünschen sich die Jungen keine Berufe, denen eine schulische Ausbildung vorangeht und die i. d. R. schlecht bezahlt sind. Zunehmende Bedeutung im Vergleich zu den letzten Jahren erfahren die Berufe Ingenieur, Erfinder, Bauer und Tier-/Forscher. In diesen Träumen drücken sich die für viele Jungen bedeutsamen Motive aus: Sie mögen den Umgang mit Maschinen und Fahrzeugen, möchten gerne etwas herstellen oder auch Neues entdecken und erforschen.

1. Trend: Traumberuf Fußballspieler
Neu ist der erste Platz auf der Beliebtheitsskala: 15% aller befragten Jungen träumen davon Fußballspieler zu werden! Damit wurde der bisherige Spitzenreiter mit Abstand auf den zweiten Platz verdrängt - nur noch 5% der befragten Jungen sehen sich später als Polizist. Wovon träumen die Jungen, wenn sie sich als Fußballspieler sehen? Viele Jungen sehen sich deutlich als Star: Sie spielen ganz oben, in der Championsleague mit, sind Torschütze und das Publikum jubelt ihnen zu. Der Spaß am Fußballspielen bzw. die damit verbundene eigene Erfahrung sind ebenfalls als bedeutsame Motive anzusehen.

Die Möglichkeit, den Sport, den sie kennen und lieben, jeden Tag ausüben zu dürfen und dafür als Star vom Publikum bejubelt zu werden scheint auf die Jungen eine geradezu magische Anziehungskraft auszuüben. Insofern kann der Berufswunsch „Fußballspieler" auch als große Sehnsucht insbesondere der Jungen nach viel Sport, Aufmerksamkeit und Erfolg verstanden werden.

2. Trend Jungen: kaum Erwähnung von Familien- und Hausarbeit
In den Aufsätzen der Jungen findet Familien- oder Hausarbeit nicht statt. Vielmehr wird deutlich, dass sie die finanzielle Verantwortung für die Familie allein

auf ihren Schultern lasten sehen. Die Mädchen aber beschreiben keine Suche nach einem Versorger der Familie, sondern sie sehen sich eigenständig im Berufs- und manchmal auch im Familienleben stehen. Die Vorstellungen der Jungen kollidieren mit denen der Mädchen.

Eine Reflexion dieser nicht widerspruchsfreien Träume und Vorstellungen wäre wünschenswert und möglich, findet aber - wenn überhaupt - erst in der Oberschule statt. Wirkungsvoller im Hinblick auf mehr Chancengleichheit und eine grundlegende Bildung ohne Brüche - auch in der beruflichen Orientierung - wäre aber eine systematische Berufsorientierung, die bereits in der Grundschule beginnt.

Literatur

Busshoff, L. (1998). Berufsberatung als Unterstützung von Übergängen in der beruflichen Entwicklung. In R. Zihlmann (Hrsg.), Berufswahl in Theorie und Praxis. Konzepte zur Berufswahlvorbereitung und Beratung unter veränderten wirtschaftlichen und gesellschaftlichen Bedingungen (S. 9–87). Zürich: sabe.

Gläser, E. (2002): Arbeitslosigkeit aus der Perspektive von Kindern. Eine Studie zur didaktischen Relevanz ihrer Alltagstheorien. Univ., Diss.--Oldenburg, 2001. Bad Heilbrunn/Obb.: Klinkhardt.

Hempel, M. (1995a). „Ich möchte mir mein Geld selbst verdienen und ich möchte einen Mann, der das versteht!". In J. Hartmann & M. Hempel (Hrsg.), Lebensplanung und Berufsorientierung – ein Thema für die Grundschule? (S. 29–35). Potsdam: Direktorium des Inst. für Grundschulpädagogik.

Hempel, M. (1995b). Gleichberechtigung und Chancengleichheit von Mädchen und Jungen an den Grundschulen des Landes Brandenburg. In M. Hempel (Hrsg.), Verschieden und doch gleich. Schule und Geschlechterverhältnisse in Ost und West (S. 94–120). Bad Heilbrunn: Klinkhardt.

Hempel, M. (2000). Zukunftsvorstellungen von Kindern. In A. Kaiser & C. Röhner (Hrsg.), Kinder im 21. Jahrhundert (S. 109–121). Münster: Lit-Verl.

Hofbauer, H. (1981). Berufswege von Erwerbstätigen mit einer Facharbeiterausbildung. Mitteilungen aus der Arbeitsmarkt- und Berufsforschung(2), 127–138.

Kaiser, A. (2003): Zukunftsbilder von Kindern der Welt. Vergleich der Zukunftsvorstellungen von Kindern aus Japan, Deutschland und Chile. Baltmannsweiler: Schneider Verl. Hohengehren.

Schelsky, H. (1965). Die Bedeutung des Berufs in der modernen Gesellschaft. In , Auf der Suche nach der Wirklichkeit. Gesammelte Aufsätze (S. 238–249). Düsseldorf: Diederichs.

Schimmel, K. & Glumpler, E. (1992). Berufsorientierung von Mädchen und Jungen im Grundschulalter. In E. Glumpler (Hrsg.), Mädchenbildung, Frauenbildung. Beiträge der Frauenforschung für die LehrerInnenbildung (S. 282–293). Bad Heilbrunn/Obb.: Klinkhardt.

Experimentieren im naturwissenschaftlichen Sachunterricht: Wie Lehrkräfte Lehrer-Schüler-Gespräche sehen

Simone Halder, Bernd Reinhoffer & Thomas Irion

Ziel der Studie „Experimentieren im naturwissenschaftlichen Sachunterricht der Grundschule: Sichtweisen von Lehrkräften zu Lehrer-Schüler-Gesprächen"[1] ist es, die Sichtweisen und didaktische Kenntnisse von MeNuK-Lehrkräften[2] der dritten und vierten Jahrgangsstufe zu Lehrer-Schüler-Gesprächen im naturwissenschaftlichen Sachunterricht zu beschreiben und Bedingungsfaktoren für die Umsetzung von Lehrervorstellungen im Unterricht zu erfassen.

1 Grundlegende naturwissenschaftliche Bildung

Die Naturwissenschaften produzieren nicht nur einen erheblichen Teil unseres gesellschaftlichen Wissens, sondern stellen auch einen entscheidenden Wirtschaftsfaktor dar (vgl. Prenzel et al. 2001). Nicht nur aus diesem Grund scheint es unumstritten, dass die Naturwissenschaften eine grundlegende Dimension von Bildung darstellen. In der Folge stellt sich die Frage nach zu vermittelnden Kompetenzen (vgl. Prenzel/Seidel 2008; Prenzel et al. 2001).

Der in den 80er Jahren proklamierte Slogan „Science for all" stellt die Forderung auf, den Blick nicht nur auf den wissenschaftlichen Nachwuchs in der Sekundarstufe II zu richten. Dieses Anliegen mündet in die Debatte über eine „Scientific Literacy" auch im vorschulischen Bereich und in der Grundschule. Besondere Beachtung findet dabei das Konzept zur Kompetenzentwicklung von Bybee (vgl. Bybee 2002; Prenzel/Seidel 2008; Prenzel et al. 2001). Sein Entwurf unterscheidet vier Stufen naturwissenschaftlicher Grundbildung (nominelle, funktionale, konzeptuelle und prozedurale sowie mehrdimensionale). Ein Teil der prozeduralen Scientific Literacy ist es, naturwissenschaftliche Experimente

[1] Das Forschungsprojekt ist integriert in das vom Wissenschaftsministerium Baden-Württemberg geförderte strukturierte Promotionskolleg E^xMNU (s. www.exmnu.de), an welchem die Pädagogischen Hochschulen Freiburg, Heidelberg, Ludwigsburg und Weingarten beteiligt sind.

[2] Diese Lehrkräfte unterrichten den Fächerverbund „Mensch, Natur und Kultur" (MeNuK) in Baden-Württemberg. Dieser beinhaltet den Sachunterricht, Textiles Werken, Musik und Kunst.

zu planen und durchzuführen sowie auf der Grundlage von Fakten naturwissenschaftliche Erklärungen und Modelle zu formulieren und zu überprüfen. Zum Erwerb dieser Kompetenzen sollten Diskussionen geführt werden, in denen die Schülerinnen und Schüler ihre eigenen Erklärungen argumentativ vortragen, alternative Erklärungen analysieren und darauf basierend ihre eigenen Erklärungen überprüfen (vgl. Bybee 2002). Da sie für die Unterstützung dieser Handlungen verantwortlich ist, kommt der Lehrperson eine besondere Bedeutung zu.

2 Conceptual Change und die Bedeutung von Gesprächen

Auch beim Conceptual Change Ansatz spielt das Verhalten der Lehrkraft eine große Rolle. Von Geburt an konstruieren Kinder durch Exploration ein Verständnis ihrer Umwelt. Die so entstehenden Konzepte stehen häufig im Widerspruch zu allgemein akzeptierten wissenschaftlichen Konzepten. Es bedarf demnach einer Ausdifferenzierung bzw. Umstrukturierung nicht belastbarer Präkonzepte (vgl. Koerber/Sodian 2007; Prenzel/Seidel 2008). Auf dem Weg zu belastbareren Konzepten kommt dem Aufgreifen von Schülervorwissen sowie dem diskursiven Austausch von ihren Vorstellungen, Ideen und Erklärungen eine besondere Bedeutung zu. Dies stellt auch einen hohen Anspruch an die jeweilige Lehrperson, da diese die Aufgabe hat, den Umstrukturierungsprozess der Kinder zu unterstützen (vgl. Koerber/Sodian 2007; Möller 2004). Zentral hierbei ist eine strukturierende Gesprächsführung, bei der die Lehrkraft beispielsweise Begründungen einfordert oder Deutungen hinterfragt (vgl. Möller 2004). Gespräche sind demnach ein wesentliches Element naturwissenschaftlicher und damit grundlegender Bildung.

3 Fragestellung und methodisches Vorgehen

Da die Lehrerforschung Anlass zu der Annahme gibt, dass die beliefs der Lehrkräfte die Gestaltung des Unterrichts mitbestimmen (z.B. Lipowsky 2006), ist die Frage nach den Sichtweisen der Lehrpersonen zu Lehrer-Schüler-Gesprächen zu stellen. Die Studie geht deshalb folgenden Fragen nach:

1. Welche Sichtweisen und didaktischen Kenntnisse haben MeNuK-Lehrkräfte der Jahrgangsstufe drei und vier zu Lehrer-Schüler-Gesprächen im naturwissenschaftlichen Sachunterricht?
2. Welche Faktoren beeinflussen aus Sicht der Lehrkräfte die Umsetzung ihrer Vorstellungen?

Zur Erhebung der Sichtweisen der Lehrkräfte (n=13) wurden problemzentrierte Interviews (vgl. Witzel 2000) geführt. Basierend auf Theorieelementen und dem Forschungsinteresse (deduktiv) sowie ausgehend vom Interviewmaterial (induktiv) wurde ein Kategoriensystem zur Auswertung entwickelt. Dieses wurde in der Pilotierung u.a. durch Ausdifferenzierung oder Zusammenlegung von Kategorien weiterentwickelt (vgl. Mayring 2008; Reinhoffer 2005). Zur Beantwortung der zweiten Forschungsfrage wurde eine Einzel- oder Doppelstunde[3] der Lehrpersonen videografiert. Sie konnten unter verschiedenen physikalisch-chemischen Themen auswählen. Diese Unterrichtsstunden wurden im Abgleich mit den Kodierungen des ersten Interviews auf Übereinstimmungen und Brüche zwischen Sichtweisen und Unterrichtsdurchführung untersucht. Hierbei fand das Hypercoding nach Irion (2010) Anwendung, bei dem die gefundenen Videostellen mit den Kodierungen des Interviewtranskripts verlinkt wurden.

Die Unterrichtsvideos wurden um inhaltlich gedoppelte Übereinstimmungen und Brüche bereinigt. Sie dienten als Gesprächsgrundlage für ein zweites Interview. In diesem ging es um Faktoren, die sich aus Sicht der Lehrpersonen positiv bzw. negativ auf die Umsetzung ihrer Vorstellungen ausgewirkt haben. Auch für diese Interviews wurde ein umfangreiches Kategoriensystem erarbeitet.

Insgesamt entstand so eine Datenlage von 26 Interviews und 13 videografierten Unterrichtsstunden. Die Interviews wurden mittels Qualitativer Inhaltsanalyse (vgl. Mayring 2008) ausgewertet. Die Kodierung erfolgte konsensuell: Mindestens zwei Kodierer kodieren zunächst unabhängig voneinander ein Interview. Die Zuordnungen werden anschließend verglichen und diskutiert. Bei unterschiedlichen Einschätzungen erfolgt eine konsensuelle Einigung (vgl. Schmidt 2010) bzw. eine Zuordnung von Textstellen zur Restkategorie.

4 Ausblick

Die Datenerhebung ist vollständig abgeschlossen. Es erfolgt derzeit die Datenauswertung. Erste Einblicke in die Auswertung der Interviews zu den Sichtweisen der Lehrkräfte können gegeben werden. Insgesamt scheint den Lehrkräften die Bedeutung von Gesprächen im naturwissenschaftlichen Sachunterricht bewusst zu sein. Da ihren Angaben nach aber weder in der Lehrerausbildung noch in Lehrerfortbildungen das Thema Gespräche explizit in den Fokus genommen wurde, entwickelten sie wahrscheinlich aus einem allgemeinen didaktischen Verständnis heraus ihre eigenen Vorstellungen. Die Lehrkräfte sehen sich mit

---

[3] Um sich dem realen Unterricht der Lehrkräfte zu nähern, wurde die Länge der Stunde freigestellt, einzige Vorgabe: die Stunde beinhaltet eine Einführungs-, eine Durchführungs- und eine Schlussphase. Es ergab sich hierdurch eine Länge der Unterrichtsvideos zwischen 45 min und 120 min.

„Knackpunkten" beispielsweise beim Ziehen von Schlussfolgerungen konfrontiert, bei denen sie nicht wissen, ob sie diese optimal lösen.

Literatur

Bybee, R. W. (2002): Scientific Literacy – Mythos oder Realität? In: Gräber, W./Nentwig, P./Koballa, T./Evans, R. (Hg.): Scientific Literacy. Der Beitrag der Naturwissenschaften zur Allgemeinen Bildung. Opladen: Leske+Budrich, 21-43.

Irion, T. (2010): Hypercoding in der empirischen Lehr-Lern-Forschung - Möglichkeiten der synchronen Analyse diverser multicodaler Datensegmente zur Rekonstruktion subjektiver Perspektiven in Videostudien. In: Corsten, M.; Krug, M.; Moritz, C. (Hg.): Videographie praktizieren. Herangehensweisen, Möglichkeiten und Grenzen. Wiesbaden: VS Verlag für Sozialwissenschaften

Koerber, S./Sodian, B. (2007): Kognitive Entwicklung und Anfangsunterricht. In: Gläser, E. (Hg.): Sachunterricht im Anfangsunterricht. Lernen im Anschluss an den Kindergarten. Baltmannsweiler: Schneider-Verlag Hohengehren, 63–78.

Lipowsky, F. (2006): Auf den Lehrer kommt es an. Empirische Evidenzen für Zusammenhänge zwischen Lehrerkompetenzen, Lehrerhandeln und dem Lernen der Schüler. In: Zeitschrift für Pädagogik, Jg. 52, H. 51. Beiheft, 47–70.

Mayring, P. (2008): Qualitative Inhaltsanalyse. Grundlagen und Techniken. 10., neu ausgestattete Aufl. Weinheim: Beltz.

Möller, K. (2004): Naturwissenschaftliches Lernen in der Grundschule - Welche Kompetenzen brauchen Grundschullehrkräfte. In: Merkens, H. (Hg.): Lehrerbildung: IGLU und die Folgen. Opladen: Leske+Budrich, 65–84.

Prenzel, M./Rost, J./Senkbeil, M./Häußler, P./Klopp, A. (2001): Naturwissenschaftliche Grundbildung: Testkonzeption und Ergebnisse. In: Baumert, J. (Hg.): PISA 2000. Opladen: Leske+Budrich, 192–248.

Prenzel, M./Seidel, T. (2008): Erwerb naturwissenschaftlicher Kompetenzen. In: Schneider, W./Hasselhorn, M. (Hg.): Handbuch der pädagogischen Psychologie (Reihe: Handbuch der Psychologie 10). Göttingen: Hogrefe, 608–618.

Reinhoffer, B. (2005): Lehrkräfte geben Auskunft über ihren Unterricht. Ein systematisierender Vorschlag zur deduktiven und induktiven Kategorienbildung in der Unterrichtsforschung. In: Mayring, P./Gläser-Zikuda, M. (Hg.): Die Praxis der qualitativen Inhaltsanalyse. Weinheim: Beltz, 123–141.

Schmidt, C. (2010): Auswertungstechniken für Leitfadeninterviews. In: Friebertshäuser, B./Langer, A./Prengel, A./Boller, H./Richter, S. (Hg.): Handbuch qualitative Forschungsmethoden in der Erziehungswissenschaft. 3., vollst. überarb. Aufl., (Neuausg.). Weinheim: Juventa-Verl. (Juventa-Handbuch), 473–486.

Witzel, A. (2000): Das problemzentrierte Interview [25 Absätze]. Forum Qualitative Sozialforschung / Forum: Qualitative Social Research, 1(1), Art. 22, http://www.qualitative-research.net/index.php/fqs/article/view/1132/2520 [zuletzt geprüft am 08.01.2011]

Übergänge in der Gruppenarbeit - Betrachtung einer Schreibkonferenz aus dem DFG-Projekt KoText

Maik Herrmann & Miriam Ludwig

Einführung

Im vorliegenden Beitrag wird eine Übergangssituation untersucht, wie sie im Rahmen von Gruppenarbeit in der Grundschule häufig zu beobachten ist. Sie stammt aus einer Gruppe von Schülerinnen, die sich mitten in der Bearbeitung einer ihnen gestellten Aufgabe befinden. Zum besseren Verständnis der Rahmenbedingungen, unter denen die Szene beobachtet wurde, wird in einem ersten Teil auf die Ziele und Methoden des Projekts KoText[1] eingegangen, bevor in einem zweiten Teil die Analyse der ausgewählten Übergangssituation erfolgt.

1 Das Projekt

Das Projekt KoText untersucht die Rückmeldungen von Lernenden auf von MitschülerInnen verfasste Texte sowie deren Wirkungen auf nachfolgende Textrevisionshandlungen. Im Kern geht die Studie der Frage nach, inwieweit der *Strukturierungsgrad einer Lernumgebung* und die *Intensität der sozialen Beziehungen in einer Gruppe* die Qualität der Rückmeldungen sowie der geschriebenen Texte beeinflussen. Insgesamt nahmen 357 SchülerInnen an der Studie teil. Aus dieser Stichprobe konnten 44 Gruppen gebildet, vier unterschiedlichen Untersuchungsbedingungen zugeordnet und während der kooperativen Arbeitsphase videografiert werden. Die Erhebung in den einzelnen Klassen fand über sieben Tage verteilt statt:

An den ersten beiden Tagen wurden die *Lernvoraussetzungen* der Kinder mit Hilfe standardisierter Instrumente ermittelt. Dabei wurden u.a. das *Leseverständnis*, der *Wortschatz* sowie die *Intelligenz*, aber auch das *fachbezogene Fä-*

---

[1] KoText steht für *Kooperative Schülerrückmeldungen bei der Textüberarbeitung im Deutschunterricht der Grundschule*. Es handelt sich dabei um ein von der Deutschen Forschungsgemeinschaft gefördertes interdisziplinäres Projekt (HE 4562/2-1) der Institute für Erziehungswissenschaft und Germanistik. Geleitet wird das Projekt von Friederike Heinzel, Norbert Kruse und Frank Lipowsky. Ausführliche Informationen zum Projekt sind unter http://www.uni-kassel.de/go/kotext abrufbar.

higkeitsselbstkonzept und die *fachbezogene Motivation* erfasst. Ein weiteres wesentliches Element war die Ermittlung der *Soziometrie*, also die Transparentmachung der sozialen Beziehungen und Strukturen innerhalb Klassen. Eingesetzt wurde dazu der soziometrische Test von Petillon (1980). Die Kinder gaben auf einem Fragebogen u.a. an, mit wem sie a) gerne und b) auf keinen Fall in einer Gruppe zusammenarbeiten wollen.

Mit dem dritten Tag startete die eigentliche Unterrichtseinheit. Der Arbeitsauftrag lautete: *Schreibt eine Geschichte für ein gemeinsames Geschichtenbuch.* In den anschließenden Unterrichtsstunden wurde die *Revisionskompetenz* mithilfe eines standardisierten Texts ermittelt und *Überarbeitungstechniken* erarbeitet. Daran anschließend haben die Kinder ihre *eigenen Texte* in Gruppen mithilfe der unterschiedlichen Lernumgebungen *überarbeitet.*

Die Bildung der Gruppen erfolgte anhand soziometrischer Kriterien: Als *soziometrisch high* wurde eine Gruppe klassifiziert, wenn die SchülerInnen sich gegenseitig „wählten". Gruppen mit SchülerInnen, die sich gegenseitig „ablehnten", wurden dagegen als *soziometrisch low* eingestuft. Das Geschlecht innerhalb der Gruppen wurde konstant gehalten. Nicht nur, um damit verbundene unvorhersehbare Effekte zu kontrollieren, sondern auch, weil (positive) geschlechtsübergreifende Wahlen nur äußerst selten zu beobachten waren. Auch unterschied sich an diesem Tag die implementierte Lernumgebung: In der einen Hälfte der Klassen kam die sogenannte *Schreibkonferenz* (Spitta 1992) zur Überarbeitung der Texte zur Anwendung, in der anderen die *Textlupe* (Böttcher/Becker-Mrotzek 2003). Am letzten Tag schrieben die SchülerInnen unter Zuhilfenahme ihrer Notizen und Überarbeitungsvorschläge die Endfassung ihrer Geschichte.

2 Übergänge in der Gruppenarbeit

Schaut man sich die im Projekt gewonnenen Aufzeichnungen der Gruppenarbeiten an, kann im Sinne der Interpretativen Unterrichtsforschung (Krummheuer/Naujok 1999) der Frage nachgegangen werden, wie Kinder in Kleingruppen die gruppenorganisierenden Übergänge bewältigen.

Das Arbeiten in kleinen Lerngruppen verlangt von Kindern Übergänge während der Gruppenarbeit selbstständig und in ko-konstruktiven Prozessen zu gestalten. In der von uns beobachteten Gruppenarbeit sind dabei verschiedene Übergänge zu bewältigen: wie zum Beispiel der Beginn der Schreibkonferenz oder der Beginn des Vorlesens der zweiten Geschichte. Eine erste Durchsicht der videografierten Prozesse zeigt, dass bei den Aushandlungen - ähnlich wie auch in Kreissituationen, die von Heinzel (2001) untersucht wurden - Wechselwirkungen zwischen schulischen Anforderungen und peerkulturellen Ordnungen erkennbar werden. Die teilnehmenden Kinder bewegen sich immer zwischen den Anforderungen und Strukturierungsdimensionen der Schule und der Peer-Culture. Sie entfalten ihre Fähigkeiten in sozialen Bezügen. Röhner (2009) spricht an dieser Stelle von der Interdependenz von Lern- und Peerkultur, die es noch intensiver zu untersuchen gilt. Wir gehen davon aus, dass die Bewältigung der Übergänge auch durch Rituale geleistet wird, denn der performative Charakter von Ritualen ermöglicht Gestaltungsprozesse in Übergängen (Kerll/Wagner 2009). Wagner-Willi (2005) betont, dass in Übergängen sinnlich-körperliche Erfahrungs- und Ausdrucksmodi zum Tragen kommen, wenn Kinder ritualisierte Handlungsmuster entwickeln, die von der Sozialität der Peergroup und der schulischen Institution geprägt sind.

3   Analyse eines Ausschnittes einer Übergangssituation

In der ausgewählten Szene befindet sich eine von uns als soziometrisch low klassifizierte Mädchengruppe in einem solchen Übergang. Sie verhandelt die Reihenfolge der Bearbeitung der Geschichten innerhalb der Schreibkonferenz. Nachdem die erste Geschichte durch Dunja vorgestellt wurde, muss nun geklärt werden, wer als Nächste an der Reihe ist Es muss also ein weiterer Arbeitskonsens durch die Gruppenmitglieder geschaffen werden, um die kooperative Interaktion weiterführen zu können (Krummheuer/Fetzer, 2005). Die Gruppe entscheidet, dass Dunja bestimmen soll, wer als Nächste an der Reihe ist, seine Geschichte vorzustellen. Damit stützt sich die Gruppe zunächst auf schulische Orientierungsmodi. Aus der Rolle der „Lehrperson" soll Dunja die Situation entscheiden und so einen Arbeitskonsens herbeiführen. Dabei scheinen aufgabenbezogene und soziale Interaktionsmerkmale die Gruppenarbeit zu beeinflussen. Die Entscheidungsgrundlage für die Arbeitsorganisation, die durch die Aufgabe gefordert wird, bildet hier das Wissen der Kinder über die Stärken und Schwächen der anderen Kinder, denn Dunjas Leistungen im Fach Deutsch werden besser bewertet als die der anderen Mädchen. Das Wissen über Position in der Leistungshierarchie erlangen die Kinder durch das permanente „Bewertet-Werden" im klassenöffentlichen Raum (Breidenstein 2006) und durch ständige Vergleiche untereinander, aus denen auch Unterschiede im sozialen Status unter den Peers resultieren können (Eckermann/Herrmann/Heinzel et al. 2010).

Die Entscheidung, die Dunja aus der „Rolle der Lehrperson" trifft, wird jedoch nicht von allen Gruppenmitgliedern getragen. Um weiterhin einen Arbeitskonsens herbeizuführen, bedient sich Dunja nun eines Abzählverses. Sie wechselt also die Orientierung und versucht mit diesem kleinen Ritual aus der Kinderkultur spielerisch zu entscheiden, wer an der Reihe ist. Die Kinder versuchen ihren Arbeitskonsens dadurch zu finden, dass sie in ihrer Bedeutungsaushandlung auf bekannte Rituale zur Organisation der Interaktionsstruktur zurückgreifen, die ihnen eine, wie es Wulf (2007) beschreibt, Rahmung bieten. Dabei gestalten die Kinder den Übergang innerhalb der Gruppenarbeit, indem sie in ihrem Schülerhandeln auf schulische und peerkulturelle Orientierungen zurückgreifen.

Literatur

Böttcher, I./Becker-Mrotzek, M. (2003): Texte bearbeiten, bewerten und benoten. Schreibdidaktische Grundlagen und unterrichtspraktische Anregungen. Berlin: Cornelsen Scriptor.

Breidenstein, G. (2006): Teilnahme am Unterricht. Ethnographische Studien zum Schülerjob, Wiesbaden: VS-Verlag.

Eckermann, T./Herrmann, M./Heinzel, F./Lipowsky, F./Schoreit, E. (2010): Sind leistungsstärkere Schülerinnen und Schüler auch beliebter? – Zum Zusammenhang von Peer-Status, Leistung und Selbstkonzept im Deutschunterricht der Grundschule. In: Zeitschrift für Grundschulforschung, 3, H.2, 34-46.

Heinzel, F. (2001): Kinder im Kreis. Kreisgespräche in der Grundschule als Sozialisationssituation und Kindheitsraum. Halle/S. (Habilitationsschrift).

Kerll, J./Wagner, B. (2009): Selbstgestaltete Rituale in der Gruppenarbeit mit Kindern. In: Widerstreit Sachunterricht, Ausg. 13/2009, S.1-10. URL: www.widerstreit-sachunterricht.de [letzter Zugriff am 10.01.2011]

Krummheuer, G./Naujok, N. (1999): Grundlagen und Beispiele Interpretativer Unterrichtsforschung. Opladen: Leske + Budrich.

Krummheuer, G./Fetzer, M. (2005): Der Alltag im Mathematikunterricht. Beobachten, Verstehen, Gestalten. Heidelberg: München: Spektrum Akademischer Verlag.

Petillon, H. (1980): Soziometrischer Test für 3.-7. Klassen (ST 3-7). Weinheim: Beltz, 4-52.

Röhner, C. (2009): Kinder zwischen Gleichaltrigenkulturen und schulischer Ordnung oder: Verpasste Chancen im Übergang vom Elementar- zum Primarbereich. In: De Boer, H./Deckert-Peaceman, H. (Hrsg.): Kinder in der Schule. Zwischen Gleichaltrigen-kultur und schulischer Ordnung Wiesbaden: VS-Verlag, 51-70.

Spitta, G. (1992): Schreibkonferenz in der Klasse 3 und 4. Ein Weg vom spontanen Schreiben zum bewußten Verfassen von Texten. Frankfurt a.M.: Cornelsen Scriptor.

Wulf, C. (2007): Rituelle Lernkulturen. Eine Einführung. In: Wulf, C./Althans, B. (u.a.): Lernkulturen im Umbruch. Rituelle Praktiken in Schule, Medien, Familien und Jugend. Wiesbaden: VS Verlag. S.7-20.

Wagner-Willi, M. (2005): Kinder-Rituale zwischen Vorder- und Hinterbühne. Der Übergang von der Pause zum Unterricht. Wiesbaden: VS-Verlag.

Modellvorstellung zum Magnetismus - in der Grundschule oder erst später?

Eva Heran-Dörr, Alexander Rachel,
Christine Waltner & Hartmut Wiesner

„Ungelöst – und wahrscheinlich nie abschließend lösbar – sind [...] zwei Fragen. Welches sind die entscheidenden Inhalte und wie werden sie in einen Lehrplan eingebaut?" (Dubs 2008, 15)

Dass diese Fragen wohl kaum final beantwortbar sind ändert nichts an ihrer Relevanz: Angesichts eines ständig anwachsenden Schatzes an kulturell bedeutsamen Wissen bei gleichzeitiger Verringerung – zumindest nicht Erweiterung – der Zeitspanne für institutionalisierte Bildungsprozesse ist eine gut begründete Auswahl von Inhalten dringend notwendig. Dies stellt eine wichtige Aufgabe fachdidaktischer Forschung dar. Deshalb gehen wir hier der Frage nach, inwieweit sich neben normativen Überlegungen auch aus empirischen Befunden Argumente für oder gegen die Auswahl eines Bildungsinhalts in bestimmen Jahrgangsstufen ergeben. Untersucht wurde, ob sich die Lernergebnisse von Grundschulkindern in einem anspruchsvollen Inhaltsbereich (Erwerb einer physikalischen Modellvorstellung) unter vergleichbaren unterrichtlichen Bedingungen von denen unterscheiden, die sich bei Schülern der Sekundarstufe I zeigen.

1 Instruktionspsychologische Überlegungen

Neben fachdidaktischen Erwägungen zur Auswahl des Inhaltsbereiches Ferromagnetismus (vgl. hierzu Heran-Dörr et al., 2011.) fließen in Entscheidungen für oder gegen bestimmte Inhalte auch Überlegungen dazu ein, unter welchen instruktionalen Bedingungen Schüler als relevant identifizierte Inhalte lernen können. Gerade im naturwissenschaftlichen Lernbereich mehren sich Befunde, wonach der instruktionalen Unterstützung von Seiten eines Lehrenden im Lehr-Lernprozess hohe Bedeutung zukommt, was der Vorstellung von Lernen als aktiver mentaler Konstruktion nicht entgegenstehen muss. Daraus ergeben sich Konsequenzen für die Gestaltung von Unterricht: Die thematische Strukturierung (Sequenzierung), die Strukturierung des Ablaufs und verschiedene Elemente im

Sinne direkter instruktionaler Unterstützung () fördern Lernprozesse (vgl. hierzu Mayer, 2003).

2 Forschungsfragen

Aus den hier kurz skizzierten theoretischen Überlegungen resultiert eine Vielzahl von Forschungsfragen. An dieser Stelle beschränken wir uns auf zwei Fragen: Wie unterscheiden sich Schüler der 4. Jahrgangsstufe von Schülern der 7. Jahrgangsstufe (Gymnasium), wenn sie unter verschiedenen instruktionalen Bedingungen lernen, hinsichtlich...
1. ...ihres Wissenserwerbs auf Modellebene?
2. ...der Nachhaltigkeit dieses Wissenserwerbs?

3 Methode und Untersuchungsdesign

Zur Untersuchung dieser Fragen wurde aus einer umfassenderen Studie (N_{Gesamt}= 1333) eine Teilstichprobe bestehend aus 325 Grundschulkindern aus 15 Klassen (51% weiblich, 49% männlich; Alter: M = 9.18; SD = 0.48) sowie 296 Gymnasiasten aus 11 Klassen (59% weiblich, 41% männlich; Alter: M = 12.68; SD = 0.59) ausgewählt.

Es wurden bis zu vier Klassen zufällig auf die Bedingungen eines 2x2x2-faktoriellen Designs verteilt (Tabelle 1). Die unabhängigen Variablen sind hierbei *Schule (Gymnasium/Grundschule), vorausgehende expositorische Instruktion (VEI - mit/ohne)* und *zusammenfassende expositorische Instruktion (ZEI - mit/ohne)*. Unter jeder Versuchsbedingung arbeiteten die Schüler in einer kooperativen Lernphase in Dyaden an zehn Lernstationen. Jede Gruppe bekam hierzu das vollständige Material, so dass unabhängig von den anderen Teams experimentiert werden konnte. Der Unterricht fand jeweils in Form eines Projekttages pro Klasse statt; damit konnten die Rahmenbedingungen, die Lehrervariable und die Gesamt-Unterrichtszeit konstant gehalten werden.

Unter den Bedingungen mit *vorausgehender expositorischer Instruktion (VEI)* wurde vor der kooperativen Lernphase eine 30-minütige lehrer-zentrierte Einführung mit Demonstrationsexperimenten gegeben, die unter den Bedingungen *ohne VEI* nicht stattfand. In den Treatments mit *zusammenfassender expositorischer Instruktion (ZEI)* erhielten die Schüler nach der kooperativen Lernphase eine 30 Minuten dauernde, lehrerzentrierte Wiederholung (inhaltlich analog zu VEI), die in den Treatments *ohne ZEI* nicht gegeben wurde.

Tabelle 1: Überblick Design

		vorausgehende expositorische Instruktion (VEI)			
		mit		ohne	
		zusammenfassende expositorische Instruktion (ZEI)			
		mit	ohne	mit	ohne
Schule	Gymnasium	89 Schüler	75 Schüler	78 Schüler	54 Schüler
		3 Klassen	3 Klassen	3 Klassen	2 Klassen
	Grundschule	93 Schüler	90 Schüler	70 Schüler	72 Schüler
		4 Klassen	4 Klassen	4 Klassen	3 Klassen

Die Daten wurden zu drei Messzeitpunkten mittels Fragebögen erhoben: Im Pretest wurde das *Vorwissen* mit 9 Items (Cronbach's α = .61) erfasst. Für den Posttest und den um zwei Monate zeitverzögerten (ZV) Posttest wurden identische Aufgaben verwendet, die das *Wissen auf Modellebene* mit 17 Items (α = .78, ZV: α = .80) erfassten. Es wurde der Prozentsatz der richtig beantworteten Items gebildet, die Ratewahrscheinlichkeiten wurden korrigiert.

Analysiert wurden die Daten mittels ANCOVAs mit *Wissen im Posttest* bzw. *Posttest ZV* als abhängiger Variable, *VEI, ZEI* und *Schule* als unabhängigen Variablen, *Klasse* als Zufallsfaktor geschachtelt unter den Zellen des Designs und *Vorwissen* als Kovariate. Das Signifikanzniveau wurde auf 5% festgelegt.

4 Ergebnisse und Diskussion

Forschungsfrage 1. Im Posttest zeigten sich ein hochsignifikanter Haupteffekt mit kleiner Effektstärke von *Schule* ($F(1, 19.87)$ = 8.83; p = .01; part. η^2 = .03) zugunsten der Gymnasiasten (M_{GYM} = 80.5%, M_{GS} = 72.2%), sowie ein höchstsignifikanter, mittlerer Haupteffekt von *ZEI* ($F(1, 17.66)$ = 27.32; p < .001; part. η^2 = .09): M_{mitZEI} = 81.8%, $M_{ohneZEI}$ = 68.6%. Außerdem ließ sich ein signifikanter, kleiner Interaktionseffekt zwischen *VEI* und *ZEI* erkennen ($F(1, 17.80)$ = 8.03; p = .01; part. η^2 = .03), der den Haupteffekt von *ZEI* eindeutig interpretierbar macht: Der höchste Lernerfolg wurde bei alleiniger *ZEI* erreicht, eine *VEI* in Kombination mit einer *ZEI* bedeutete einen geringeren Lernerfolg. Dieser war mit ausschließlicher *VEI* noch geringer, ohne Instruktionsphase am geringsten.

Forschungsfrage 2. Die Analyse des zeitverzögerten Posttests zeigte statistisch bedeutsame Haupteffekte mit kleinen Effektstärken von *VEI* ($F(1, 17.83)$ = 4.55; p = .05; part. η^2 = .03) zugunsten der Treatments mit *VEI* (M_{mitVEI} = 75.6%, $M_{ohneVEI}$ = 68.8%), sowie von *ZEI* ($F(1, 17.81)$ = 5.29; p = .03; part. η^2 = .03) zugunsten der Bedingungen mit *ZEI* (M_{mitZEI} = 76.0%, $M_{ohneZEI}$ = 68.4%).

Weitere Effekte waren nicht festzustellen, insbesondere war der Haupteffekt von *Schule* nicht signifikant ($F(1, 19.51) = 0.29$; $p = .60$; part. $\eta^2 < .01$).

Tabelle 2: Überblick Ergebnisse Wissen auf Modellebene

	VEI+ koop. Lernph. +ZEI		*VEI+ koop. Lernph.*		*koop. Lernph. +ZEI*		*koop. Lernph.*	
	GS	GYM	GS	GYM	GS	GYM	GS	GYM
Posttest	72.4	90.0	70.5	79.0	81.9	84.1	55.5	69.6
	(24.6)	*(13.3)*	*(25.8)*	*(22.9)*	*(21.2)*	*(15.8)*	*(29.6)*	*(24.8)*
Posttest zeit-	74.1	82.2	72.4	77.3	71.7	77.3	58.1	66.3
verzögert	*(26.0)*	*(18.3)*	*(26.6)*	*(24.3)*	*(25.9)*	*(19.8)*	*(32.6)*	*(33.3)*

Diskussion. Das Antwortverhalten in den Wissenstests verdeutlicht, dass der erfolgreiche, nachhaltige Erwerb einer Modellvorstellung zum Thema „Magnetismus" sowohl für Gymnasiasten als auch für Grundschulkinder möglich ist.

In beiden Altersstufen tragen instruktionale Maßnahmen durch die Lehrkraft entscheidend zum Lernerfolg bei: Unmittelbar nach dem Unterricht liegt der Vorteil bei einer zusammenfassenden Lehrer-Instruktion (nach der kooperativen Lernphase), in Bezug auf die Nachhaltigkeit des Wissenserwerbs ist eine zusätzliche vorangehende Instruktion noch lernförderlicher.

Während direkt nach dem Unterricht die Gymnasiasten ein besseres Verständnis als die Grundschulkinder zeigten, so war nach zwei Monaten statisch kein Unterschied mehr feststellbar. Da die Grundschüler zusätzlich bei Interesse und Motivation deutlich höhere Werte als die Gymnasiasten erreichten und kein Unterschied im Kompetenzempfinden bestand, liegt die Empfehlung nahe, eine Modellvorstellung zum Magnetismus bereits im Sachunterricht einzuführen.

Literatur

Dubs, R. (2008): Lehrerbildung zwischen Theorie und Praxis. In: Lankes, E.-M. (Hrsg.): Pädagogische Professionalität als Gegenstand empirischer Forschung. Münster: Waxmann, 11–28.

Heran-Dörr, E./Rachel, A./Waltner, Ch./Wiesner, H. (2011): „Sind im Eisen wirklich kleine Pfeilchen?" – Versuche und Repräsentationsmöglichkeiten zum „Eisen-Magnet-Modell" im Sachunterricht. In: MNU Primar, 26-31.

Mayer, Richard E. (2003): Learning and instruction. Upper Saddle River, NJ: Merrill Prentice Hall.

Schulbuchaufgaben für das Fach Sachunterricht: ein Bruch zum Allgemeinbildungspostulat?

Astrid Kaiser & Stine Albers

1 Allgemeinbildung und Sachunterricht

In der Grundschulpädagogik und Sachunterrichtsdidaktik scheint es einen Konsens zu geben, dass grundlegende Bildung die zentrale Aufgabe ist. Der Sachunterricht wurde in der Ausgangsepoche der Heimatkunde auch als „Allgemeinbildender Unterricht" angesehen. Lichtenstein-Rother und Röbe (2005) sprechen von der Grundlegenden Bildung in der Grundschule, was nicht deckungsgleich mit Allgemeinbildung ist, aber das Fundamentale des Grundschulunterrichts betont und vor allem die Dimension der Unteilbarkeit von Bildung für alle.

Die Bedeutung und Tragweite des Begriffs Allgemeinbildung lässt sich am besten aus den historischen Ursprüngen herauslesen. Schon Comenius (1658/1964) hatte einen ersten Entwurf eines Allgemeinbildungswerks entwickelt. Er forderte nicht nur einen Realienunterricht, in dem alles gelehrt wird, sondern auch alles für alle. Dieser Gedanke wurde auch von Klafki (1985) betont. Bereits Wilhelm von Humboldt (1792/1980) präzisierte beim Bildungsgedanken noch eine weitere - allgemein auch bei Comenius schon formulierte - Dimension, nämlich dass zur Bildung auch der Blick auf die Persönlichkeit der Lernenden gerichtet werden soll und ihnen die Entfaltung aller Fähigkeiten eröffnen muss. Klafki knüpfte daran an und betonte, dass quer zu den Schlüsselproblemen der Sachunterricht an diesen zentralen inhaltlichen Schwerpunkten zur Entfaltung aller Interessen und Fähigkeiten der Kinder führen müsse (vgl. Klafki 1992, 24). Er meinte speziell „die breite Entwicklung der kognitiven, emotionalen, ästhetischen, sozialen, praktisch-technischen Fähigkeiten des jungen Menschen sowie seiner Möglichkeiten" (Klafki 1992, 25). So gefasst muss Sachunterricht als Allgemeinbildung den von Klafki genannten drei Dimensionen genügen: Die Inhalte müssen wesentlich sein, er muss Bildung für alle ermöglichen und damit differenziert in der Arbeits- und Lernstruktur sein und er muss alle wesentlichen Persönlichkeitsdimensionen des Kindes ansprechen.

Diese Grundfunktionen von Allgemeinbildung wurden im Drittmittelprojekt „Fachdidaktische Perspektiven: Kompetenzerwerb durch Lernaufgaben" (KLee-Projekt) an der Universität Oldenburg am Beispiel von Lernaufgaben in Sachunterrichtsbüchern dokumentenanalytisch überprüft (vgl. Kaiser/Albers 2010).

2 Schulbuchanalyse

Im Rahmen der hier vorgestellten Untersuchung wurde eine umfassende – qualitative und quantitative – Analyse von Lernaufgaben aus ausgewählten Schulbüchern für den Sachunterricht vorgenommen.

2.1 Quantitative Analyse

In die quantitative Analyse wurden Lernaufgaben der Sachunterrichtsbücher *Mobile 4* (Westermann Verlag 2007), *Pusteblume. Das Sachbuch* (Schroedel Verlag 2007) und *Jo-Jo Sachunterricht 4* (Cornelsen Verlag 2007) einbezogen. Insgesamt wurden 235 nach einem kompetenzorientierten Kriterienraster ausgewählte Aufgaben quantitativ analysiert. Dabei waren mit dem Fokus auf grundlegende Bildung folgende Analysekriterien relevant:

- Bildungsdimension: Förderung kognitiven, emotionalen, pragmatischen, sozialen und/oder ethischen Lernens (vgl. Kaiser/Röhner 2009).
- Anforderungsniveau: niedrig (wiedergeben und beschreiben), mittel (recherchieren, anwenden und strukturieren), hoch (transferieren, reflektieren und beurteilen)
- Differenzierung: Möglichkeiten unterschiedlicher Aufgabenbearbeitung
- Sozialform: Bearbeitung der Aufgaben in Einzel-, Partner- und/ oder Gruppenarbeit
- Kommunikation: Erwerb von sprachlichen Fähigkeiten und Fertigkeiten (vgl. Niedersächsisches Kultusministerium 2006).

Im Folgenden werden die Ergebnisse der Schulbuchanalyse zu diesen Analysekriterien dargestellt und im Hinblick auf grundlegende Bildung interpretiert:

Den Lernaufgaben mangelt es an einer breiten Repräsentanz verschiedener Bildungsdimensionen. Fast alle Aufgaben (99,6%) zielen auf die Förderung kognitiven Lernens. Pragmatisches Lernen wird in ca. der Hälfte der Aufgaben (45,5%) angeregt. Nur wenige Aufgaben ermöglichen soziales Lernen (14,5%) und emotionales Lernen (5,1%). Ethisches Lernen wird nicht gefördert. Den Leitideen „Grundlegende Bildung eröffnet auch emotionale Bildungsdimensionen" (vgl. Lichtenstein-Rother/Röbe 2005, 99) und „Grundlegende Bildung ermöglicht den Aufbau von Handlungsfähigkeit in der Alltagswirklichkeit" (vgl. ebd., 99) wird in den Lernaufgaben nicht ausreichend entsprochen.

Die Mehrheit der Aufgaben (75,3%) entspricht einem mittleren Anforderungsniveau. Differenzierungsmöglichkeiten werden kaum (2,6%) angeboten.

Den Leitideen „Grundlegende Bildung berücksichtigt alle Kinder" (vgl. ebd., 19) und „Grundlegende Bildung ist dem individuellen Entwicklungsstand und Leistungsvermögen des Kindes verpflichtet" (vgl. ebd., 118) wird nicht entsprochen, ebenso der Grundidee der Differenzierung als Lösungsform für grundlegende Bildung (vgl. ebd., 125).

Die Möglichkeiten des Lernens in verschiedenen sozialen Gruppierungen werden bei der Konstruktion der Lernaufgaben nicht ausgeschöpft. Die Einzelarbeit (74,1%) überwiegt deutlich vor der Gruppen- (22,3%) und Partnerarbeit (3,6%). Der Leitidee der „Differenzierung der sozialen Erfahrungen" (ebd., 99) wird nicht ausreichend nachgekommen.

Es überwiegen Aufgaben, die auf eine bloße Informationsentnahme aus Sachtexten zielen und eine rezeptive Funktion haben. Die im niedersächsischen Kerncurriculum Sachunterricht (2006) geforderten sprachlichen Fähigkeiten und Fertigkeiten des Interpretierens, Reflektierens, Bewertens/Beurteilens, Diskutierens, Präsentierens, Argumentierens, Verwendens und Erarbeitens von Fachbegriffen, Nutzens von Informationsmedien sowie der Formulierung eigener Stellungnahmen werden in den Lernaufgaben nur selten berücksichtigt. Der Leitidee „Grundlegende Bildung führt zur Erweiterung der Sachkompetenz sowie der Kommunikations- und Ausdrucksfähigkeit" (vgl. Lichtenstein-Rother/Röbe 2005, 99) wird nicht ausreichend entsprochen.

2.2 Qualitative Analyse

Die Untersuchung basiert auf der qualitativen Analyse von 115 Lernaufgaben aus den Schulbüchern *Mobile 4* (Westermann Verlag 2007) und *Pusteblume. Das Sachbuch* (Schroedel Verlag 2007). Die Aufgaben lassen sich den vier schulbuchübergreifenden Themenbereichen – *Miteinander leben*, *Niedersachsen in der Welt*, *Mensch*, *Wasser* –, zuordnen.

Im Folgenden werden die Ergebnisse des Analysekriteriums „Einzubringendes Wissen – deklarativ, prozedural, metakognitiv" dargestellt und in Hinblick auf grundlegende Bildung interpretiert:

Die Bearbeitung aller Aufgaben erfordert Vorwissen – deklarativ (93,9%), prozedural (64,3%) und/oder metakognitiv (100%). In den Schulbüchern gibt es allerdings Aufgaben (56,3% der Aufgaben bei *Mobile 4*, 15,2% bei *Pusteblume. Das Sachbuch 4*), die mindestens eine Dimension des einzubringenden Wissens (deklarativ, prozedural, metakognitv) zuvor nicht vermittelt. Das heißt, dass Schüler, die über das erforderliche Vorwissen nicht bereits aus anderen Kontexten verfügen, womöglich Schwierigkeiten bei der Bearbeitung dieser direkt an sie gerichteten Aufgaben haben werden. Der Leitidee „Grundlegende Bildung akzeptiert verschiedenes Leistungsvermögen und setzt daran erweiternd an" (vgl. Lichtenstein-Rother/Röbe 2005, 99/118) wird nicht ausreichend entsprochen.

3 Fazit

Die Grundschule wird ihrem Anspruch der Grundlegung von Bildung nur gerecht, wenn sie Bildung für alle Kinder, das heißt für jedes Kind ein individuelles Bildungsangebot, ermöglicht. Die Ergebnisse der Schulbuchanalyse zeigen bzgl. der auf grundlegende Bildung zu beziehenden Analysekategorien „Bildungsdimension", „Anforderungsniveau", „Differenzierung", „Sozialform", „Kommunikation" und „Einzubringendes Wissen" ein einheitliches Bild: Lernaufgaben in Sachunterrichtsbüchern sind nicht an grundlegender Bildung orientiert. Für andere Medien mag dies aber zutreffen. Sie sind auf speziellen kognitiven Wissenszuwachs ausgerichtet und kommen dem Allgemeinbildungspostulat nur sehr eingeschränkt nach.

Literatur

Comenius, J. A. (1964): Orbis sensualium pictus. Osnabrück: Zeller Verlag (Nachdr. der Erstausg. von 1658).

Humboldt, W. von (1792/1980): Ideen zu einem Versuch, die Gränzen der Wirksamkeit des Staats zu bestimmen. In: Flitner, A./Giel K. (1980) (Hrsg.): Schriften zur Anthropologie und Geschichte. Darmstadt: Wissenschaftliche Buchgesellschaft, 56-233.

Kaiser, A./Röhner, C. (2009): Sachunterricht. Bd. 2. Kompetent im Unterricht der Grundschule. Baltmannsweiler: Schneider Verlag Hohengehren

Kaiser, A./Albers, S. (2010): Lernen durch Lernaufgaben im Sachunterricht. Eine kritische Schulbuchanalyse. Oldenburg: DIZ-Verlag.

Klafki, W. (1992): Allgemeinbildung in der Grundschule und der Bildungsauftrag des Sachunterrichts. In: Lauterbach, R. u. a. (Hrsg.): Brennpunkte des Sachunterrichts. Kiel: IPN (Institut für die Pädagogik der Naturwissenschaften), 11-31.

Klafki, W. (1985): Neue Studien zur Bildungstheorie und Didaktik. Weinheim/ Basel: Beltz Verlag.

Lichtenstein-Rother, I./Röbe, E. (2005): Grundschule. Der pädagogische Raum für Grundlegung der Bildung. 7. Aufl.. Weinheim und Basel: Beltz Verlag.

Niedersächsisches Kultusministerium (2006): Kerncurriculum für die Grundschule Schulgänge 1-4. Sachunterricht. Hannover.

Unterrichtsbeobachtung im Projekt PERLE

Miriam Lotz, Nicole E. Berner, Katrin Gabriel, Swantje Post, Gabriele Faust & Frank Lipowsky

1   Einleitung

Zur Ermöglichung grundlegender Bildung muss der Grundschulunterricht an den Voraussetzungen der Schüler[1] ansetzen und sie sowohl in ihrer Lern- als auch Persönlichkeitsentwicklung fördern. Die Unterrichtsbeobachtungen, die im Rahmen der Längsschnittstudie PERLE (Lipowsky/Faust/Greb 2009) durchgeführt wurden, können dazu beitragen, Bedingungen gelingenden Lehrens und Lernens zu beschreiben. Dabei müssen Merkmale der Unterrichtsqualität sowohl stufendidaktisch als auch allgemein- und fachdidaktisch konzeptualisiert werden. So kommt beispielsweise dem Unterrichtsklima aufgrund des Entwicklungsstandes der Schüler und den emotional-motivationalen Bedürfnissen von Grundschulkindern eine besondere Bedeutung zu. Um die Schüler jedoch gleichzeitig auf die Anforderungen weiterführender Schulen vorzubereiten und zum selbstgesteuerten Lernen zu befähigen, ist zudem eine kognitiv und metakognitiv anregende Unterrichtsgestaltung notwendig, die auch an den Voraussetzungen der einzelnen Unterrichtsfächer ansetzt. Weitere Anforderungen an die Gestaltung des Grundschulunterrichts ergeben sich beispielsweise durch die heterogene Zusammensetzung der Schüler.

Die Studie PERLE untersucht die Persönlichkeits- und Lernentwicklung von circa 700 Grundschulkindern vom Beginn des ersten bis zum Ende des vierten Schuljahres. Eine Besonderheit der Studie besteht darin, dass neben staatlichen Schulen auch ein spezieller Typ von Privatschulen, die sogenannten BIP-Kreativitätsschulen, in die Stichprobe einbezogen wurde (vgl. dazu Abschnitt 3).

Ein Ziel der Studie richtet sich auf die Beschreibung der Lernumwelt und Unterrichtsqualität in den untersuchten Grundschulklassen. Dazu werden neben Lehrer-, Schüler- und Elternbefragungen auch Unterrichtsbeobachtungen durchgeführt, deren Beschreibung im Vordergrund des vorliegenden Beitrags steht.

Im folgenden Abschnitt werden zunächst die Videostudien in den Fächern Deutsch, Kunst und Mathematik vorgestellt, wobei jeweils auf die Anlage der

---

[1] Aus Gründen der besseren Lesbarkeit wird in diesem Beitrag nur die männliche Form verwendet. Selbstverständlich sind damit immer beide Geschlechter gemeint.

Studien sowie auf ausgewählte Fragestellungen eingegangen wird. In Abschnitt 3 wird eine ethnografische Ergänzungsstudie beschrieben, welche direkte Beobachtungen nutzt, um die Lern- und Förderumwelt der BIP-Kreativitätsschulen näher zu charakterisieren.

2 Die Videostudien in den Fächern Deutsch, Kunst und Mathematik

Eine Herausforderung bei der Videografie von Unterricht besteht darin, sowohl möglichst typischen Unterricht aufzuzeichnen als auch die Vergleichbarkeit der verschiedenen Unterrichtsstunden zu gewährleisten. Für die PERLE-Videostudien wurden den Lehrkräften deshalb bestimmte inhaltliche Vorgaben zur Unterrichtsgestaltung gemacht. Außerdem wurde ein Zeitrahmen von circa 90 Minuten vorgegeben. Auf Basis dieser Vorgaben sollte ein für die Klasse möglichst typischer Unterricht realisiert werden (vgl. Abschnitte 2.1, 2.2 und 2.3). Die Unterrichtsstunden wurden mit einer beweglichen Lehrerkamera sowie einer statischen Klassenkamera nach standardisierten Richtlinien aufgezeichnet. Alle drei Videostudien wurden durch Schüler- und Lehrerbefragungen ergänzt.

In einem ersten Auswertungsschritt wurden alle Unterrichtsstunden transkribiert und durch niedrig inferente Kodierungen der Lektionsdauer und der Sozialformen in ihrer Sichtstruktur beschrieben. Dies stellt die Grundlage für die weiteren – sowohl allgemein- als auch fachdidaktischen – Auswertungen zur Unterrichtsqualität dar.

Videobasierte Analysen zur Unterrichtsqualität beziehen sich bisher hauptsächlich auf die Sekundarstufe. So konnten im Rahmen der TIMSS-Videostudie beispielsweise Basisdimensionen guten Unterrichts für die Sekundarstufe identifiziert werden (Klieme/Schümer/Knoll 2001). Dabei handelt es sich um die Dimensionen kognitive Aktivierung, Schülerorientierung bzw. Unterrichtsklima und effiziente und störungspräventive Klassenführung. Auch für die Qualität im Anfangsunterricht konnten verschiedene Qualitätsdimensionen bestätigt werden (z.B. Hamre/Pianta/Mashburn/Downer 2007; Roßbach 2002).

Im Rahmen der PERLE-Videostudien werden als allgemeindidaktische Dimensionen der Unterrichtsqualität die effiziente und störungspräventive Klassenführung sowie das Unterrichtsklima für die drei Fächer Deutsch, Kunst und Mathematik erhoben. Als weiteres Qualitätsmerkmal wird die kognitive Aktivierung der Schüler für alle drei einbezogenen Unterrichtsfächer fachspezifisch analysiert. Weitere fachspezifische Fragestellungen, die im Rahmen der einzelnen Videostudien untersucht werden, werden in den einzelnen Abschnitten skizziert.

Im März des ersten Schuljahres wurde die Videostudie Deutsch in 37 Klassen als erste der drei PERLE-Videostudien durchgeführt. Abbildung 1 zeigt das Design der Videostudie Deutsch.

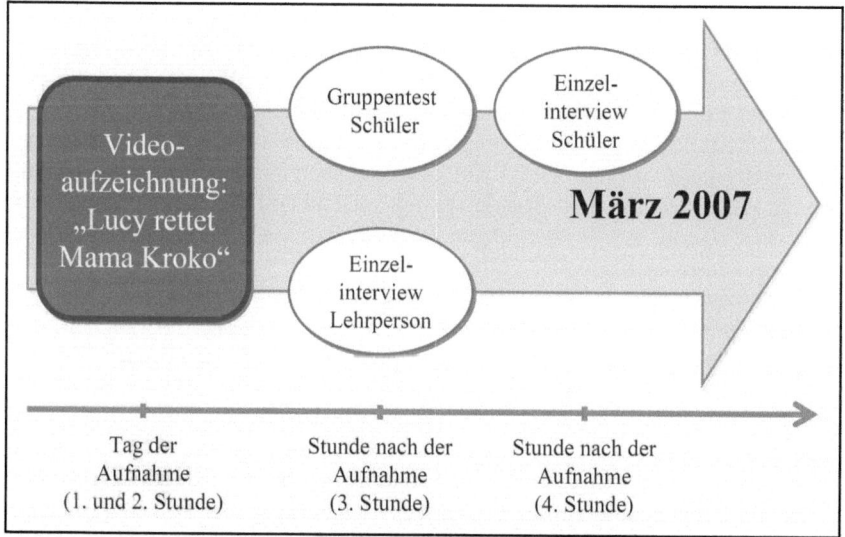

Abbildung 1:   Das Design der Videostudie im Fach Deutsch

Zur Gewährleistung vergleichbarer Bedingungen in den teilnehmenden Klassen erhielten die Lehrkräfte inhaltliche Vorgaben zur Gestaltung einer Doppelstunde rund um das Bilderbuch „Lucy rettet Mama Kroko" von Doucet und Wilsdorf (2005), das allen Klassen zur Verfügung gestellt wurde. Dieses für Schüler der ersten Klasse anspruchsvolle Bilderbuch handelt von einem Mädchen namens Lucy, das durch einen Sturm von ihren Eltern getrennt und zu einer Krokodilfamilie geweht wird. Sie wird von der Krokodilmutter freundlich aufgenommen und wächst mit vielen Krokodilgeschwistern auf. Bald aber merkt sie, dass sie bestimmte Dinge nicht so gut beherrscht wie die Krokodile. Als sie deswegen gehänselt wird, beschließt Lucy, ihre „Adoptivfamilie" zu verlassen. Durch die Behandlung von Themen wie Identität, Anderssein und Ausgrenzung bietet das Bilderbuch verschiedenste Möglichkeiten des literarischen Lernens. Die erste Aufgabe für die Lehrpersonen bestand darin, den Schülern den ersten Teil dieses Bilderbuchs vorzustellen. In einer produktionsorientierten Anschlussaufgabe schrieben die Schüler außerdem einen Brief aus der Perspektive der Hauptfigur

185

Lucy. Weiterhin sollte eine Leseübung durchgeführt werden. Fakultativ konnten die Lehrpersonen zudem eine Wortschatzübung durchführen. Über Reihenfolge, zeitlichen Umfang sowie weitere Aspekte der methodisch-didaktischen Umsetzung konnten die Lehrpersonen frei entscheiden.

Nach der Doppelstunde wurde mit den Schülern ein Gruppentest durchgeführt, welcher in Form von bildlich dargestellten Multiple-Choice-Aufgaben das Textverständnis der Schüler überprüfte. Anschließend wurden die Schüler einzeln zu ihrer Meinung zum Buch, zum Textverständnis und zur Textinterpretation interviewt. Auch die Lehrkräfte wurden in einem Gespräch, das als problemzentriertes Leitfadeninterview konzipiert war, zu Zielen und Schwerpunkten der Unterrichtsstunde, zur Art der Vorbereitung sowie zur eigenen Zufriedenheit mit der Unterrichtsgestaltung befragt. Dabei wurde auch auf die Frage eingegangen, was an der videografierten Stunde typisch oder untypisch für den alltäglichen Unterricht war, ob es Überraschungen gab und ob die Lehrkraft bestimmte unterrichtliche Phasen gerne anders gestaltet hätte.

In einem ersten Auswertungsschritt wurden die inhaltsbezogenen Aktivitäten niedrig inferent kodiert, indem beispielsweise die Phasen „Auseinandersetzung mit dem Buch", „Leseübung" und „Briefschreiben" identifiziert wurden. Diese werden unter unterschiedlichen fachdidaktischen Perspektiven ausgewertet. So wird auf der Basis eines hoch inferenten Ratingverfahrens die Bilderbuchrezeption in ihrer Qualität für das literarische Lernen beurteilt. Auch die Schülerbriefe werden sowohl nach formalen Kriterien als auch inhaltlich ausgewertet, wobei der Schwerpunkt auf der Frage liegt, inwiefern es den Schülern gelungen ist, die Perspektive der literarischen Hauptfigur Lucy einzunehmen. Dies kann in anschließenden Analysen wiederum mit der Unterrichtsgestaltung und -qualität in Verbindung gebracht werden. Die Leseübung wird dahingehend analysiert, inwiefern sie kognitiv aktivierend gestaltet wird. Zur Auswertung werden niedrig, mittel und hoch inferente Beobachtungsinstrumente entwickelt, um Merkmale kognitiver Aktivierung (wie Fragen, Feedback, Aufgabenstellungen, Reflexionsphasen etc.) zu untersuchen (Lotz 2010).

2.2 Die Videostudie Kunst

Die Videostudie Kunst fand im September 2007 zu Beginn des zweiten Schuljahres statt. Videografiert wurde in 33 Klassen eine Doppelstunde Kunst zum Thema Joan Miró. Neben der eigentlichen Videoaufnahme wurden sowohl mit den Lehrkräften als auch mit den Schülern Interviews durchgeführt. Zusätzlich fand circa zwei Tage nach der Aufnahme eine Nacherhebung statt, in der die Erinnerung der Schüler an das im Unterricht behandelte Gemälde geprüft wurde.

Abbildung 2 stellt das Design der Videostudie Kunst und den zeitlichen Ablauf der einzelnen Erhebungsschritte dar.

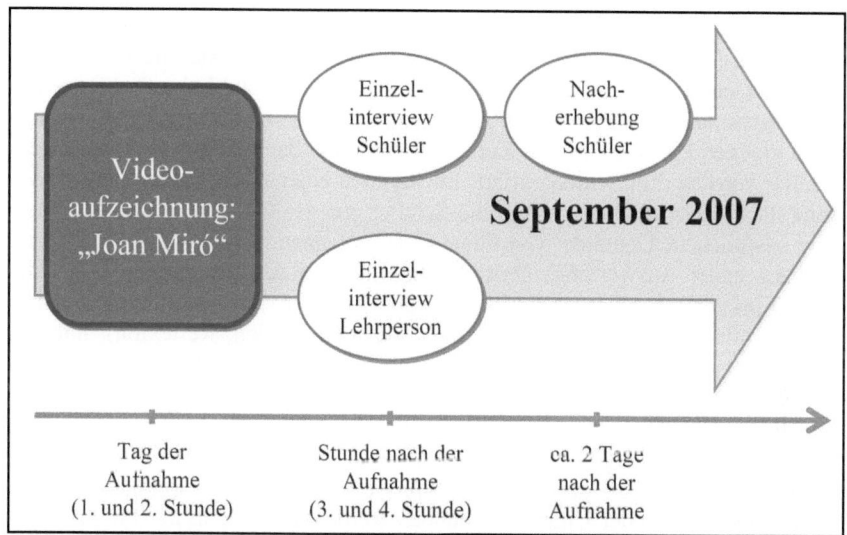

Abbildung 2:   Das Design der Videostudie im Fach Kunst

Wie bereits in der Videostudie Deutsch wurden die Lehrkräfte gebeten, einige inhaltliche Vorgaben zur Unterrichtsgestaltung zu berücksichtigen sowie bestimmte Unterrichtsziele anzustreben. Im Zentrum der Unterrichtsstunde standen das Gemälde „Gepflügte Erde" (1923/24) von Joan Miró, die beiden plastischen Werke Joan Mirós „Frau" (1970) und „Vogel" (1970) sowie das plastische Arbeiten mit Modelliermasse und verschiedenen Drahtsorten. Die Lehrpersonen wurden gebeten, eine Bildrezeption des Gemäldes „Gepflügte Erde" anzuregen. Zudem sollten sie den Schülern aufzeigen, dass Joan Miró nicht nur malerisch, sondern auch plastisch gearbeitet hat. Im praktischen Teil der Kunststunde sollten die Schüler mit Modelliermasse und Draht dreidimensionale Objekte gestalten. Die entstandenen Schülerplastiken sollten zudem abschließend reflektiert werden. Neben diesen inhaltlichen Vorgaben wurden auch einige Lernziele für die Unterrichtsstunde vorgegeben. Die Schüler sollten in der Kunststunde mit dem spanischen Künstler Joan Miró und dessen malerischem wie plastischem Werk vertraut werden. Zudem sollten die Schüler elementare Möglichkeiten plastischen Gestaltens mit Modelliermasse und Draht kennenlernen sowie verschiedene Verbindungsformen erproben (Berner/Faust/Lipowsky 2010).

Im anschließenden Interview wurden die Lehrkräfte unter anderem zu ihrer Unterrichtsvorbereitung, zur Unterrichtsgestaltung und zu ihren Zielen für die Kunststunde befragt. Auch die Schüler wurden in einem standardisierten Einzelinterview zu ihren im Unterricht entstandenen plastischen Arbeiten befragt, wobei darauf eingegangen wurde, was sie geformt hatten, wie sie ihre Plastik betitelten, welche Intention sie dabei verfolgten, ob sie gestalterische Probleme hatten, über welche Vorerfahrungen sie bereits verfügten und wie zufrieden sie mit ihren eigenen Plastiken waren. Zur Dokumentation der plastischen Arbeiten der Schüler wurden diese videografiert. Im Rahmen einer Nacherhebung etwa zwei Tage nach der Aufnahme sollten die Schüler aus der Erinnerung das im Unterricht besprochene Gemälde „Gepflügte Erde" zeichnen.

Als erster Auswertungsschritt erfolgte auch in der Videostudie Kunst die niedrig inferente Kodierung der inhaltsbezogenen Aktivitäten (z.B. Auseinandersetzung mit dem Gemälde „Gepflügte Erde", Produktion, Reflexion), um den Unterricht in seinen Sichtstrukturen zu beschreiben. Die Unterrichtsstunden werden zudem nach verschiedenen fachdidaktischen Fragestellungen ausgewertet, wobei auch hier die übergeordnete Frage nach der Unterrichtsqualität im Fach Kunst fokussiert wird (z.B. kognitive Aktivierung in der Bildrezeption, Aufgabenstellungen in der Produktionsphase, Reflexion von Schülerarbeiten). Neben der Analyse der Unterrichtsstunden werden auch die in der Produktionsphase entstandenen Schülerplastiken ausgewertet. Die plastischen Arbeiten der Schüler werden dabei als Indikatoren für bildnerische Kreativität herangezogen.

2.3 Die Videostudie Mathematik

Die Videostudie im Fach Mathematik fand in der zweiten Hälfte des zweiten Schuljahres im März 2008 statt. Den Lehrpersonen wurde bereits im ersten Schulhalbjahr mitgeteilt, dass die zu videografierende Unterrichtseinheit die Multiplikation beinhalten sollte. Sie wurden daher gebeten, diese Einheit noch nicht zu unterrichten. Ungefähr 14 Tage vor der Videografierung der Stunden wurde den Lehrpersonen das genaue Thema der Doppelstunde mitgeteilt: die Einführung in die Multiplikation, wobei die Lehrpersonen das Malzeichen und den Begriff „malnehmen" einführen sollten. Aus Abbildung 3 wird deutlich, welche zusätzlichen Daten im Kontext der Videoaufzeichnungen erfasst wurden.

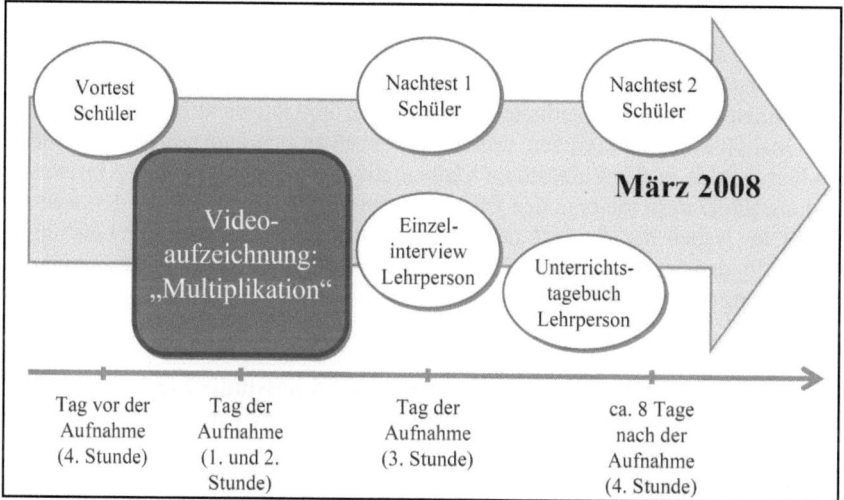

Abbildung 3: Das Design der Videostudie im Fach Mathematik

Ergänzend zur Aufzeichnung des Unterrichts wurden Leistungsdaten der Schüler zu drei Messzeitpunkten erhoben. Eine standardisierte Durchführung dieser Tests wurde durch eine Schulung der Datenerheber gewährleistet. Einen Tag vor der Videoaufzeichnung wurde ein standardisierter Gruppentest mit den Schülern durchgeführt, der das Vorwissen zur Multiplikation erfasste. Am Tag der Video-aufzeichnung wurden im Rahmen des Nachtests 1 Aufgaben administriert, die primär das konzeptuelle Verständnis der Schüler überprüften. Etwa acht Tage nach Abschluss der Videoaufzeichnungen wurde erneut der Leistungsstand der Schüler mithilfe eines Follow-up-Tests (Nachtest 2) erhoben. Der Test war brei-ter angelegt als der Nachtest 1 und beinhaltete Aufgaben, die das konzeptuelle Verständnis, aber auch Rechenfertigkeiten erfassten. Die Lehrpersonen wurden in einem auf die videografierte Unterrichtseinheit folgenden Leitfadeninterview unter anderem zu ihren Lehrzielen und Unterrichtsvorbereitungen für die Dop-pelstunde befragt. Abschließend schätzten die Lehrpersonen auch hier den auf-gezeichneten Unterricht in seiner Repräsentativität ein. Zwischen Nachtest 1 und Nachtest 2 sollten die Lehrpersonen zusätzlich ein Unterrichtstagebuch führen, das Auskunft zur Unterrichtsorganisation und zu den eingesetzten Aufgaben zwischen Nachtest 1 und Nachtest 2 sowie zur Vergabe von Hausaufgaben geben sollte.

Bislang wurden die Unterrichtsstunden nach der kognitiven Aktivierung und der inhaltlichen Klarheit hoch inferent ausgewertet. Des Weiteren liegen niedrig inferente Daten zum Klassengespräch und zu den Verstehenselementen

189

bei der Multiplikation vor. Unter Verstehenselementen werden nach Drollinger-Vetter und Lipowsky (2006) fachdidaktische Elemente und inhaltliche Teilkonzepte verstanden, die essenziell für den Aufbau des konzeptuellen Verständnisses mathematischer Sachverhalte sind und daher im Unterricht in einer bestimmten Qualitätsstufe vorkommen sollten. Wie auch in den anderen beiden Videostudien werden in der Videostudie Mathematik die inhaltsbezogenen Aktivitäten kodiert, um Unterschiede in den Oberflächenstrukturen zwischen den Klassen zu ermitteln. Neben der Analyse der Unterrichtsstunden wird auch der Leistungsfortschritt der Schüler ermittelt, sodass dieser mit der Unterrichtsgestaltung in Verbindung gebracht werden kann.

3 „BIP im Blick" – Eine qualitative Beobachtungsstudie zur Beschreibung der Lern- und Förderumwelt an privaten BIP-Kreativitätsgrundschulen

3.1 Hintergründe und Ziele der Studie

Neben der Analyse der Unterrichtsqualität mittels Videoanalysen nutzt eine Teilstudie des PERLE-Projekts in der dritten und vierten Jahrgangsstufe direkte Beobachtungen, um die Umsetzung der spezifischen pädagogischen Schulkonzeption der BIP-Kreativitätsgrundschulen (BIP = Begabung, Intelligenz, Persönlichkeit) zu untersuchen. Ausgangspunkt hierfür bildet die Vermutung, dass die besonderen Bedingungen und Merkmale der BIP-Schulen die Leistungs- und Persönlichkeitsentwicklung günstig beeinflussen und anteilig erklären könnten.

Bei den BIP-Grundschulen handelt es sich um überwiegend in den neuen Bundesländern angesiedelte private Grundschulen, die auf die umfassende Förderung der Entwicklung von Begabung, Intelligenz, Persönlichkeit und Kreativität ausgerichtet sind. Die Basis hierfür bildet ein spezielles komplexes Schulkonzept (Mehlhorn 2001; Mehlhorn/Mehlhorn 2003). Die Spezifika der BIP-Schulen beziehen sich unter anderem auf folgende vier Ebenen:

1. Merkmale der Schulumwelt: kleine Klassen (max. 22 Kinder pro Klasse), Öffnung der Schulen in den Ferien, Ganztagesbetrieb und Hortbetreuung
2. Merkmale der Lehrpersonen: BIP-spezifische Aus- bzw. Fortbildung der Lehrkräfte zu Kreativitätspädagogen
3. Merkmale des Curriculums und des Unterrichts: zusätzliche Differenzierungsmaßnahmen (teilweise Teilungsunterricht in Mathematik und Deutsch: die Klasse wird von zwei Lehrkräften in zwei Gruppen unterrichtet), curriculumergänzendes kreativitätspädagogisches Förderprogramm (sogenannte

190

„Krea-Fächer", z.B. Tanz und Bewegung, Strategisches Spiel, Digitale Medien, sprachliches, bildkünstlerisches und musikalisches Gestalten), Fremdsprachenangebot (Englisch, Französisch und Chinesisch/Arabisch ab der ersten Klasse), zusätzlicher Instrumentalunterricht, hohe Leistungsanforderungen („Leistungsschulen")

4. Merkmale der unterrichtlichen Interaktion: Fokus auf Werteerziehung (Förderung von z.B. Anstand, Höflichkeit, Toleranz und Demokratieverständnis gemeinsam mit den Eltern), individuelle Förderung im Unterricht, Anregung zu konzentriertem und zielstrebigem Lernen

Einige dieser Spezifika, wie z.b. hohe Leistungserwartungen, werden als Charakteristika effektiver Schulen auf Organisations- und Prozessebene genannt (z.B. Hattie 2009). Als Hinweise auf eine günstigere Förderung in diesen Einrichtungen können neben den von den Schulgründern berichteten herausragenden Leistungen einzelner Kinder in kognitiv anspruchsvollen und kreativ-künstlerischen Bereichen die überwiegend ausgesprochenen Gymnasialempfehlungen beim Übergang vom Primar- in den Sekundarbereich betrachtet werden (Mehlhorn 2001; Mehlhorn/Mehlhorn 2003).

Aufgrund der bisherigen überwiegend quantitativen Erhebungen des Projekts sind nur begrenzt Aussagen über das Schulleben, die Gestaltung des alltäglichen Unterrichts und über die Lehrer-Schüler-Interaktionen möglich. Die qualitative Studie „BIP im Blick" setzt hier an und zielt darauf ab, die Lern- und Förderumwelt an den BIP-Schulen genauer zu beschreiben. Damit intendiert sie, einen Beitrag zur Beantwortung einiger offener Fragen zu leisten, die im Rahmen der quantitativen Erhebungen und Untersuchungen des Projekts PERLE aufgekommen sind, durch diese aber nicht zu beantworten sind:

- Wie ist der Schulalltag für die Schüler gestaltet?
- Wie werden die einzelnen Aspekte der BIP-Konzeption unterrichtlich konkret umgesetzt?
- Sind diese Aspekte in der direkten Lehrer-Schüler-Interaktion feststellbar?
- Gibt es Belege dafür, dass die BIP-Aspekte bei den Schülern „ankommen"?
- Wie verläuft die Lehrer-Schüler-Interaktion in Bezug auf stärkere und schwächere Schüler?

Von der Beantwortung dieser Fragen werden Hinweise auf Prozessmerkmale und Förderbedingungen an den BIP-Schulen erwartet, die möglicherweise die Lern- und Persönlichkeitsentwicklung der Schüler günstig beeinflussen.

3.2 Methodisches Vorgehen

Im Rahmen der qualitativen Studie fanden im dritten und vierten Schuljahr jeweils in einer Klasse an zwei ausgewählten BIP-Schulen drei einwöchige Feldaufenthalte pro Klasse statt. Aufgrund des Einbezugs von zwei BIP-Schulen in die Studie ist es möglich, die beiden Schulen, die nach dem gleichen Schulkonzept arbeiten, in der Umsetzung einzelner Aspekte der Konzeption miteinander zu vergleichen. Schwerpunktmäßig wurden während der Feldaufenthalte in den ausgewählten Klassen Unterrichtsbeobachtungen in den Fächern des kreativitätspädagogischen Förderprogramms sowie in Mathematik und Deutsch durchgeführt und detailliert protokolliert. Es handelt sich hierbei um eine passiv teilnehmende Beobachtung, die weitgehend offen und unstrukturiert gestaltet war (Lamnek 2005). Der Beobachtungsfokus richtete sich zum einen auf die Lehrkraft (Lehrer-Schüler-Interaktion ausschließlich in Mathematik und Deutsch) sowie zum anderen auf einzelne ausgewählte Schüler. Pro Klasse wurden im Vorlauf auf Basis der quantitativen PERLE-Leistungsdaten vier Schüler ausgewählt, bei denen es sich um jeweils zwei leistungsstarke und -schwache Schüler in Mathematik und Deutsch handelte. Neben den Beobachtungsprotokollen liegen gesammelte Arbeitsmaterialien des beobachteten Unterrichts und schulrelevante Dokumente sowie schriftlich festgehaltene Gesprächsinformationen als Datenbasis der Untersuchung vor. Zudem wurden leitfadengestützte Interviews mit den Schulleiterinnen sowie mit Schülergruppen (sechs Kinder pro Klasse inklusive der Zielkinder der Beobachtung) durchgeführt.

Bei der Planung und Durchführung der qualitativen theoriegeleiteten Vertiefungsstudie „BIP im Blick" findet eine Integration qualitativer und quantitativer Verfahren statt. Auf der Basis einer „Mixed Methods"-Orientierung (Kelle 2009) wurden die quantitativen Daten zur Leistungs- und Persönlichkeitsentwicklung der Schüler im 1. und 2. Schuljahr herangezogen, um die Klassen für die Beobachtungsstudie festzulegen und die zu beobachtenden Schüler auszuwählen. Bei den Klassen handelte es sich unter anderem um sogenannte „Optimalklassen", bei denen im 1. Schuljahr in Mathematik neben einer Verringerung der Leistungsheterogenität ein vergleichsweise starker Leistungszuwachs stattgefunden hat. Die für die Beobachtung gewählten Schüler befanden sich sowohl in Mathematik als auch in Deutsch jeweils im oberen bzw. im unteren Leistungsdrittel der Klasse. Umgekehrt wurden auch qualitative Daten zur Instrumentenentwicklung der quantitativen Erhebungen im 3. und 4. Schuljahr (z.B. Erfassung der Wahrnehmung von Leistungsdruck im Schülerfragebogen) berücksichtigt.

Im Moment werden unterschiedliche Fragestellungen verfolgt. So wird in einer systeminternen Gegenüberstellung (BIP-Schule A vs. BIP-Schule B) analysiert, durch welche Gemeinsamkeiten und Unterschiede sich die BIP-Schulen in der Umsetzung zweier ausgewählter Aspekte der BIP-Konzeption – „hohe Leistungsanforderungen" und „Differenzierung" – auszeichnen. Außerdem wird untersucht, inwieweit sich Hinweise auf die Förderwirkungen dieser Merkmale identifizieren bzw. ableiten lassen und wie die Schüler mit dem zusätzlichen Lern- und Förderangebot umgehen. Die Beobachtungs- und Interviewprotokolle werden vorwiegend inhaltsanalytisch in Anlehnung an Mayring (2000) computerunterstützt mit MAXQDA ausgewertet. Mit der „Inhaltlichen Strukturierung" werden zusammengehörende Aussagen aus verschiedenen Quellen extrahiert und zusammengefasst. Die Kategorien- und Subkategorienentwicklung erfolgt sowohl deduktiv als auch induktiv. Zur Unterstützung der qualitativen Auswertungen werden quantitativ erfasste Daten, wie beispielsweise kognitive und motivational-affektive Merkmale der Zielschüler und der gesamten Klasse, einbezogen.

4 Ausblick

Durch die Einbettung der im Beitrag vorgestellten Videostudien und der qualitativen Vertiefungsstudie „BIP im Blick" in das längsschnittlich angelegte Forschungsprojekt PERLE können die Unterrichtsbeobachtungen mit weiteren Daten in Zusammenhang gebracht werden. Grundsätzlich kommen hierbei längsschnittlich erhobene Leistungsdaten der Schüler – in den Bereichen Lesen, Rechtschreiben, Schreibkompetenz, Mathematik und Kreativität – infrage. Zudem liegen beispielsweise Daten zur Selbstkonzeptentwicklung sowie zur Motivation vor. So ist es zum einen möglich, die Unterrichtsbeobachtungen vor dem Hintergrund der Bedingungen in den jeweiligen Klassen zu betrachten (z.B. mittlerer Leistungsstand oder Leistungsheterogenität in der Klasse). Zum anderen sind Analysen zum Einfluss der Unterrichtsqualität auf die Persönlichkeits- und Lernentwicklung der Schüler möglich. Wie in den einzelnen Abschnitten aufgezeigt wurde, besteht ein Kennzeichen der Nutzung von Unterrichtsbeobachtungen im PERLE-Projekt darin, dass die Beobachtungsdaten unter einer Vielzahl von Perspektiven analysiert werden. Eine besondere Chance für die Grundschulforschung bieten hierbei die Analyse allgemein- und fachdidaktischer Fragestellungen sowie die Verknüpfung quantitativer und qualitativer Daten. Bei der Entwicklung von Beobachtungskategorien findet dabei eine Orientierung an theoretisch und empirisch bestätigten Dimensionen der Unterrichtsqualität sowie an bereits bestehenden Kodier- und Ratingsystemen statt. Aufgrund der Besonderheiten des Grundschulunterrichts müssen diese jedoch adaptiert werden. Damit möchte die Studie PERLE einen Beitrag dazu leisten, zu erforschen, welche

Bedingungen für die grundlegende Bildung der Schüler in der Grundschule zentral sind und wie diese in Unterricht und Schulleben umgesetzt werden können.

Literatur

Berner, N.E./Faust, G./Lipowsky, F. (2010): Kunstunterricht in der empirischen Bildungsforschung: "Kunst & Kreativität" im Forschungsprojekt PERLE. BDK-Mitteilungen, Jg. 46, H. 3, 8–10.

Doucet, S.A./Wilsdorf, A. (2005): Lucy rettet Mama Kroko. Hamburg: Oetinger.

Drollinger-Vetter, B./Lipowsky, F. (2006): Fachdidaktische Qualität der Theoriephasen. In: Klieme, E./Pauli, C./Reusser, K. (Hrsg.): Dokumentation der Erhebungs- und Auswertungsinstrumente zur schweizerisch-deutschen Videostudie "Unterrichtsqualität, Lernverhalten und mathematisches Verständnis". Teil 3. Videoanalysen. Frankfurt am Main: Gesellschaft zur Förderung Pädagogischer Forschung, 189–205.

Hamre, B.K./Pianta, R.C./Mashburn, A.J./Downer, J.T. (2007): Building a science of classrooms: Application of the CLASS framework in over 4000 U.S. early childhood and elementary classrooms. New York: Foundation for Child Development.

Hattie, J. (2009): Visible learning. A synthesis of over 800 meta-analyses relating to achievement. London: Routledge.

Kelle, U. (2009): Die Integration qualitativer und quantitativer Methoden in der empirischen Sozialforschung. Theoretische Grundlagen und methodologische Konzepte. Wiesbaden: Verlag für Sozialwissenschaften.

Klieme, E./Schümer, G./Knoll, S. (2001): Mathematikunterricht in der Sekundarstufe I: „Aufgabenkultur" und Unterrichtsgestaltung. In: Bundesministerium für Bildung und Forschung (Hrsg.): TIMSS – Impulse für Schule und Unterricht. Bonn: Bundesministerium für Bildung und Forschung (BMBF), 43–57.

Lamnek, S. (2005): Qualitative Sozialforschung. Weinheim, Basel: Beltz.

Lipowsky, F./Faust, G./Greb, K. (Hrsg.) (2009): Dokumentation der Erhebungsinstrumente des Projekts "Persönlichkeits- und Lernentwicklung von Grundschulkindern" (PERLE) – Teil 1. PERLE-Instrumente: Schüler, Lehrer, Eltern (Messzeitpunkt 1). Frankfurt am Main: Gesellschaft zur Förderung Pädagogischer Forschung.

Lotz, M. (2010): Kognitiv aktivierende Leseübungen im Anfangsunterricht der Grundschule. Eine Videostudie. In: Rupp, G./Boelmann, J./Frickel, D. (Hrsg.): Aspekte literarischen Lernens. Junge Forschung in der Deutschdidaktik. Münster: LIT Verlag, 145–163.

Mayring, P. (2000): Qualitative Inhaltsanalyse. Forum: Qualitative Social Research, 1 (2). URL: http://www.qualitative-research.net/index.php/fqs/article/view/1089 (Stand: 14.06.2011).

Mehlhorn, H.-G. (2001): Begabungsentwicklung durch Kreativitätsförderung in Kindergarten und Schule. Materialien des Forums Bildung, Bd. 7, 22–44.

Mehlhorn, G./Mehlhorn, H.-G. (2003): Kreativitätspädagogik: Entwicklung eines Konzepts in Theorie und Praxis. Bildung und Erziehung, Jg. 56, H. 1, 23–45.

Roßbach, H.-G. (2002): Unterrichtsqualität im 2. Schuljahr – Ergebnisse einer empirischen Untersuchung. Unterrichtswissenschaft, Bd. 30, H. 3, 230–245.

Naturwissenschaftliche Elementarbildung zwischen Anspruch und Wirklichkeit. Ausgewählte Befunde aus „prima(r)forscher"

Jörg Ramseger, Irene Leser, Günter Mey,
Rubina Vock & Katja Mruck

In Bezug auf die naturwissenschaftliche Elementarbildung findet sich in der Bundesrepublik Deutschland und vielen anderen Ländern eine widersprüchliche Situation: Einerseits gibt es den forcierten Anspruch, Kinder möglichst schon im Vorschulalter in ihrer Naturwissenschaftskompetenz intensiv zu fördern und auszubilden. Andererseits fehlt es den Erzieher/inne/n im Kindergarten ebenso wie der Mehrheit der Grundschullehrkräfte an einer soliden fachlichen und fachdidaktischen Basisausbildung, die über die eigene Schulbildung hinausreicht. Als Folge dieser Situation erlebt man in der Praxis häufig ein – bisweilen überraschend aktionistisches – „Herumexperimentieren" oder auch eine starke Vermeidungstendenz auf Seiten der Pädagoginnen und Pädagogen hinsichtlich der Behandlung naturwissenschaftlicher Themen. Mittlerweile gibt es vielfältige Initiativen und Programme mit dem Ziel, naturwissenschaftliche Angebote im Elementar- und Primarbereich zu verbessern. In unserem Beitrag stellen wir ausgewählte Ergebnisse aus der wissenschaftlichen Begleitforschung zum Kooperationsprojekt „prima(r)forscher – Naturwissenschaftliches Lernen im Grundschulnetzwerk" vor, die auch für Initiativen im Elementarbereich von Belang sind, wenn Brüche im Bildungsverlauf der Kinder vermieden werden sollen.

1 „prima(r)forscher"

„prima(r)forscher" ist eine Kooperation der Deutsche Telekom Stiftung und der Deutschen Kinder- und Jugendstiftung. Das Programm unterstützt ausgewählte Grundschulen dabei, ihr naturwissenschaftliches Profil zu schärfen und eine kindgerechte Lehr- und Lernkultur zu entwickeln (vgl. www.primarforscher.de). Dabei wird ein besonderer Schwerpunkt auf das entdeckende Lernen sowie die Schulentwicklung in lokalen und regionalen Lernnetzwerken gelegt.

Das Programm begann im Herbst 2007 mit zwölf Schulen, je vier in Baden-Württemberg, Brandenburg und Nordrhein-Westfalen. Seit Herbst 2009 kooperieren diese zwölf Pilotschulen mit 24 weiteren Schulen im Sinne des Peer-to-Peer-Austauschs in Schulbündnissen. Die Schulentwicklungsarbeit wird durch je eine Moderatorin pro Bundesland unterstützt. Alle Schulen bekamen für die Umsetzung finanzielle Mittel zur freien Verwendung. Den Schulen wurden zur Realisierung der Projektziele keinerlei inhaltliche Vorschriften seitens der Stiftungen vorgegeben. Sie konnten ihre eigenen Entwicklungsziele formulieren und verfolgen, ausgehend von ihren je eigenen Rahmenbedingungen (s. DTS/DKJS 2011).

Die Schulentwicklungsinitiative erhielt eine externe formative Evaluation durch das Institut für Qualitative Forschung und das Institut für Schulentwicklung der Internationalen Akademie für innovative Pädagogik, Psychologie und Ökonomie an der Freien Universität Berlin (www.ina-fu.org). In einem an die Grounded-Theorie-Methodologie (Glaser & Strauss 1967; aktuell s. Mey & Mruck 2011) angelehnten Forschungsansatz kamen quantitative und qualitative Verfahren zum Einsatz, insbesondere Fragebogenerhebungen (über vier Messzeitpunkte), mehr als 60 problemzentrierte Interviews mit den beteiligten Akteuren sowie 62 leitfaden-gestützte Unterrichtsbeobachtungen in den Projektschulen. Auch wurde ein neuartiges Selbstevaluationsinstrument für den naturwissenschaftlichen Unterricht entwickelt und von 129 Lehrkräften eingesetzt.

2 Ausgewählte Befunde

Das Projekt bietet zunächst einen Einblick in die Realbedingungen von naturwissenschaftlichem Sachunterricht an deutschen Grundschulen. So ergab die Fragebogenerhebung an den zwölf Pilotschulen im Jahr 2009, dass ca. 70 % der Lehrkräfte, die sich an der Befragung beteiligten, naturwissenschaftlichen Unterricht im Rahmen des Sachunterrichts gaben. Von diesen hatten allerdings nur 20,4 % in ihrer Erstausbildung ein naturwissenschaftliches Fach belegt. Weitere 38,7 % hatten immerhin das Fach Sachunterricht oder Ähnliches studiert.

Zu Beginn des Projekts im Schuljahr 2007/08 fühlten sich nur 15,8 % der Lehrkräfte an den Pilotschulen für den naturwissenschaftlichen Unterricht „gut" oder „sehr gut" qualifiziert. Ebenfalls 15,8 % schätzten ihre Befähigung selbst als „mangelhaft" ein. Die durchschnittliche Qualifikation wurde von denjenigen Lehrkräften, die Naturwissenschaft unterrichteten, in einer Selbsteinschätzung auf einer sechsstufigen Skala mit der Note 3,1 bewertet. Selbst von den Lehrkräften, die ein naturwissenschaftliches Fach studiert hatten, fühlten sich noch fast 23 % für naturwissenschaftliche Unterrichtsangebote wenig kompetent. Bei der Follow-up-Erhebung zum Ende der ersten Projektphase gaben doppelt so viele Lehrkräfte wie zuvor an, „sehr gut" bis „gut" qualifiziert.

Zum Projektstart war es für die Lehrkräfte, wie ebenfalls die Fragebogenerhebung zeigte, von vorrangigem Interesse, dass die Schülerinnen und Schüler

Freude am Experimentieren gewinnen, selbst experimentieren und Gelegenheit erhalten sollten, naturwissenschaftliche Phänomene in Ruhe zu beobachten. *Wissenserwerb*, manifestiert in dem Ziel, dass die Schülerinnen und Schüler die untersuchten naturwissenschaftlichen Phänomene auch wirklich verstehen und korrekt erklären können, wurde von den Lehrkräften überraschend gering priorisiert. Nur neun von 209 befragten Pädagoginnen und Pädagogen fanden es wichtig, dass die Kinder durch den Unterricht sachlich korrekte Erklärungen zu naturwissenschaftlichen Phänomenen erhalten.

Die ersten Unterrichtshospitationen ergaben, dass die meisten Schulen zunächst damit begannen, „Forscherecken" oder „Forschungsräume" einzurichten und Material anzuschaffen. Dabei führten die Lehrkräfte anfangs zumeist mit ihren Klassen verschiedene Experimente durch: Die Schülerinnen und Schüler sollten dabei zu überwiegend von den Lehrkräften vorgegebenen Versuchsanordnungen eigene Beobachtungen anstellen, Vermutungen formulieren und Erklärungen aufschreiben. Wir sahen zu Projektbeginn nur wenige Unterrichtsstunden, in denen die Schülerinnen und Schüler *eigene* Fragen an die Natur stellten und stellen konnten. Auch wurden die Befunde der Experimente selten kritisch erörtert oder mit einer vorgängig aufgestellten Vermutung begründet oder verglichen. Es wurde viel gehandelt, aber die Lehrkräfte gewährten den Schülerinnen und Schülern nur wenig Reflexionszeit zu ihrem Handeln. Dies scheint im Sachunterricht in Deutschland durchaus verbreitet zu sein (s. Ohle 2010).

Typisch für den aktuellen naturwissenschaftlichen Unterricht im Elementar- und Primarbereich wurde also zunächst eine Methode (Experimentieren) mit ihrem Zweck (Produktion von naturwissenschaftlicher Erkenntnis) verwechselt und das Experimentieren unhinterfragt mit naturwissenschaftlicher Bildung gleichgesetzt (vgl. hierzu kritisch Ramseger 2010). Die Frage nach einer angemessenen didaktischen Einbettung der jeweiligen Experimente in den Frage- und Verstehenshorizont der Kinder wurde überwiegend nicht gestellt, und der in der Fachdidaktik herausgearbeitete Unterschied von „Versuchen" und „Experimenten" (Hartinger 2003) meist übersehen.

Durch Fortbildungen auf regionalen Treffen mit Fachleuten aus den Gebieten Naturwissenschaftsdidaktik und Schulentwicklung sowie in Diskussionen untereinander und aufgrund von Gesprächen mit den Moderatorinnen wurden die Schulen im weiteren Projektverlauf allmählich für neue Unterrichtsformen sensibilisiert und qualifiziert: Die Interviews mit den Lehrkräften und den Moderatorinnen sowie die fortlaufenden Unterrichtsbeobachtungen dokumentieren, dass die prima(r)forscher-Schulen ihre Unterrichtsangebote und -arrangements im Laufe der Projektphase deutlich weiterentwickelt haben und dass Fragen und Präkonzepte von Schülerinnen und Schülern zur Bearbeitung von naturwissenschaftlichen Fragestellungen verstärkt erhoben wurden. Jedoch wurde noch nicht in jedem Fall mit den Vorstellungen der Kinder auch weitergearbeitet. Die von der naturwissenschaftlichen Fachdidaktik herausgearbeitete Idealform eines verstehensorientierten Unterrichts in Form einer Kombination von eigenaktivem Erproben und Experimentieren *und* systematischem gemeinsamem Nachdenken über den Sachverhalt in einem ko-konstruktiven Lernarrangement (Möller 2004, 153) wurde noch nicht immer erreicht. Offenkundig fällt es Lehrkräften, die keine naturwissenschaftliche Fachausbildung haben, schwer, den Unterricht an den sich artikulierenden Schülervorstellungen auszurichten und sich *mit den Schülerinnen und Schülern* auf naturwissenschaftliche Entdeckungsreisen zu begeben, deren realer Verlauf eine Zeitlang unvorhersehbar bleibt. Dies gibt Anlass, erneut über angemessene Formen der Erstausbildung von Grundschullehrkräften und Erzieher/innen für das naturwissenschaftliche Lernen in der frühen Kindheit nachzudenken. Denn nur auf der Grundlage einer soliden fachlichen Ausbildung der begleitenden Pädagoginnen und Pädagogen scheint, dies legen die Ergebnisse unserer Forschung nahe, eine grundlegende, auf Verstehen hin orientierte naturwissenschaftliche Bildung ohne Brüche von Kindern in Kindergarten und Grundschule möglich.

Literatur

Glaser, B. G. & Strauss, A. L. (1967): The Discovery of Grounded Theory: Strategies for Qualitative Research. New York: Aldine de Gruyter.

Hartinger, A. (2003): Experimente und Versuche. In: von Reeken, D. (Hrsg.): Handbuch Methoden im Sachunterricht. Baltmannsweiler: Schneider Verlag, 68-75.

Mey, G. & Mruck, K. (Hrsg.) (2011). Grounded Theory Reader. Wiesbaden: VS Verlag für Sozialwissenschaften.

Möller, K. (2004): Verstehen durch Handeln beim Lernen naturwissenschaftlicher und technikbezogener Sachverhalte. In: Köhnlein, W. (Hrsg.): Verstehen und begründetes Handeln. Bad Heilbrunn: Klinkhardt, 147-165.

Ohle, A. (2010): Primary School Teachers' Content Knowledge in Physics and its Impact on Teaching and Students' Achievement. Berlin: Logos.

Deutsche Telekom Stiftung (DTS) und Deutsche Kinder- und Jugendstiftung (DKJS) (Hrsg.) (2011): Wie gute naturwissenschaftliche Bildung an Grundschulen gelingt. Ergebnisse und Erfahrungen aus prima(r)forscher. Bonn/Berlin: Deutsche Telekom Stiftung und Deutsche Kinder- und Jugendstiftung.

Ramseger, J. (2009): Experimente, Experimente! Was lernen Kinder im naturwissenschaftlichen Unterricht? In: Die Grundschulzeitschrift, Jg. 23, H. 225/226, 14-20.

Ramseger, J. (2010): Was heißt "naturwissenschaftliche Bildung" im Kindesalter? Eine kritisch-konstruktive Sichtung von Naturwissenschaftsangeboten für den Elementar- und Primarbereich. URL: http://tinyurl.com/ramseger-kmk-vortrag-2010.

Diagnose- und Förderkompetenzen von Studierenden

Gudrun Schönknecht & Petra Maier

Deutschen Lehrkräften wird mangelnde Diagnose- und Förderkompetenz bescheinigt (vgl. z.B. KMK 2003). Auch Studierende und BerufseinsteigerInnen fühlen sich bezüglich der Thematik unzureichend ausgebildet (Rauin/Maier 2007). Diagnose- und Förderkompetenzen werden aktuell in Lehrerausbildung und Lehrerfortbildung stark betont (KMK 2004), ihre Bedeutung wird mit der Aufgabe der Inklusion künftig noch zunehmen. Aktuelle nationale und internationale Studien zeigen einheitlich die große Bedeutung der Lehrperson für den Lernerfolg von SchülerInnen, „ca. 30 % der Leistungsunterschiede von Schülern (lassen sich) mit Merkmalen des Lehrers, seinem Wissen und Handeln" erklären (Lipowsky 2007, 39). LehrerInnenvariablen haben einen stärkeren Einfluss als Schule, Schulleitung, Peers oder soziale Herkunft. Wissen und Handeln von Lehrkräften sind eng mit Einstellungen und Haltungen, mit Überzeugungen, „beliefs" und subjektiven Theorien verknüpft. Solche Merkmale sind hochgradig stabil und nur in biographisch stark bedeutsamen Lernkontexten beeinflussbar, im Lehrerberuf sind sie zudem stark durch biografische (Schul-)Erfahrungen geprägt. Im Bereich Diagnose und individuelle Förderung kann dabei eher selten von „wünschenswerten" Erfahrungen ausgegangen werden. Wir skizzieren im Folgenden ein Lehr-Forschungsprojekt zur Kompetenzentwicklung von Studierenden im Bereich Diagnose und individuelle Förderung.

1 Forschungsstand und Projektbeschreibung

Die Problematik „trägen Wissens" ist für die Lehrerbildung insofern bedeutsam, als Wissenschaftswissen aus dem Studium kaum einen Weg in die subjektiven Theorien und Einstellungen findet, die Handeln in der Praxis beeinflussen. Wenn Wissen aus dem Studium handlungsleitend werden soll, muss an den subjektiven Theorien, Einstellungen und Haltungen der Studierenden angesetzt werden. „Beliefs" erscheinen weitgehend veränderungsresistent, in der Lehrerausbildung komme es eher selten zu grundlegenden Veränderungen: „Es werden überwiegend nur solche Informationen aufgenommen, die sich in das vorhandene System an Überzeugungen einpassen lassen. [...] Erfolg versprechend scheinen Lehrprozesse zu sein, die aktiv an die vorhandenen *beliefs* anknüpfen" (Blömeke 2004,

65). Auch Kontextualisierung und Prozeduralisierung wirken hierbei unterstützend. Die Wissensbereiche von Lehrkräften (vgl. das Modell von Baumert/Kunter 2006) sollten daher verknüpft mit Einstellungen, Haltungen und subjektiven Theorien in entsprechenden Seminarkonzeptionen bearbeitet werden. Auch reflexive Kompetenzen, ein reflexiver Habitus (vgl. Gruber/Renkl 2000; Neuweg 2007) sollten dadurch gefördert werden. Dies erfordert entsprechende methodische Lehr-Lernsettings in denen Fallarbeit, situiertes und biografisch-reflexives Lernen realisiert werden damit individuelle berufliche Einstellungen thematisiert und erfahrbar werden.

Eine entsprechende Konzeption wurde für das Modul „Diagnose und individuelle Förderung" entwickelt. Das Modul ist verortet in den Bildungswissenschaften, Deutsch und Mathematik. Inhalte und Kompetenzbeschreibungen wurden von einer interdisziplinären Gruppe erarbeitet. Das Modul wird verpflichtend gegen Ende des Studiums besucht, damit sowohl theoretische Grundlagen als auch eigene Praxiserfahrungen möglichst vorhanden sind und unter der Perspektive von Diagnose und Förderung vernetzt werden können. Inhalte des Seminars sind Unterschiede und Gemeinsamkeiten pädagogischer und psychologischer Diagnostik, Beobachtung und Wahrnehmung in pädagogischen Kontexten, das Erproben und Beurteilen von Diagnose- und Förderinstrumentarien sowie Formen der Kooperation. Besonderes Augenmerk wurde bei der didaktischen Konzeption auf für o.g. Professionalisierungsprozesse geeignete hochschuldidaktische Lehr-Lern-Methoden gelegt (Fallarbeit, situiertes Lernen, die Analyse von Dokumenten von Schülerinnen und Schülern, Lerntagebücher und andere Formen biographisch-reflexiven Lernens).

2 Fragestellung und Vorgehen

Die Fragestellungen des Forschungsprojekts zu diesem Modul zielen auf von den Studierenden selbst wahrgenommene Veränderung des Verständnisses von individueller Diagnose und Förderung (Einstellungen, Haltungen, Wissen) zu Beginn und nach Besuch des Seminars, die Beurteilung der Inhalte und Methoden der Veranstaltung sowie die Einschätzungen und Begründungen zu einer sinnvollen Platzierung dieses Moduls im Studium, ggf. auch eine Verbindung zu Praxisanteilen. Für diesen Beitrag werden wegen der gebotenen Kürze nur die Ergebnisse aus dem ersten Bereich dargestellt.

Die Daten wurden mit einer schriftlichen Befragung mit Leitfragen (offene Antworten) und vorgegebenen Einschätzungsmöglichkeiten (Skalierung) jeweils vor und nach Besuch des Seminars in Erziehungswissenschaft erhoben. Die Stichprobe lag bei $n=155$, erhoben wurde in Seminaren einer Dozentin in zwei aufeinander folgenden Semestern. Die Auswertung erfolgte auf Grundlage der qualitativen Inhaltsanalyse nach Mayring, ergänzende Daten lieferten die quantifizierbaren Ergebnisse der skalierten Fragen.

3 Ergebnisse – eine Auswahl

Zusammenfassend werden hier einige Ergebnisse der ersten Fragestellung (s.o.) vorgestellt. Ein Großteil der Studierenden gibt an, vor Besuch des Seminars nur vages *Wissen* von zentralen Begriffen gehabt zu haben. Diagnostik wird häufig in psychologisch-medizinischen Kontexten verortet. Rund ein Drittel der Befragten bestätigen, bisher kaum bzw. kein Wissen bzgl. der Umsetzungsmöglichkeiten von Diagnose und individueller Förderung in der Schule zu haben.

In *Einstellungen* zeigt sich häufig eine Defizit- und Problemorientierung, Förderung sei vorwiegend für „schwache" und „problematische" SchülerInnen nötig. Viele Studierende schätzen individuelle Diagnose und Förderung in der Praxis als kaum realisierbar ein und weisen diese Aufgabe „Spezialisten" (z.B. SonderpädagogInnen) zu. Befürchtungen werden bezüglich des Zeit- und Arbeitsaufwandes geäußert, die diese „neue" Aufgabe zusätzlich für die Lehrkräfte bedeute. Nur für sehr wenige der Befragten ist Diagnose und Förderung Kernaufgabe von Lehrkräften.

Als *Handlungsmöglichkeiten* oder Konzepte individueller Förderung werden meist Förderstunden außerhalb des Klassenunterrichts und Einzelbetreuung außerhalb des Unterrichts, häufig auch „Nachhilfe" genannt, die v.a. fachliche Förderung für „schwächere" Kinder umfasse. Nur vereinzelt wird geäußert, dass differenzierte Unterrichtssettings Handlungsoptionen in diesem Feld darstellen. Häufig wird ausgesagt dass in Praktika im Studium keine Erfahrungen in diesem Bereich gemacht werden konnten. Diese Ergebnisse decken sich weitgehend mit Aussagen von Lehrkräften in anderen Studien (vgl. z.B. Kopsch 2006).

Nach Absolvierung des Moduls konstatiert mehr als die Hälfte der Studierenden umfangreiches *Wissen* und Kritikfähigkeit bezüglich konkreter Methoden und Instrumentarien zur Diagnose und Förderung, systemisches Denken kann häufiger festgestellt werden. Im Bereich der *Einstellungen* werden Diagnose und individuelle Förderung von vielen nun als Kernaufgabe jeder Lehrkraft für *alle* SchülerInnen wahrgenommen und mit Begriffen wie Verantwortung beschrieben. Heterogenität und Individualisierung werden auch als Chance gesehen. Ängste vor Überforderung, die Grenzen in fachlicher Perspektive sowie hohe Arbeitsbelastung werden thematisiert. Die Relevanz und Komplexität des Bereichs werden von der Mehrzahl der Studierenden betont.

Fast alle Studierenden stellen also Veränderungen in den Bereichen Wissen, Einstellungen und Haltungen fest, v.a. die Entwicklung von einer defizitorientierten zu einer kompetenzorientierten Haltung. Deutlich gezeigt hat sich damit auch in unserer Studie, dass sich obwohl der „Umgang mit Heterogenität" inzwischen im Studium als Thematik verankert ist, sowohl im Wissen um entsprechende Unterrichtskonzepte als auch im Einstellungsbereich kaum wünschenswerte Ergebnisse zeigen. Bestätigt haben sich damit auch die bekannten Forderungen nach entsprechend gestalteten Lernmöglichkeiten: Veranstaltungen, die die Integration fachlichen, fachdidaktischen, erziehungswissenschaftlichen und psychologischen Wissens unterstützen, die Praxisrelevanz wissenschaftlichen Wissens aufzeigen und subjektive Theorien bearbeitbar machen, sind gerade am Ende des Studiums dringend geboten.

Literatur

Baumert, J./Kunter, M. (2006): Stichwort: Professionelle Kompetenz von Lehrkräften. In: Zeitschrift für Erziehungswissenschaft, Jg. 9, H. 4, 469–520.

Blömeke, S. (2004): Empirische Befunde zur Wirksamkeit der Lehrerbildung. In: Blömeke, S. u.a. (Hrsg.): Handbuch Lehrerbildung. Kempten: Klinkhardt, 59-91.

BMBF (Bundesministerium für Bildung und Forschung) (2007): Vertiefender Vergleich der Schulsysteme ausgewählter PISA-Teilnehmerstaaten. Bonn, Berlin.

Gruber, H./Renkl, A. (2000): Die Kluft zwischen Wissen und Handeln: Das Problem des trägen Wissens. In: Neuweg (2000), 155-174.

KMK (2004): Standards für die Lehrerbildung: Bildungswissenschaften. URL: http://www.kmk.org/fileadmin/veroeffentlichungen_beschluesse/2004/2004_12_16-Standards-Lehrerbildung.pdf (11.2.2011).

KMK (2003): Beschluss der Kultusministerkonferenz vom 6. März 2003. URL: http://www.kmk.org/presse-und-aktuelles/pm2003/beschluss-zu-vertiefendem-pisa-bericht.html. (11.2.2011)

Kopsch, C. (2006): Förderdiagnostik in der Neuen Schuleingangsphase. In: Kastirke, N./Jennessen, S. (Hrsg.): Die Neue Schuleingangsphase als Thema der Schulentwicklung. Forschung - Stolpersteine - Praxisempfehlungen. Baltmannsweiler: Schneider Hohengehren, 177-199.

Lipowsky, F. (2007): Unterrichtsqualität in der Grundschule – Ansätze und Befunde der nationalen und internationalen Forschung. In: Möller, K. u.a. (Hrsg.): Qualität von Grundschulunterricht entwickeln, erfassen und bewerten. Wiesbaden: VS.

Neuweg, G. H. (2007): Wie grau ist alle Theorie, wie grün des Lebens goldner Baum? LehrerInnenbildung im Spannungsfeld von Theorie und Praxis. bwp@ Ausgabe Nr. 12, Juni 2007. URL: http://www.bwpat.de/ausgabe12/neuweg_bwpat12.pdf (11.2.2011).

Rauin, U./Meier, U. (2007): Subjektive Einschätzung des Kompetenzerwerbs in der Lehramtsausbildung. In: Lüders, M./Wissinger, J. (Hrsg.): Forschung zur Lehrerbildung. Kompetenzentwicklung und Programmevaluation. Berlin: Waxmann, 103-131.

Grundlegende Bildung und Übergang zwischen Regel- und Förderschule

Die Schulfindung am Übergang von der Grund- in die Sekundarschule bei Kindern in Heimen

Susanne Siebholz

Kinder, die in Heimen und damit in Einrichtungen der Kinder- und Jugendhilfe leben, befinden sich nicht im Fokus der Schulforschung. Auch die Forschung zum schulischen Übergang am Ende der Grundschulzeit hat sich noch nicht dezidiert mit diesen Kindern beschäftigt, für die eine Reihe von Differenzierungen zu anderen Kindern wirksam sind.[1] In der sozialpädagogischen Forschung wiederum stehen diejenigen, die als AdressatInnen von Heimerziehung wahrgenommen werden, bislang selten als Kinder im Blickpunkt (vgl. aber bspw. Landenberger/Trost 1988; Wolf 1999). Vielmehr untersuchen Studien ältere Jugendliche und junge Erwachsene, die eine Zeitlang im Heim gelebt haben, zumeist unter der Frage nach Wirkungen von Heimerziehung (vgl. im Überblick Gabriel 2001; Freigang 2003). Wissen wir immerhin, dass sich Kinder in Heimen überproportional häufig in unteren Bildungsgängen und im Sonderschulwesen befinden (Pothmann 2007), so werden deren schulische Erfahrungen und Orientierungen selten genauer betrachtet (vgl. aber bspw. Thiersch u.a. 1998; Maykus 2003). An diesem Desiderat setzt der folgende Beitrag an und untersucht empirisch, wie Kinder in Heimen einen spezifischen schulischen Aspekt, die Schulfindung am Übergang in die Sekundarschule, thematisieren. Es geht damit um die Orientierungen, die sich bei den untersuchten Kindern in Bezug auf das Thema rekonstruieren lassen, wie es dazu kam, dass sie eine bestimmte weiterführende Schulform und/oder Einzelschule besuchen werden. Anhand von Ausschnitten aus zwei Interviews wird gefragt, in welchen Dimensionen sich die Thematisierung der Schulfindung unterscheidet.[2]

---

[1] So u.a. im rechtlichen Bereich, in den pädagogischen Professionen und in der medialen Darstellung.

[2] Die Daten entstammen der qualitativen Studie „Kinder in Heimen am Übergang von der Grund- in die Sekundarschule", die seit 2008 an der Universität Halle durchgeführt wird. Bundesweit wurden 14 Kinder aus Heimen in der vierten Klasse der Regelgrundschule und elf von ihnen erneut in der fünften Klasse mit Hilfe narrativ-biographischer Interviews befragt. Die Interviews werden mit der dokumentarischen Methode ausgewertet.

Thematisierung der Schulfindung durch Kinder in Heimen – exemplarische Rekonstruktionen

Selena: Familiäre Vergemeinschaftung durch den Übergang auf das Gymnasium

Selena lebt in einer familiennahen Heimform, einer sozialpädagogischen Lebensgemeinschaft, zusammen mit zwei PädagogInnen, deren leiblichen Kindern Hanna und Leopold sowie bis zu vier weiteren Kindern. Sie thematisiert die neue Schule selbstläufig zum ersten Mal in der Eingangserzählung. An die Eröffnung des Themas, *„komm ich halt auch bald auf die neue schule"*, schließt sie die Bewertung *„s find ich auch cool"* und dann eine Begründung an: Sie habe sich nämlich die Schule schon häufig angeschaut, denn – damit geht sie argumentativ weiter zurück – Hanna sei auch dort. Sie schließt eine Beispielerzählung zu einem Grillfest an, das kürzlich stattgefunden habe. Dort habe sie mit Mitschülern von Hanna gespielt, gemeinsam (*„wir"*) hätten sie gegrillt und gegessen. *„Die"* hätten Tischtennisplatten gehabt und sie hätten zusammen drumherum gespielt. Die Vertrautheit des damit nicht mehr neuen schulischen Raums und der dortigen kulturellen Praxis sowie der soziale Anschluss stehen hier im Mittelpunkt. Die Nachfrage, wie das mit der neuen Schule kam, beantwortet sie folgendermaßen:

> Iw: und ähm. (.) wie kam das dann ähm (.) mit der mit der neuen schule? wie habt ihr euch dafür entschiedn? wie- wie kam das?
> Sw: also da steht ja auch immer aufm zeugnis welche empfehlung wir bekomm? //ja,// und //°ah ja°// dann weil- (.) das ähm (.) hier wenn (.) ich=jetzt=auch ich=äh=leopold=un=ich habn ja beide eine gymnasiumempfehlung bekomm //ja// ne? und hanna ja auch? un da is sie halt auch aufs WBG gekomm weil des irgendwie is ja auch so ne beliebte schule? //ja// und ähm weil da sin- sind hanna leopold und ich, (.) in einer gleichn schule und könn dann halt auch alle drei zusamm hinfahrn als //ja// ((da)) wenn ich jetzt zum beispiel auf das (( )) geh hanna s WBG und leopold auf irgend n andres das is dann irgendwiie (.) unlogisch dann (.) müsste jeder in eine andere richtung //ja// fahrn und dann //ja// anstatt dass wir alle gleich losfahrn //ja// °ja°

Selena beginnt mit der Schullaufbahnempfehlung. Die Gymnasialempfehlung wird dabei zur Plausibilisierung dessen eingeführt, dass sie und Leopold durch diese Empfehlung die Voraussetzung für den Besuch der Schule hatten, auf die Hanna bereits geht. Insgesamt bewegt sich Selena hier auf einer argumentativen Ebene: Sie begründet, warum sie auf genau dieses Gymnasium gehen wird. Dabei führt sie auch pragmatische Argumente an, die sich auf den gemeinsamen Schulbesuch mit ihren „Ziehgeschwistern" Hanna und Leopold beziehen. Der Prozess der Schulfindung wird hier nicht zentral über Leistung und Differenzierung, sondern über Vergemeinschaftung thematisiert – der Übergang auf das Gymnasium bekommt eine gemeinschaftsstiftende Funktion und sichert den Anschluss an die Familie, mit der sie zusammen lebt. Im weiteren Verlauf des Interviews steht die so verargumentierte Schulentscheidung am Beginn eines weiteren gemeinsamen (*„wir"*, *„leopold und ich"*) Durchlaufens des formalen Aufnahmevorgangs.

Stefan: Institutionelle Gegebenheit mit minimaler sozialer Rahmung

Ganz anders wird demgegenüber von Stefan thematisiert, wie es dazu kam, dass er *„auf diese neue schule"* geht. Stefan hat in seiner Grundschulzeit mehrere Wechsel seines Lebensortes erlebt, die jeweils mit Schulwechseln verbunden waren. In der Zeit, in der er bereits in der Heimgruppe lebte, ist er von der Regelgrundschule auf eine Förderschule umgeschult worden. In der zweiten Hälfte der vierten Klasse hat er gerade zurück gewechselt auf eine wiederum andere Regelgrundschule. Auch Stefan thematisiert die zukünftige Schule, eine Gesamtschule, das erste Mal selbstläufig, und zwar in einer Passage, die er an den ersten Durchgang durch seine Lebensgeschichte anschließt. Vor kurzer Zeit sei er auf eine andere Schule gekommen. Zuvor sei er *„auf=so=naar"* anderen Schule gewesen. Er sei von dieser *„pestalozzischule"* auf eine Grundschule *„umgeschult"* worden. Jetzt sei er auf der *„grundschule am anger"* zur Probe. Im nächsten Jahr dann komme er *„off de kgs"*. Die neue Schule erscheint hier also zunächst im Kontext seiner „Schulwechselgeschichte". Wie es zu dieser neuen Schule gekommen ist, thematisiert er folgendermaßen:

> Sm: grundschule geht nur bis zur viertn (.) und ☺deswegn☺ (2) °un deswegn kommsch off de kgs°

Stefan verhandelt es als Selbstverständlichkeit und Setzung, dass nach dem Enden der Grundschule der Übergang auf die Kooperative Gesamtschule folgt. Es gibt keine Optionen, Alternativen oder Abwägungen. Stefan erzählt wie Selena in Bezug auf die neue Schule im argumentativen Modus: Er begründet den Besuch der neuen Schule damit, dass die Grundschule zu Ende ist. Es gibt – anders herum gesprochen – keinen anderen Grund auf die KGS zu wechseln, als diesen. Stefan orientiert sich an einer institutionellen Gegebenheit und Notwendigkeit, nicht an einer differenzierten Schullandschaft in der Sekundarstufe oder an Leistung. Der Prozess der Schulfindung erhält mithin nicht den Charakter einer Entscheidung oder Wahl. Anschließend entwirft Stefan über seinen besten Freund eine minimale soziale Verbindung in den neuen schulischen Raum hinein.

Schlussfolgerungen und Ausblick

Hinsichtlich einer Typologie zu den schulfindungsbezogenen Orientierungen von Kindern in Heimen deuten sich bislang drei Dimensionen an. Die erste Dimension beschreibt die *Sozialität* des Schulfindungsprozesses: Er wird in Zusammenhang mit einzelnen Personen, mit Gruppen oder Institutionen thematisiert. Die zweite Dimension, die *Optionalität* der Schulfindung, umfasst zwei Teilaspekte: ihre (Nicht-)Entscheidungshaftigkeit und die Zuschreibung von Handlungsmächtigkeit (*agency*). Unterschiede in der Thematisierung der Schulfindung finden sich auch entlang einer dritten Dimension von *Leistungs- und Statusdifferenzierung* (vgl. Kramer u.a. 2009). Diese Dimensionen sind nun in ihrem Zusammenspiel zu beschreiben und ermöglichen, die unterschiedliche Rahmung der Schul„entscheidung" bei den Übergehenden herauszuarbeiten.

Die unterschiedliche Thematisierung der *Schulfindung* ist ein Aspekt des Übergangs von der Grund- in die Sekundarschule, der bislang nicht ausreichend empirisch betrachtet und theoretisiert wurde. Für das Verständnis dessen, wie der Schulübergang biographisch und sozial eingebettet ist, ist er jedoch von zentraler Bedeutung. Hier zeigt sich auch, dass die Erweiterung der Forschung um die Darstellungen und Orientierungen der *Übergehenden* unerlässlich ist um zu verstehen, was am Übergang von der Grund- in die Sekundarschule geschieht.

Literatur

Freigang, W. (2003): Wirkt Heimerziehung? Heimerziehung im Spiegel empirischer Studien. In: Struck, N./Galuske, M./Thole, W. (Hrsg.): Reform der Heimerziehung. Opladen: Leske + Budrich, 37-52.

Gabriel, T. (2001): Forschung zur Heimerziehung. Eine vergleichende Bilanzierung in Großbritannien und Deutschland. Weinheim/München: Juventa.

Kramer, R.-T./Helsper, W./Thiersch, S./Ziems, C. (2009): Selektion und Schulkarriere. Wiesbaden: VS Verlag für Sozialwissenschaften.

Landenberger, G./Trost, R. (1988): Lebenserfahrungen im Erziehungsheim. Identität und Kultur im institutionellen Alltag. Frankfurt a.M.: Brandes & Apsel.

Maykus, S. (2003): Heimerziehung und Schule. In: Gabriel, T./Winkler, M. (Hrsg.): Heimerziehung. Kontexte und Perspektiven. München: Ernst Reinhardt, 126-138.

Pothmann, J. (2007): 'Bildungsverlierer' – eine Herausforderung für die Heimerziehung. In: Forum Erziehungshilfen, Jg. 13, H. 3, 179-188.

Thiersch, H./Baur, D./Finkel, M./Hamberger, M./Kühn, A. D. (1998): Leistungen und Grenzen von Heimerziehung. Stuttgart/Berlin/Köln: Kohlhammer.

Wolf, K. (1999): Machtprozesse in der Heimerziehung. Eine qualitative Studie über ein Setting klassischer Heimerziehung. Münster: Votum.

Grundlegende Bildung und Übergang in die Sekundarstufe

Übergänge: Erleben, Lernen und Verbleib in Haupt- und Realschulen aus Schülersicht

Liselotte Denner

1 Begriff und Theoriehintergrund

In zeitlicher Perspektive handelt es sich bei Übergängen um Verbindungsstücke zwischen einer meist sicheren, bald zurückliegenden Lebensphase und einer werdenden, noch offenen und ungewissen Zukunft. Übergänge bzw. Transitionen stellen individuelle Wandlungsprozesse im Lebenslauf dar, die sozial prozessiert sind (Welzer 1993). Von den persönlichen und sozialen Erwartungen einerseits und den vorhandenen individuellen und institutionellen Potenzialen und Ressourcen andererseits sowie vom Zusammenspiel der Faktoren hängt es ab, ob der Übergang Entwicklungssprünge befördern kann oder zu einem Rückschritt in der Persönlichkeits- und Lernentwicklung führt. Der Transitionsansatz geht davon aus, dass Übergänge vom Kind und seinen Eltern auf der individuellen, interaktionalen und kontextuellen Ebene zu bewältigen sind (Griebel/Niesel 2004). Aus schulpädagogischer Sicht wäre eine inhaltlich-curriculare Ebene einzufügen, da gelingende Bildungsprozesse zentral für das Ankommen und Weiterlernen in der neuen Schule sind. Verbindet man den Transitions- mit dem Resilienzansatz (Wustmann 2005) so könnte die Identifikation von vorhandenen oder fehlenden, von genutzten oder ungenutzten Potenzialen und Ressourcen Hinweise geben, wie die Übergänge in eine Haupt- oder Realschule gelingen können.

Viele Übergänge im Bildungswesen sind normativ vorgegeben. Insbesondere der Übergang zwischen Primar- und Sekundarstufe gilt als kritische Schnittstelle, die in einigen Bundesländern durch eine verbindliche Schullaufbahnempfehlung noch verschärft wird (siehe Denner i.V.). Eltern – mit und ohne Migrationshintergrund – sind bemüht, ihre Kinder im Bildungssystem so zu platzieren, dass sich ihnen günstige Berufs- und Lebenschancen eröffnen. Die kontinuierlich steigenden Übergangszahlen an bevorzugte Sekundarschulen und die systematische Vermeidung von Übergängen in die Hauptschule belegen dieses Faktum. „Anzunehmen ist, dass das Kind im Übergang zum Träger von Prestigegewinn oder -verlust für die ganze Familie wird. Es nimmt die erfüllten oder enttäuschten eigenen und familiären Erwartungen gewissermaßen als ‚Startkapital' oder

,Hypothek' in die neue Schule mit" (Denner 2007, 56). Noch wenig untersucht ist, wie sich schulisches Lernen und Bildungsaspiration in den ersten Klassenstufen der Haupt- und Realschule unter diesen Bedingungen entwickeln.

2 Projektfokus

Die mehrperspektivisch und explorativ angelegte Studie „Übergänge, Lernen, Erleben und Verbleib von Schülerinnen und Schülern in Haupt- und Realschulen (ÜLEV)" versucht mit zwei regionalen Längsschnittstudien das Übergangsgeschehen, das Erleben und Lernen sowie die Akzeptanz der (zugewiesenen) Sekundarschule aus Sicht der beteiligten Akteure zu eruieren. ÜLEV I (n=125) ist in einer ländlichen Region angesiedelt und verfolgt vom 4. Grundschuljahr bis zum Ende des 6. Schuljahres in Haupt- und Realschulen die Bildungsbiografien der Kinder. ÜLEV II (n=112) fokussiert Übergänge in eine in Ganztags- oder Halbtagsform organisierte und im städtischen Umfeld gelegene Hauptschule unter Berücksichtigung von Deutsch als Erst- bzw. Zweitsprache. Zu allen Erhebungszeitpunkten werden Fragebögen mit geschlossenen und offenen Formaten eingesetzt. Mit dem Linzer Fragebogen zum Schul- und Klassenklima (LFSK 4-8) kommt ein standardisiertes Erhebungsinstrument zum Einsatz (Eder/Mayr 2000). Eine Interviewstudie mit den Klassenlehrer/innen gibt in ÜLEV I eine ergänzende Perspektive. ÜLEV II ermöglicht durch Fallstudien mit Zuwandererkindern und ihren Grund- und Hauptschullehrkräften einen mehrperspektivischen Zugang zu den Mikroprozessen des Übergangsgeschehens. Einige Ergebnisse der Erhebungen werden im Folgenden präsentiert.

3 Darstellung und Diskussion ausgewählter Ergebnisse

Von den 125 befragten Grundschulkindern (ÜLEV I) wollen nur zwei die Hauptschule im 5. Schuljahr besuchen. Aufgrund der bindenden Wirkung der Schullaufbahnempfehlung in Baden-Württemberg werden aber 31 Kinder zusammen mit ihren Erziehungsberechtigten die Zukunft (zunächst) mit der Hauptschule in Verbindung bringen müssen. In einem offenen Format („Wenn ich an die Schule nach den Ferien denke, …) artikulieren die Viertklässler ihre Gefühle hinsichtlich des bevorstehenden Übergangs. Nach einer inhaltsanalytischen Auswertung (Mayring 2003) bezieht sich die Hälfte der insgesamt 834 Nennungen auf den Faktor „Freude/Vorfreude" (Neue Kinder kennen lernen, Vorfreude auf neue Fächer, Schule, Lehrer/innen), während 29% der Nennungen eher unangenehme Gefühle thematisieren, wie Angst vor dem Schulgebäude, Bangesein vor den vielen Lehrer/innen und Kindern, dem Zweifel, ob die neuen Fächer auch Spaß machen und der Trauer, wegen des Abschieds von Freunden. 21% der Nennung befassen sich mit dem Anspruch des künftigen Unterrichts, der eine vergleichbare, höhere oder geringere Anstrengungsbereitschaft als bisher erfordere oder mit schwierigeren Leistungskontrollen einhergehe. Die befragten Hauptschüler bestätigen nach den ersten beiden Schulwochen die antizipierten angenehmen Gefühle auf einem etwas höheren als dem erwarteten Niveau. Einzig der Abschied von Freunden wird als wesentlich schmerzhafter als erwartet erlebt. Die neuen Fächer machen fast durchgängig Spaß. Die neue Schule erhält gute bis sehr gute Noten. Für neun Schüler/innen ist nun die Hauptschule der geeignete Lernort (29%). Das heißt, dass gut zwei Drittel der Kinder weiterhin lieber in die Realschule oder auf das Gymnasium gehen würden. Die erwartete Tendenz einer zunehmenden inneren Einwilligung in den Hauptschulbildungsweg bestätigt sich auch am Ende des 5. und 6. Schuljahrs nicht. Der Anteil der Schüler mit begründeten Wechselwünschen steigt, der Wunsch nach Verbleib pendelt sich aus berichteter Selbst- und Elternsicht unter 20% ein.

Handelt es sich bei der geringen Akzeptanz des Hauptschulbesuchs, um ein spezifisches Problem dieser Schulart, der gewählten Hauptschulklassen oder der Zusammensetzung ihrer Schülerschaft? Diese Vermutung kann die Realschülerbefragung nicht bestätigen, denn etwa ein Viertel bis ein Drittel möchte aus Schüler- und Elternsicht am liebsten auf das Gymnasium wechseln. Der Vergleich mit städtischen Hauptschulen, die zu etwa gleichen Anteilen von Schüler/innen mit Deutsch als Erst- bzw. Zweitsprache besucht werden (ÜLEV II), weist für beide Schülergruppen (DaE, DaZ) ebenfalls vergleichbar hohe Wechselwünsche auf. Hauptschulen, die als gebundene Ganztagsschulen geführt werden, erhalten nach den vorliegenden Ergebnissen eine deutlich höhere Akzeptanz als Hauptschulen in Halbtagsform oder mit einem offenen Ganztagsschulkonzept. In gebundenen Ganztagshauptschulen halten sich die Verbleib- und Wechselwünsche ihrer Schüler/innen die Waage.

Die begründeten Wechselwünsche auf die Realschule bzw. von Realschülern auf das Gymnasium lassen sich in eine Rangreihe bringen: (1.) Bessere Berufsaussichten, (2.) Freunde, (3.) Eltern freuen sich, (4.) angestrebter Schulabschluss erfordert Wechsel. Bei den Begründungen für den Verbleib auf der Schule kommt die Passung in den Blick: (1.) diese Schule ist die Richtige für mich, (2.) Berufswunsch lässt sich mit Schulabschluss realisieren, (3.) Freunde bleiben hier, (4.) gewünschter Schulabschluss ist an jetziger Schule möglich.

Analysiert man die Ergebnisse zum Schul- und Klassenklima (LFSK 4-8) so bilden sich die Dimensionen „Sozial- und Leistungsdruck" und „Wärme" sowie der Globalwert „individuelles Wohlbefinden" in Haupt- und Realschule auf vergleichbarem Niveau ab. Die Unterschiede in den Dimensionen „Lerngemeinschaft" und „Schülerzentriertheit" liegen in den Differenzen zwischen den beiden Hauptschulklassen begründet. Einzig in der Dimension „Rivalität und Störung" weisen die Hauptschulklassen höhere Werte als die Realschulklassen auf. Die Noten der Realschüler/innen bewegen sich am Ende des 5. Schuljahrs größtenteils in den Bereichen „gut" und „befriedigend". Die Hauptschulkinder erhalten mehrheitlich befriedigende oder ausreichende, vereinzelt auch mangelhafte Leistungen in den Fächern Deutsch und Mathematik bescheinigt. Zwei Kinder erreichen im Fach Deutsch die Note „gut", in Mathematik ist es ein Kind. So verwundert es nicht, dass sich die Durchlässigkeit der Sekundarstufe bei den untersuchten Klassen trotz ausgeprägter Bildungsaspiration und hoher Wechselwünsche als sehr gering erweist. Abstiege wurden im Untersuchungszeitraum nicht vollzogen, die beiden Aufstiege in die Realschule sind an die Wiederholung der 6. Klasse gebunden.

Die Notengebung kann als Ergebnis des erreichten Leistungsniveaus bzw. unzureichender Lernprozesse oder als institutionelle Reaktion auf die Wechselwünsche interpretiert werden. Erhellend könnten (bislang nicht genehmigte) Leistungstests sein. Die skizzierten Spannungsverhältnisse, in denen sich Hauptschüler/innen befinden, und die sich, wie die Ergebnisse andeuten, durch pädagogische Arbeit allein nicht auflösen lassen, können so zusammengefasst werden: *„Die Schule wär' schon recht und in ihr ließe sich auch lernen, wenn's nur keine Hauptschule wär'."* Ein gesellschaftlicher und ethischer Handlungsbedarf um der Kinder und ihrer Familien willen drängt sich auf, der Anderes erfordert als die Umbenennung von „Hauptschulen" in „Werkrealschulen".

Literatur

Denner, L. (2007): Bildungsteilhabe von Zuwandererkindern: Eine empirische Studie zum Übergang zwischen Primar- und Sekundarstufe. Norderstedt: BoD.

Denner, L. (i.V.): Übergänge: Theorie, Praxis, Forschung (Beitrag in Herausgeberband)

Eder, F./Mayr, J. (2000): Linzer Fragebogen zum Schul- und Klassenklima für die 4.-8. Klassenstufe (LFSK 4-8): Handanweisung. Göttingen: Hogrefe.

Griebel, W./Niesel, R. (2004): Transitionen: Fähigkeiten von Kindern in Tageseinrichtungen fördern, Veränderungen erfolgreich bewältigen. Weinheim, Basel: Beltz.

Mayring, Ph. (2003): Qualitative Inhaltsanalyse: Grundlagen und Techniken. 8. Auflage. Weinheim, Basel: Beltz.

Welzer, H. (1993): Transitionen: zur Sozialpsychologie biographischer Wandlungsprozesse. Tübingen: edition diskord.

Wustmann, C. (2005): Die Blickrichtung der neueren Resilienzforschung. Wie Kinder Lebensbelastungen bewältigen. In: Zeitschrift für Pädagogik, Jg. 51, H. 2, 192-206.

Implizite Fähigkeitstheorien von Grundschulkindern vor dem Übergang auf die weiterführenden Schulen

Frank Hellmich

1 Zusammenfassung

Implizite Fähigkeitstheorien von Grundschulkindern stellen wichtige Voraussetzungen für Lernprozesse in den domänenspezifischen Lernfeldern dar; so wird beispielsweise vermutet – erste Hinweise aus der Lehr-Lernforschung liegen hierzu bereits vor –, dass implizite Fähigkeitstheorien die Lern- und Leistungsmotivation beeinflussen und sich entsprechend auf Kompetenzerwerbsprozesse auswirken. Weitgehend ungeklärt ist, ob und inwiefern sich implizite Fähigkeitstheorien von Kindern in Übergangssituationen verändern. Im Rahmen des vorliegenden Beitrags werden implizite Fähigkeitstheorien im Zusammenhang mit der Lern- und Leistungsmotivation bei Kindern vor dem Übergang auf die weiterführenden Schulen betrachtet. Erste Ergebnisse hierzu weisen darauf hin, dass von einem engen Zusammenhang zwischen dynamisch konnotierten Fähigkeitstheorien und intrinsischen Motivationen bei Kindern vor dem Übergang auf die weiterführenden Schulen auszugehen ist.

2 Theoretischer und empirischer Hintergrund

Unter impliziten Fähigkeitstheorien von Kindern werden Überzeugungen in Hinblick auf die Veränderbarkeit eigener Fähigkeiten und Fertigkeiten verstanden. Verfügt ein Kind über eine dynamische Fähigkeitstheorie, so geht es von der Annahme der Veränderung der eigenen Fähigkeiten durch eigenes Zutun aus. Zeigt eine Schülerin oder ein Schüler hingegen eine statische Fähigkeitstheorie, so werden Fähigkeiten und Fertigkeiten als weitgehend unveränderlich betrachtet (vgl. Dweck 2000). Einheitlich wird gegenwärtig davon ausgegangen, dass sich implizite Fähigkeitstheorien von Schülerinnen und Schülern nicht unwesentlich auf eigene Lernprozesse auswirken (vgl. hierzu z.B. Hellmich 2011). Effekte von statischen versus dynamischen Fähigkeitstheorien in Hinblick auf die Veränderbarkeit eigener Fähigkeiten werden insbesondere auf die Lern- und Leistungsmotivation von Kindern im Grundschulalter berichtet: Im Detail wird dabei davon ausgegangen, dass Kinder, deren implizite Überzeugungen in Bezug auf die Veränderbarkeit eigener Fähigkeiten statisch ausgeprägt sind, in der Regel Spiel- bzw. Lernsituationen ohne Herausforderungscharakter wählen: sie haben eine niedrige Erwartungshaltung, geringes Ausdauerverhalten und unterschätzen häufig ihr potentielles Leistungsvermögen. Häufig ist dabei ein entsprechendes Maß an Hilflosigkeit zu beobachten. Bei Kindern mit dynamischen Überzeugungen ist hingegen wahrzunehmen, dass sie Situationen mit Herausforderungscharakter präferieren und ihr Augenmerk dabei auf die Aufgabenstellungen und die zu erreichenden Aufgabenziele richten. Ihr Verhalten ist dabei oftmals durch eigene Zuversicht und überdurchschnittlichen Optimismus gekennzeichnet (vgl. Dweck 2000). Diese Kinder sind lernmotiviert. Lernmotivation wird dabei als eine Form von intrinsischer Motivation verstanden: Kinder lernen, weil sie interessiert an einem Lerngegenstand sind oder weil sie eine Lernaufgabe als herausfordernd oder spannend wahrnehmen. Sie streben `echte´ Lernzuwächse an. Kinder mit statischen Fähigkeitstheorien agieren – so wird angenommen – eher leistungsmotiviert; sie möchten vordergründig ihre Leistungsergebnisse validieren. Leistungsmotivation wird dabei als extrinsische Motivation verstanden; hiermit werden Wünsche und Absichten bezeichnet, Handlungen durchzuführen, um positive Folgen herbeizuführen (z.B. eine Aufgabe richtig lösen) und/oder negative Folgen (z.B. Kritik) zu vermeiden (vgl. hierzu z.B. Dweck/Legett 1988, Grant/Dweck 2003).

Wenn Zusammenhänge zwischen impliziten Fähigkeitstheorien (dynamisch versus statisch) und Motivationen (intrinsisch versus extrinsisch) auch weitgehend theoretisch plausibel scheinen, so fehlen bisweilen noch empirische Überprüfungen dieser Vermutungen. An dieser Stelle setzt die vorliegende Untersuchung an. Es wird angenommen, dass sich ein positiver signifikanter Zusammenhang zwischen dynamischen Fähigkeitstheorien von Kindern im dritten bzw. vierten Schuljahr und ihrer Lernmotivation im Unterrichtsfach Mathematik nachweisen lässt; umgekehrt wird ein positiver signifikanter Zusammenhang zwischen statischen Fähigkeitstheorien von Kindern und ihrer Leistungsmotivation im Unterrichtsfach Mathematik vermutet.

3 Empirische Untersuchung

3.1 Methode

Im Rahmen der Untersuchung wurden insgesamt N=593 Schülerinnen und Schüler – 272 Mädchen und 321 Jungen – des dritten und vierten Schuljahres aus niedersächsischen Grundschulen befragt. Im Detail sind 272 Mädchen und 321

Jungen an der Studie beteiligt gewesen; zum Zeitpunkt der Untersuchung besuchten 306 der befragten Kinder das dritte Schuljahr, 287 das vierte Schuljahr. Die an der Studie beteiligten Schülerinnen und Schüler wurden anhand von zwei Skalen zu ihren impliziten Fähigkeitstheorien (dynamisch/statisch) in Bezug auf das Mathematiklernen befragt: Skala „Fähigkeitstheorie (dynamisch)" (8 Items; α=.73; M=4,43; SD=0,57; z.B.: „Wenn ich in Mathe einen Fehler gemacht habe, versuche ich mich zu verbessern.") und Skala „Fähigkeitstheorie (statisch)" (8 Items; α=.79; M=1,32; SD=0,52; z.B.: „Wenn ich in Mathe einen Fehler mache, gebe ich auf."). Zusätzlich beantworteten die Schülerinnen und Schüler Fragen zu ihrer Lern- und ihrer Leistungsmotivation im Unterrichtsfach Mathematik: Skala „Lernmotivation" (9 Items, α=.89; M=4,25; SD=0,77; z.B.: „Für Mathe lerne ich, weil ich alles gerne verstehen möchte.") und Skala „Leistungsmotivation" (8 Items, α=.88; M=3,47; SD=1,01; z.B.: „In Mathe strenge ich mich an, weil ich für gute Noten belohnt werde."). Als Antwortformat wurde eine fünfstufige Skala mit den Gegenpolen „stimmt genau" bis „stimmt gar nicht" gewählt. Die Befragungen erfolgten jeweils im Klassenverband.

3.2 Ergebnisse

Die Befunde in Bezug auf Zusammenhänge zwischen impliziten Fähigkeitstheorien und der Lern- bzw. Leistungsmotivation sind in Tabelle 1 dargestellt.

	Lernmotivation	Leistungsmotivation
Fähigkeitstheorie (dynamisch)	.63** N=534	.36** N=546
Fähigkeitstheorie (statisch)	-.24** N=552	-.07 N=548

Tabelle 1: Korrelationen: Implizite Fähigkeitstheorie (dynamisch – statisch) und Lern- bzw. Leistungsmotivation; *p≤.05, **p≤.01

Auf der Grundlage der Ergebnisse kann von einer engen Korrelation zwischen einer dynamisch konnotierten impliziten Fähigkeitstheorie und der Lernmotivation bei den befragten Schülerinnen und Schülern ausgegangen werden: Schülerinnen und Schüler, die von der Veränderbarkeit ihrer eigenen Fähigkeiten und Fertigkeiten ausgehen, sind demnach intrinsisch motivierter als Kinder, die ihre Fähigkeiten durch eigenes Zutun weitaus weniger für beeinflussbar halten. Entgegen der theoretischen Annahme liegt allerdings kein signifikanter Zusammenhang zwischen dem Vorhandensein einer statischen Fähigkeitstheorie und der

Leistungsmotivation bei Kindern im dritten und vierten Schuljahr vor. Ferner wird aus Tabelle 1 deutlich, dass auf der Grundlage der vorliegenden Daten eine schwache negative Korrelation zwischen einer statischen Fähigkeitstheorie und der Lernmotivation der befragten Kinder beobachtet werden kann. Nicht erwartet wurde hingegen die schwach vorhandene positive Korrelation zwischen dynamischer Fähigkeitstheorie und der Leistungsmotivation.

4   Zusammenfassung und Diskussion der Ergebnisse

Betrachtet man die vorliegenden Ergebnisse aus der durchgeführten Studie im Detail, so wird deutlich, dass ein Großteil der befragten Kinder ihre eigenen Fähigkeiten und Eigenschaften als veränderbar einschätzt; die meisten der befragten Schülerinnen und Schüler dritter und vierter Schulklassen stimmen Aussagen wie „Das kann ich nicht und das werde ich auch niemals können!" nicht zu. Hiermit wird deutlich, dass die an der Untersuchung beteiligten Schülerinnen und Schüler in der Regel in der zweiten Hälfte ihrer Grundschulzeit über gute persönliche Ressourcen verfügen, um auch auf den weiterführenden Schulen erfolgreich weiter lernen zu können. Fraglich ist in diesem Zusammenhang, ob und inwiefern implizite Fähigkeitstheorien durch Bezugsgruppeneffekte oder Rückmeldungen von Lehrerinnen und Lehrer tangiert werden und damit abhängig von situativen Begebenheiten (z.B. Lernumfeld, Klassenklima etc.) sind. Dies müsste längsschnittlich – unter der Berücksichtigung des Übergangs auf die weiterführenden Schulen – noch genauer untersucht werden. Die hier berichteten Ergebnisse verdeutlichen, dass dynamische Fähigkeitstheorien der befragten Kinder in einem engen Zusammenhang mit ihrer Lernmotivation stehen; konkrete Ursache-Wirkungs-Mechanismen müssten in nachfolgenden Untersuchungen noch genauer betrachtet werden.

Literatur

Dweck, C. S. (2000): Self-Theories. Their Role in Motivation, Personality, and Development. Lilington, NC: Edwards Brothers.

Dweck, C. S./Legett, E. L. (1988): A social-cognitive approach to motivation and personality. In: Psychological Review, H. 95, 256-273.

Grant, H./Dweck, C. S. (2003): Clarifying achievement goals and their impact. In: Journal of Personality and Social Psychology, H. 85, 541-553.

Hellmich, F. (Hrsg.) (2011, im Druck): Selbstkonzepte im Grundschulalter – Modelle, empirische Ergebnisse, pädagogische Konsequenzen. Stuttgart: Kohlhammer.

Was passiert mit dem Interesse an Physik im Übergang von der Primar- in die Sekundarstufe?

Thilo Kleickmann

Gegen Ende der Grundschulzeit zeigt sich bei Schülerinnen und Schülern noch eine große Aufgeschlossenheit für naturwissenschaftliche Fragestellungen (Wittwer/Saß/Prenzel 2008). In der Sekundarstufe findet sich dann allerdings ein deutlicher Rückgang des Interesses an Naturwissenschaften, wobei insbesondere die Fächer Physik und Chemie betroffen sind. In Biologie wird ein entsprechender Abfall des Interesses nicht festgestellt. Der Rückgang des Interesses an Physik und Chemie ist bei Mädchen besonders deutlich ausgeprägt (Gardner 1998). Wegen der unterschiedlichen Befundlage zum naturwissenschaftlichen Interesse in Grundschule und Sekundarstufe richtet sich der Blick auf die Übergangsphase und es stellt sich die Frage, welche Bedeutung der naturwissenschaftliche Unterricht in dieser Phase für den Interessensverfall hat.

Hinweise darauf, dass der Unterricht eine Rolle spielen könnte, liefern bspw. Studien, die in der Sekundarstufe deutliche Interessensunterscheide zwischen Klassen fanden, sowie Videostudien, die den Physikunterricht der Sekundarstufe als stark lehrerzentriert beschreiben (Seidel/Rimmele/Prenzel 2003). Allerdings gibt es auch alternative Erklärungsansätze, die einen Rückgang des Interesses in der Übergangsphase nicht auf den naturwissenschaftlichen Unterricht, sondern auf andere Faktoren zurückführen. Zum einen ist ein Rückgang des Interesses in einzelnen Bereichen schon durch die Ausdifferenzierung von Interessen bedingt und es ist bekannt, dass außerschulische Faktoren sowie auch das Image von Naturwissenschaften eine wichtige Bedeutung für die Interessensentwicklung haben (Krapp 1998; Hannover/Kessels 2004). Zum anderen ist direkt im Schulstufenübergang durch die Leistungsgruppierung in der Sekundarstufe ein sog. Big-Fish-Little-Pond-Effekt (BFLPE) auf das Interesse zu erwarten. Der BFLPE beschreibt zunächst den Einfluss von Mitschüler/innen auf das Selbstkonzept. Er besagt, dass ein Schüler (big fish), der in eine leistungsschwache Klasse oder Schule (little pond) kommt, positivere Einschätzungen eigener Fähigkeiten entwickelt als ein entsprechender Schüler (little fish), der in eine leistungsstärkere Klasse oder Schule (big pond) wechselt. Der BFLPE ist definiert als negativer Effekt des Leistungsniveaus einer Klasse/Schule auf das individuelle Selbstkonzept bei Konstanthaltung der individuellen Leistung. Es konnte gezeigt werden, dass der BFLPE vermittelt über das Selbstkonzept auf eine ganze Reihe weiterer motivationaler und selbstbezogener Variablen wirkt (Seaton/Marsh/Craven 2010).

In der vorliegenden Studie wurde vor diesem Hintergrund der Frage nachgegangen, wie sich das physikbezogene Interesse in der Übergangsphase von der Primar- in die Sekundarstufe verändert und welche Rolle dabei der BFLPE spielt. Außerdem sollte untersucht werden, ob Geschlechtsunterschiede bereits in dieser Phase auftreten und ob Hinweise auf die Bedeutsamkeit des Unterrichts für die Interessensentwicklung gefunden werden können. Interesse wird in der vorliegenden Studie in Anlehnung an die pädagogisch-psychologische Interessensforschung als Person-Gegenstandsbezug definiert. Dabei wird davon ausgegangen, dass stabiles persönliches Interesse entstehen kann, wenn wiederholt situationales Interesse bei der Auseinandersetzung mit einem Gegenstand auftritt (Krapp 1998). Theoretisch wird zwischen persönlichem Interesse an Physik (kurz: Sachinteresse) und situationalem Interesse am physikbezogenen Sachunterricht der Grundschule bzw. Physikunterricht der Sekundarstufe (kurz: Fachinteresse) unterschieden. Da unklar ist, ob diese beiden Interessensformen bereits bei Grundschulkindern als separate Konstrukte repräsentiert sind, soll dies zunächst empirisch untersucht werden.

1   Methoden

Die für diese Untersuchung genutzten querschnittlichen Daten von Schülerinnen und Schülern der 4. und 6. Klassenstufe stammen aus dem DFG Projekt PLUS, das im Rahmen der Forschergruppe NWU-Essen gefördert wird. Die Stichprobe umfasst 60 Grundschul-, 28 Hauptschul- und 26 Gymnasialklassen mit insgesamt 2680 Schülerinnen und Schülern. In allen Klassen wurden die Lehrkräfte gebeten, das Thema „Aggregatzustände und ihre Übergänge am Beispiel Wasser" zu unterrichten. Vor und nach diesem Unterricht wurden diverse Schüler-, Lehrer- und Unterrichtsmerkmale erhoben.

Das Fach- und Sachinteresse Physik wurde jeweils mit einer Fragebogenskala erfasst. Beim Fachinteresse sollten die Schülerinnen und Schüler an den Unterricht zu Aggregatzuständen von Wasser denken und bewerten, inwieweit die vorgegebenen Aussagen auf diesen Unterricht zutreffen. Tabelle 1 zeigt ein Beispielitem und Skalenkennwerte. Beim Sachinteresse wurden den Schülerinnen und Schülern drei physikbezogene Themen genannt, die bereits in der Grundschule unterrichtet werden: Magnetismus, Schall und Licht. Mit Beispielen wurde jeweils erläutert, mit welchen Fragen sich diese Themen beschäftigen. Auf diese Weise sollte sichergestellt werden, dass die Schülerinnen und Schüler auch eine Vorstellung davon haben, was mit Physik gemeint ist. Im Sachunterricht der Grundschule ist ansonsten davon auszugehen, dass die Zuordnung von Unterrichtsthemen zu Fachdisziplinen den Kindern nicht immer deutlich ist. Zur Erfassung des Sachinteresses sollten die Schülerinnen und Schüler dann das Zutreffen von Aussagen über diese drei Themen bewerten (s. Tabelle 1).

Skala	Beispiel-Item	Items	M	SD	α
Fachinteresse	Bei dem Unterricht war ich oft sehr neugierig darauf, was wir in der nächsten Stunde machen.	6	2.86	.81	.90
Sachinteresse	Mich mit diesen Themen zu beschäftigen, macht mir viel Freude.	5	2.49	.80	.89

Anm. Das Antwortformat ist eine 4-stufige Likert-Skala (1-4)

Tabelle 1: Erfassung von Fach- und Sachinteresse

Die Struktur des physikbezogenen Interesses wurde mit konfirmatorischen Faktorenanalysen untersucht. Um zu prüfen, ob die Fragebogenskalen bei Grundschulkindern in Klasse 4 auch dieselben Konstrukte erfassen wie bei Schülerinnen und Schülern an Hauptschulen und Gymnasien in Klasse 6, wurde eine Sequenz von konfirmatorischen Faktorenanalysen durchgeführt, in der schrittweise die Gleichheit der Parameter des Messmodells zwischen den untersuchten Gruppen getestet wird (Vandenberg/Lance 2000). Die Bedeutung des BFLPE wurde mit Mehrebenenanalysen mit Fach- und Sachinteresse als abhängige Variable untersucht. Um erste Hinweise auf die Rolle des Unterrichts zu erhalten, wurden Interessensunterschiede zwischen Klassen ermittelt.

2 Zusammenfassung der Ergebnisse

Bzgl. der Erfassung des Interesses zeigte sich eine klare Überlegenheit einer zwei- gegenüber einer ein-dimensionalen Modellierung bereits bei Grundschulkindern. Auch bei diesen scheinen Sach- und Fachinteresse also bereits als separate Konstrukte repräsentiert zu sein. In den Analysen zur Vergleichbarkeit der Messungen bei Schüler/innen der 4. und 6. Klasse zeigte sich sog. starke Invarianz, was auf eine Äquivalenz der erfassten Konstrukte schließen lässt (Vandenberg/Lance 2000). Es zeigten sich deutliche Unterschiede im Fach- und Sachinteresse zwischen den drei Schulformen. Im Sachinteresse liegen die Werte für Hauptschule (-0.8 SD) und Gymnasium (-0.9 SD) deutlich unter denen der Grundschule. Ein ähnliches Bild zeigt sich auch beim Fachinteresse (Hauptschule -0.7 SD und Gymnasium sogar -1 SD). Unterschiede zwischen Jungen und

Mädchen zeigten sich in Klasse 4 noch nicht, in Klasse 6 fanden sich jedoch bereits signifikante, aber noch kleine Effekte zugunsten der Jungen. Diese Ergebnisse deuten an, dass sich Geschlechtsdifferenzen im Fach- und Sachinteresse Physik in der Übergangsphase beginnen auszubilden. Wie erwartet konnte der BFLPE auf das Fach- und auch das Sachinteresse nachgewiesen werden. Ohne den BFLPE, der ja allein durch die externe Leistungsgruppierung zustande kommt, wäre das Fachinteresse in der Gymnasialgruppe etwa so hoch wie in der Hauptschulgruppe und im Sachinteresse würde sich sogar ein Vorteil zugunsten des Gymnasiums zeigen. Schließlich zeigten sich deutliche Unterschiede im Fach- wie im Sachinteresse zwischen den untersuchten Klassen, was auf die Bedeutung des naturwissenschaftlichen Unterrichts für die Interessenentwicklung hinweist. In einer Längsschnittstudie, in der die untersuchten 4.-Klässler weiter bis in die 7. Klasse begleitet werden, soll der Frage der tatsächlichen Interessen*entwicklung* und ihrer Bedingungen weiter nachgegangen werden. Die detaillierten Ergebnisse dieses Beitrages werden noch an anderer Stelle veröffentlicht.

Literatur

Gardner, P. L. (1998): The development of males' and females' interests in science and technology. In: Hoffmann, L. et al. (Eds.): Interest and Learning. Kiel: IPN, 41-57.

Hannover, B./Kessels, U. (2004): Self-to-prototype matching as a strategy for making academic choices. Why high school students do not like math and science. Learning and Instruction, H. 14, 51-67.

Krapp, A. (1998): Entwicklung und Förderung von Interessen Im Unterricht. Psychologie in Erziehung und Unterricht, Jg. 44, 185-201.

Seaton, M./Marsh, H. W./Craven, R. G. (2010): Big-Fish-Little-Pond-Effect: Generalizability and Moderation - Two Sides of the Same Coin. American Educational Research Journal, Jg. 47, H. 2, 390-433.

Seidel, T./Rimmele, R./Prenzel, M. (2003): Gelegenheitsstrukturen beim Klassengespräch und ihre Bedeutung für die Lernmotivation. Unterrichtswissenschaft, Jg. 31, H. 2, 142- 165.

Vandenberg, R. J./Lance, C. E. (2000): A Review and Synthesis of the Measurement Invariance Literature: Suggestions, Practices, and Recommendations for Organizational Research. Organizational Research Methods, Jg. 3, H. 1, 4-70.

Wittwer, J./Saß, S./Prenzel, M. (2008): Naturwissenschaftliche Kompetenz im internationalen Vergleich: Testkonzeption und Ergebnisse. In: Bos, W./Bonsen, M./Baumert, J./Prenzel, M./Selter, C./Walther, G. (Hrsg.): TIMSS 2007. Mathematische und naturwissenschaftliche Kompetenz von Grundschulkindern in Deutschland im internationalen Vergleich. Münster: Waxmann, 87-124.

Unterschiede im fachspezifisch-pädagogischen Wissen von Primar- und Sekundarschullehrkräften

Kim Lange, Thilo Kleickmann & Kornelia Möller

Dieser Beitrag berichtet von einer Teiluntersuchung des DFG- Forschungsprojektes PLUS, in dessen Untersuchungsfokus u.a. der systematische Vergleich des physikbezogenen Professionswissens von Lehrkräften der Primar- und Sekundarstufe liegt.

1 Zur Bedeutung des fachspezifisch-pädagogischen Wissens

Das professionelle Wissen von Lehrkräften steht als Voraussetzung für die Gestaltung institutionellen Lehrens und Lernens verstärkt im Mittelpunkt der pädagogisch-psychologischen Forschung, wobei sich in Anlehnung an Shulman (1986) eine Unterscheidung in pädagogisches Wissen, Fachwissen und fachspezifisch-pädagogisches Wissen (PCK) zur Modellierung dieser kognitiven Strukturen von Lehrkräften theoretisch und forschungspraktisch durchgesetzt hat (Baumert/Kunter 2006). Das PCK wird dabei als zentraler Bereich angesehen. Es ist Wissen darüber, wie fachliche Inhalte Lernenden zugänglich gemacht werden können, und wird als eine Verschmelzung von fachlichem Wissen mit pädagogisch-psychologischen Kenntnissen und eigenen Lehr-/Lernerfahrungen beschrieben (Bromme 1997). Magnusson, Krajcik und Borko (1999) haben einen Gliederungsansatz für das PCK im Bereich der Naturwissenschaften erarbeitet, in dem sie zwischen „Vorstellungen zum Lehren und Lernen von Naturwissenschaften" und vier themenspezifischen Wissenskomponenten unterscheiden. Die Bedeutung des PCKs wird zurzeit durch mathematik- und naturwissenschaftsdidaktische Studien untermauert, die Zusammenhänge zu Schülerlernfortschritten nachgewiesen haben (Baumert et al. 2010; Kleickmann 2008; Lange 2010).

2 Schulstufenspezifische Unterschiede im PCK

Die Professionalisierung von Grundschullehrkräften und Sekundarschullehrkräften im Bereich der Naturwissenschaften unterliegt unterschiedlichen Rahmenbedingungen. Während Grundschullehrkräfte in ihrer

Ausbildung kaum mit fachwissenschaftlichen Grundlagen in Berührung kommen, ist von einer intensiven pädagogischen Ausbildung dieser Lehrkräfte auszugehen. Sekundarstufenlehrkräfte sind dagegen durch eine fachspezifische Ausbildung qualifiziert, wobei pädagogische Inhalte einen geringeren Stellenwert einnehmen. Aufgrund dieser Unterschiede kann man Unterschiede im PCK dieser Gruppen erwarten. Studien, die dieses direkt untersucht haben, liegen nicht vor. Für den Bereich der Vorstellungen zum Lehren und Lernen gibt es allerdings Hinweise darauf, dass Grundschullehrkräfte häufig praktizistische Vorstellungen vertreten und entsprechend Handlungserfahrungen als hinreichende Voraussetzung für das Lernen ansehen (Keys 2005), während Lehrkräfte im Sekundarbereich tendenziell zu transmissiven Vorstellungen, d.h. zu einem Lehren durch Erklärungen, neigen (Fischler 2000). Die Befundlage zu weiteren fachdidaktischen Lehrervorstellungen ist ebenso unklar wie für das themenspezifische PCK: Gewichtet man fachliches Wissen als Voraussetzung für PCK stärker als pädagogisches Wissen, so würde man für Primarschullehrkräfte aufgrund ihres oft inadäquat ausgebildeten Fachwissens (Harlen 1992) deutlich geringere Werte erwarten als für Sekundarschullehrkräfte. Da aber auch pädagogisches Wissen erforderlich ist, können die zu erwartenden Unterschiede rein argumentativ kaum beurteilt werden. Innerhalb der Sekundarschule deuten Studien auf Unterschiede im PCK von Hauptschul- und Gymnasiallehrkräften (Brunner et al. 2006).

3   Untersuchungsanlage, Stichproben, Instrumente und Analyseverfahren

Im Rahmen des PLUS-Projektes wurden 60 Grundschul- und 53 Sekundarschullehrkräfte untersucht. Die Erfassung der fachspezifischen Vorstellungen zum Lehren und Lernen erfolgte mittels Skalen mit likert-skalierten Items (Kleickmann 2008). In die hier berichtete Untersuchung gingen fünf Skalen ein: „Transmission" („naturwissenschaftliches Wissen sollte direkt vermittelt werden"), „Praktizismus und Laisser-faire" („praktisches und selbstgesteuertes Tun als ausreichende Bedingung für naturwissenschaftliches Lernen"), „anwendungsbezogenes Lernen" („Alltagsbezüge herstellen"), „Schülervorstellungen und Conceptual Change" („Lernen als Veränderung bestehender Konzepte") sowie „Diskussion von Schülervorstellungen" („Lernende sollten ihre Vorstellungen untereinander diskutieren"). Die themenspezifischen Komponenten des PCKs wurden in einem fokussierten Themenbereich mit Hilfe eines Papier-und-Bleistift-Tests erfasst. Der Test umfasste 14 Items mit offenen und geschlossenen Antwortformaten, über die ein Summenscore gebildet wurde (Lange 2010). Um die Frage nach Unterschieden zwischen den Lehrkräften der drei Schulformen beantworten zu können, wurden univariate Varianzanalysen und Post-Hoc-Tests mit Bonferroni-Adjustierung für die einzelnen Skalen durchgeführt.

4 Ergebnisse und Diskussion

Die Ergebnisse des direkten Vergleichs der unterschiedlichen Facetten des Professionswissens sind überblicksartig in Tabelle 1 zusammengefasst.

Tabelle 1: Ergebnisse der univariaten Varianzanalyse mit Bonferroni-Adjustierung zwischen Grund-, Haupt- und Gymnasiallehrkräften

Skala	Ergebnis des Schulformvergleichs		
„Transmission"	**GS < HS, großer Effekt**	GS < GY, mittlerer Effekt	HS > GY, mittlerer Effekt
„Anwendungsbezogenes Lernen"	GS ~ HS, kein Effekt	**GS > GY, mittlerer Effekt**	**HS > GY, großer Effekt**
„Diskussion von Schüler-vorstellung"	**GS > HS, großer Effekt**	GS > GY, kleiner Effekt	HS < GY, mittlerer Effekt
„Schülervorstellung und Conceptual Change"	GS ~ HS, kein Effekt	GS < GY, mittlerer Effekt	HS < GY, mittlerer Effekt
„Praktizismus und Laisser-faire"	GS ~ HS, kein Effekt	GS > GY, mittlerer Effekt	HS > GY, mittlerer Effekt
„themenspezifische Wissenskomponenten"	GS ~ HS, kein Effekt	GS ~ GY, kein Effekt	HS ~ GY, kein Effekt

Anmerkung. GS, HS, GY = Grund-, Haupt-, bzw. Gymnasialschullehrkräfte. Fett gedruckte Ergebnisse sind signifikant (mind. $p < 0.05$).

Für den Bereich der Vorstellungen zum Lehren und Lernen zeigen die Ergebnisse, dass Grundschullehrkräfte in den Vorstellungen „Transmission", „anwendungsbezogenes Lernen" und „Diskussion von Schülervorstellungen" jeweils gegenüber einer Schulform der weiterführenden Schule die aus fachdidaktischer Perspektive wünschenswerteren Ausprägungen aufweisen.

Besonders interessant scheint das Ergebnis im Bereich der themenspezifischen Wissenskomponenten. Hier konnten keine Unterschiede zwischen den Lehrkräften der unterschiedlichen Schulformen gefunden werden. Es stellt sich die Frage, wie es Primarschullehrkräften gelingen kann, bei geringerem Fachwissen ähnlich gute Werte im PCK-Test zu erreichen wie ihre Kollegen der Sekundarstufe.

Auf Grundlage der Annahme, dass Vorstellungen vom Lehren und Lernen die Unterrichtshandlungen beeinflussen, könnten die gefundenen Unterschiede in den Bereichen „Transmission", „anwendungsbezogenes Lernen" und „Diskussion" auf Unterschiede in den Unterrichtsstilen im Übergang von der Grund- in die Sekundarschule hinweisen. Diese Veränderungen im physikbezogenen Unterricht könnten von Lernenden als Bruch wahrgenommen werden und dadurch für ein Absinken im Interesse mitverantwortlich sein. Diese Hypothesen sollen in weiteren Untersuchungen im Rahmen der PLUS-Studie untersucht werden.

Literatur

Baumert, J./Kunter, M. (2006): Stichwort: Professionelle Kompetenz von Lehrkräften. In: Zeitschrift für Erziehungswissenschaft, Jg. 9, H. 4, 469-520.

Baumert, J./Kunter, M./Blum, W./Brunner, M./Voss, T./Jordan, A./et al. (2010): Teachers' mathematical knowledge, cognitive activation in the classroom, and student progress. In: American Educational Research Journal, Jg. 47, H. 1, 133-180.

Bromme, R. (1997): Kompetenzen, Funktionen und unterrichtliches Handeln des Lehrers. In: Weinert, F. E. (Hrsg.): Enzyklopädie der Psychologie: Psychologie des Unterrichts und der Schule. Göttingen: Hogrefe, 177-212.

Brunner, M./Kunter, M./Krauss, S./Baumert, J./Blum, W./Dubberke, T./et al. (2006): Welche Zusammenhänge bestehen zwischen dem fachspezifischen Professionswissen von Mathematiklehrkräften und ihrer Ausbildung sowie beruflichen Fortbildung? In: Zeitschrift für Erziehungswissenschaft, Jg. 9, H. 4, 521-544.

Fischler, H. (2000): Über den Einfluss von Unterrichtserfahrungen auf die Vorstellungen vom Lehren und Lernen bei Lehrstudenten der Physik. Teil 1: Stand der Forschungen sowie Ziele und Methoden einer Untersuchung. In: Zeitschrift für Didaktik der Naturwissenschaften, Jg. 6, 27-36.

Harlen, W. (1992): Research and the development of science in the primary school. In: International Journal of Science Education, Jg. 14, H. 5, 491-503.

Keys, P. M. (2005): Are teachers walking the walk or just talking the talk in science education? In: Teachers and Teaching: Theory and Practice, Jg. 11, H. 5, 499-516.

Kleickmann, T. (2008): Zusammenhänge fachspezifischer Vorstellungen von Grundschullehrkräften zum Lehren und Lernen mit Fortschritten von Schülerinnen und Schülern im konzeptuellen Verständnis. Münster: Inaugural-Dissertation.

Lange, K. (2010): Zusammenhänge zwischen naturwissenschaftsbezogenem fachspezifisch-pädagogischem Wissen von Grundschullehrkräften und Fortschritten im Verständnis naturwissenschaftlicher Konzepte bei Grundschülerinnen und -schülern. Münster: Inaugural-Dissertation.

Magnusson, S./Krajcik, J./Borko, H. (1999): Nature, sources and development of pedagogical content knowledge for science teaching. In: Gess-Newsome, J./Lederman, N. (Hrsg.): Examining pedagogical content knowledge. Dordrecht: Kluwer, 95-132.

Shulman, L. (1986): Those who understand: Knowledge growth in teaching. Educational Researcher, Jg. 15, H. 2, 4-14.

Bildungsentscheidungen aus Sicht von Schülern, Eltern und Lehrerinnen

Thomas Wiedenhorn

1 Eine Einführung

Die Diskussion um Chancenungleichheit im Schulwesen spielt auch nach der Institutionalisierung internationaler Leistungsvergleiche und der Ausrichtung der Lehrpläne auf eine Standard- und Kompetenzorientierung eine wichtige Rolle. „Der Bildungsentscheidung wird in modernen Schulsystemen einen wesentlichen Einfluss auf die Lebenschancen" (Geißler 1987, 79) für Kinder eingeräumt und in seiner Funktion als soziale Dirigierungsstelle (Schelsky 1957, 17) bzw. zentrale Umverteilungsinstanz von sozialen Positionen (Fend 1981, 35) als wesentlich angesehen. Konkret wird die Diskussion immer dann, wenn es zu differenten Einschätzungen von Schülern, Eltern und Lehrern hinsichtlich der zukünftigen Schulart kommt, dabei bleiben häufig die Einschätzung und Motive der Beteiligten unklar.

2 Das Forschungsdesign der mündlichen Befragung

In den nachfolgenden Ausführungen wird ausschnittweise von den Ergebnissen einer längsschnittlichen Untersuchung berichtet, die im Rahmen einer Dissertation von 2007 über zwei Schuljahre an baden-württembergischen Primar- und Sekundarstufen durchgeführt und aus der Perspektive der Schüler, Eltern und Lehren analysiert wurde. Im Focus stand die Frage nach der Sicht der Beteiligten auf den Verlauf des Übergangsprozesses im dreigliedrigen Schulsystem. Zu Beginn erfolgte die Ziehung einer Quotenstichprobe in den Schulamtsbezirken Stuttgart und Ravensburg. Im ersten Untersuchungsabschnitt wurden an 18 Grundschulen Fragebögen an Schüler, Eltern und Lehrer ausgegeben, um deren Einschätzung zur Bildungsentscheidung zu erheben. Im zweiten Abschnitt wurde aus den Nichtteilnehmern eine Auswahl von neun Familien getroffen. Mit einer leitfadengestützten Befragung wurde vor Erhalt der Bildungsempfehlung deren Einschätzungen zum Schulwahlprozess erfragt. Die Daten der Fragebogenerhebung wurden nach individuellen, familiären, schulischen oder sozialen Gesichtspunkten durchgeführt. Die Interviewauswertung erfolgte inhaltsanalytisch nach einem induktiv-deduktiv angelegten Kategoriensystem.

3   Die Ergebnisse der mündlichen Befragung

Die Analyse der Interviews führte zunächst zu einer Strukturierung der Verläufe nach vier Kategorien, die auf der Grundlage der Handlungsoptionen gebildet wurde. Der eingeschränkte Schulartwahlverlauf kann im Hinblick auf eine mögliche Interventionsstrategie entweder kritisch-resignativ, kritisch-initiativ, kritisch-abwärtsgerichtet oder beidseitig-konform verlaufen (Wiedenhorn 2011, 215). Handlungsleitend sind hierfür die beteiligten Eltern und Schüler, die sich nach Erhalt der schulischen Bildungsempfehlung für einen der Abläufe entscheiden. In der Darstellung der Interviews auf die Forschungsfrage zeigen sich für die Verläufe ganz unterschiedliche Sichtweisen auf den Entscheidungsprozess und die individuell verwandten Argumentationsebenen. Die Optionen der eingeschränkten Schulartwahl werden anhand von zwei ausgewählten Beispielen genauer beschrieben.

Kategorien:	1. kritisch-resignative Schulartwahl	2. kritisch-initiative Schulartwahl	3. kritisch-abwärtsgerichtete Schulartwahl	4. beidseitig-konforme Schulartwahl
Merkmale:	Keine Übereinstimmung mit der Lehrereinschätzung, aber keine Teilnahme am Test- und Beratungsverfahren.	Keine Übereinstimmung mit der Lehrereinschätzung, Teilnahme am Test- und Beratungsverfahren.	Keine Übereinstimmung mit der Lehrereinschätzung und der in der Bildungsempfehlung vorgegebenen höchsten Schulart. Entscheidung für die HS oder RS	Übereinstimmung mit der Lehrereinschätzung; Wahl der höchst möglichen Schulart
Beispiele:	Interview 6 Familie Allhamdani	Interview 5 Familie Chemni	Interview 1 Familie Walk	Interview 2 Familie Koch-Marmia

Tabelle 1:   Exemplarisch-kriteriengeleitete Auswahl der Interviews (Hinweis: im Text aufgeführten Familiennamen sind anonymisiert)

3.1 Die kritisch-resignative Schulartwahl am Beispiel der Familie Allhamdani (Interview 6)

Der Schulartwahlverlauf von Familie Allhamdani zeigt, dass bei einer Diskrepanz von schulischen Leistungen und Bildungswunsch von Eltern und Schülern nicht immer das Interventionsverfahren gewählt wird. Für den Jungen mit Migrationshintergrund spielt die Schule im Alltag eine untergeordnete Rolle und aus seiner Situationsdefinition geht hervor, dass seine Ansprüche an einen gelungenen Schulübergang höher sind, als er im Alltag in die schulischen Belange bereit ist zu investieren. Carim kommt mit der erzielten Hauptschulempfehlung in Konflikt mit den elterlichen Vorstellungen eines erwarteten Gymnasialübergangs. Aus deren Sicht bietet dieser einzig die Chance auf einen sozialen Aufstieg. Im Rahmen ihrer Möglichkeiten versuchen sie ihren Sohn zu unterstützen, um einen Übergang entsprechend ihrer Erwartungen zu vollziehen. Aus der Sicht der Grundschullehrerin bleibt Carim aufgrund der fehlenden organisatorischen Grundstruktur, Disziplin sowie schulischer- und außerschulischer Unterstützung ein höherer Übergang verwehrt. Die fehlenden sprachlichen Voraussetzungen des Jungen lassen sich zu keinem Zeitpunkt kompensieren, so dass weder ein Test- und Beratungsverfahren angeraten wird, noch die anfängliche Motivation des Jungen in der Hauptschule erfolgreich ist und letztlich in Verhaltensauffälligkeiten münden. Auch wenn das Beispiel nicht repräsentativ für den Typus sein muss, so zeigt sich, was ein kritisch-resignativer Übergang bedeutet (ebd., 217f).

3.2 Die kritisch-initiative Schulartwahl am Beispiel der Familie Chemni (Interview 5)

Die kritisch-initiative Schulartwahl ist verknüpft mit der Teilnahme am Test- und Beratungsverfahren und wird bestimmt von dessen spezifischem Abschneiden. Beispielhaft hierfür ist Rosana, die mit unterdurchschnittlichen Leistungen an dem Verfahren teilnimmt. Verantwortlich für die schlechte Leistungsbewertung ist nach Ansicht des Kindes die Bewertungspraxis einer einzelnen Grundschullehrerin. Mit einem enormen Lernaufwand, der von einer Nachhilfelehrerin täglich unterstützt wird, versucht die Schülerin, die Voraussetzungen für ein gutes Abschneiden in der Grundschule zu schaffen und einen positiven Verlauf der selbst bestimmten Teilnahme am Testverfahren zu ermöglichen. Aus Sicht des jungen Mädchens gibt es keinen Zweifel am positiven Verlauf des Tests. Das sehen die Eltern etwas anders, da für sie in der Frühgeburt der Tochter und ihrer damit einhergehenden Entwicklungsverzögerung ein biologischer Grund für das Nichtgelingen liegen könnte. Doch letztlich lassen sie sich bereitwillig von der

Meinung der Tochter für das ambitionierte Vorhaben einnehmen. Die Grundschullehrerin steht dem aufwärtsgerichteten Schulartwahlverlauf von Rosana wohlwollend gegenüber. Das Testergebnis fällt schließlich knapp positiv aus. Bereits nach dem ersten Halbjahr werden erste Verhaltensänderungen als Anzeichen einer möglichen Überforderung des Mädchens deutlich (ebd., 237ff.).

4 Diskussion der Ergebnisse

Die Auswertung der Eltern-, Schüler- und Lehrerinterviews ermöglicht eine Kategorisierung der Übergangsverläufe nach vier verschiedenen Entscheidungsfindungstypen, womit ein Einblick in die jeweilige Situationsdefinition der Beteiligten ermöglicht wird. Aus der Kategorisierung lassen sich drei Ergebnisse ableiten: a.) Von den kritisch-resignativen zu den beidseitig-konformen Schulartwahlen zeigt sich ein deutliches soziales Gefälle, bezogen auf die Indikatoren „berufliche Positionierung der Eltern" und dem „elterlichen Schulabschluss". b.) Sechs von neun Familien weisen einen Migrationshintergrund in zweiter Generation auf. Von den Kindern mit Migrationshintergrund schafft nur eines den Übergang ins Gymnasium. c.) Familien mit einer kritisch-resignativen Schulartwahl bezeichnen ihre Entscheidungsfindung als „Nichtwahl". Die Gesamtaussagen zum Übergang und der negativen Diskrepanz von Bildungswunsch und -empfehlung werden von ihnen als Fremdbestimmung interpretiert.

Während in der schriftlichen Befragung aufgrund der Zusammensetzung der Stichprobe keine Aussage über die Familien mit einem „kritischen" Schulübergang getroffen werden kann, weist die qualitative Untersuchung auf eine deutliche Abnahme von wahrgenommen Auswahloptionen in der Hauptschule hin. Für alle Hauptschulübergänge ist nach Einschätzung der Befragten eine „Nichtwahl" und fehlende Mitbestimmung gegeben. Eine richtige Auswahl sehen nur die Eltern mit einer abwärtsgerichteten „Wahl", da ihnen ihrer Einschätzung nach alle drei Schularten als Optionen offen stehen.

Literatur

Fend, H. (1981): Theorie der Schule. München, Wien: Urban & Schwarzenberg.
Geißler, R. (1987): Soziale Schichtung und Bildungschancen. In: Geißler, R. (Hrsg.): Soziale Schichtung und Lebenschancen in der BRD. Stuttgart: Enke, 79-110.
Schelsky, H. (1957): Schule und Erziehung in der industriellen Gesellschaft. Würzburg: Werkbund.
Wiedenhorn, T. (2011): Die Bildungsentscheidung aus Schüler-, Eltern- und Lehrersicht. Wiesbaden: VS Verlag.

Effekte von Interventionsmaßnahmen zur Abfederung des Übergangs von der Grundschule in die Sekundarstufe

Horst Zeinz, Annette Scheunpflug,
Markus Dresel & Valérie-D. Berner

1   Der Übergang an weiterführende Schulen als Herausforderung

Der Übergang von der Grundschule an weiterführende Schulen stellt Schülerinnen und Schüler vor eine schwierige Aufgabe aufgrund vieler Veränderungen, die es zu meistern gilt: So erfolgt zu diesem Zeitpunkt beispielsweise in der Regel ein Wechsel vom Klassleiter- zum Fachlehrerprinzip. Weiter erfolgt ein Bezugsgruppenwechsel. Dies ist wegen der im Unterrichtsalltag vorgenommenen sozialen Vergleiche der Schülerinnen und Schüler untereinander von großer Bedeutung für die Selbstkonzeptentwicklung (z.B. Sparfeldt u.a. 2005). Gerade für Leistungsschwächere besteht nach dem Übertritt die Gefahr eines Absinkens des schulischen Selbstkonzepts durch eine Zunahme an ungünstigen Aufwärtsvergleichen. Dies betrifft besonders den Eintritt in Realschule und Gymnasium und bewirkt häufig nicht nur das Absinken des Fähigkeitsselbstkonzepts, sondern auch anderer motivationaler Aspekte wie dem Interesse (vgl. Maaz u.a. 2010). Eine weitere Herausforderung ergibt sich daraus, dass an den weiterführenden Schulen oft eine andere Gewichtung bei den Arbeitsformen im Unterricht erfolgt: So werden kooperative Lernformen und Mitbestimmungsmöglichkeiten im Unterricht häufig weniger eingesetzt als im Primarbereich, was eine Gefahr für die Lernfreude der Schülerinnen und Schüler darstellt (z.B. Maaz u.a. 2010). Den Heranwachsenden gewährte Freiheitsspielräume haben sich auch als entscheidende „Stellschraube" erwiesen, mit denen der im Laufe der Zeit enger werdende Zusammenhang zwischen Leistung und Fähigkeitsselbstkonzept beeinflusst werden kann (Kammermeyer/Martschinke 2003). Gerade für Leistungsschwächere kann diese Stellschraube wichtig sein in Bezug auf eine Stärkung ihres Selbstkonzepts durch einen Unterricht, der diese Freiheitsspielräume eröffnet. Während Fähigkeitsselbstkonzepte den Stand des aktuellen Zutrauens in die eigenen Fähigkeiten widerspiegeln, bilden implizite Fähigkeitstheorien das Zutrauen in eine Veränderbarkeit der eigenen Fähigkeiten ab. Cury u.a. (2008) fanden Hinweise dafür, dass individuelle Fähigkeiten besonders dann verbessert werden können, wenn Schülerinnen und Schüler von der Veränderbarkeit eigener Fähigkeiten überzeugt sind und Lehrkräfte dies auch explizit thematisieren. Das komplexe Zusammenwirken der genannten Einflussgrößen bietet an den verschiedenen genannten Stellen einen Ansatzpunkt für die Förderung der Schülerinnen und Schüler. Eine Herausforderung stellt der Übertritt an die weiterführenden Schulen für die Schülerinnen und Schüler dar, aber auch für Lehrkräfte, Eltern, Schulleiter sowie Bildungsplaner und Bildungsforscher: Es kann als Aufgabe aller an Schule Beteiligten angesehen werden, die negativen Tendenzen bei den beschriebenen Aspekten abzufedern. Die Forschungslage zu den Entwicklungsverläufen motivationaler Aspekte an den weiterführenden Schulen ist umfassend (z.b. Dresel, M./Lämmle, L., im Druck), jedoch gibt es bislang kaum empirische Befunde zu Interventionsmaßnahmen auf Seite der aufnehmenden Schulen.

2 Interventionsmaßnahmen

Im Rahmen eines größeren, von der Stiftung Bildungspakt Bayern finanzierten Forschungsprojekts (KOMPASS – Kompetenz aus Stärke und Selbstbewusstsein) entwickelten seit September 2007 zwölf bayerische Realschulen als Modellschulen selbständig Konzepte und Maßnahmen zur Förderung von motivationalen Aspekten und Leistungen der Heranwachsenden, beispielsweise auf Ebene der Reorganisation von Unterrichtsprozessen und auf schulorganisatorischer Ebene. Dabei erfolgte eine Fokussierung auf entsprechende Aspekte des Schullebens und Unterrichtshandelns (z.B. durch das Angebot von Workshops und Trainings für Lehrkräfte, schulstrukturelle Maßnahmen, Elternarbeit etc.). Ziel ist die Veränderung der Lern- und Schulkultur hin zu einer Stärkenorientierung. Beispielsweise wurden Schülerinnen und Schüler in der Einschätzung ihrer eigenen Fähigkeiten unterstützt, etwa durch die Arbeit mit Kompetenzrastern und Checklisten für das individuelle Arbeiten. Weiter erfolgte an vielen der Modellschulen eine Förderung des individuellen Lernens und des Lernens im Team sowie eine Verbesserung der Lernkompetenz der Schülerinnen und Schüler.

3 Fragestellung, Untersuchungsdesign und Instrumente

Basierend auf den Daten des beschriebenen Modellversuchs wurde untersucht, ob und inwieweit die Interventionsmaßnahmen insgesamt dem Absinken der verschiedenen motivationalen Schülerfacetten entgegenwirken konnten. Um die Veränderung verschiedener motivationaler Schüleraspekte über zwei Messzeitpunkte (2008 und 2009) abzubilden, wurden Schülerdaten von 12 Modellschulen (Schulen mit Treatment) und 7 Kontrollschulen (mit vergleichbaren Schulmerkmalen, jedoch ohne Treatment) einbezogen, die aus Fragebogenerhebungen gewonnen wurden. Die Stichprobe umfasste N=579 Schülerinnen und Schüler (davon 292 von Modellschulen), die im Jahr 2008 die fünfte Jahrgangsstufe besuchten. Mit Fragebögen wurden u.a. die Selbstkonzepte in den Fächern Mathematik und Deutsch (Beispielitem: „Im Fach Deutsch lerne ich schnell."), das Mathematikinteresse (Beispielitem: „Wenn ich mich mit Mathematik beschäftige, vergesse ich manchmal alles um mich herum."), die Präferenz für kooperative Lernformen (Beispielitem: „Ich arbeite gerne mit anderen Schülern zusammen") sowie die implizite Fähigkeitstheorie (Beispielitem: „Ich kann meine Fähigkeiten steigern") der Schülerinnen und Schüler erfasst. Für die Skala zur impliziten Fähigkeitstheorie (adaptiert nach Ziegler u.a. 2005) wurden sechsstufige Antwortformate eingesetzt; für alle anderen genannten Skalen (jeweils adaptiert nach Kunter u.a. 2000) wurden je vierstufige Antwortformate verwendet. Die Skalen umfassten je drei bis fünf Items und wiesen mit Werten zwischen α = .69 und α − .89 zufriedenstellende bis gute interne Konsistenzen auf.

4 Ergebnisse und Diskussion

Zunächst wurden getrennt für die Modellschulen und die Kontrollschulen t-Tests mit anschließender Berechnung der Effektstärke (Cohens d) durchgeführt, um die Entwicklung von Messzeitpunkt 1 zu Messzeitpunkt 2 in den beiden Gruppen zu ermitteln. Anschließend wurden Messwiederholungs-Varianzanalysen gerechnet, um die Interaktion des Gruppen- und des Zeitfaktors abzubilden, d.h. um die unterschiedliche Entwicklung von Modell- und Kontrollschulen über die beiden Messzeitpunkte hinweg aufzuzeigen. Aus Platzgründen werden im Folgenden lediglich die Signifikanzen und Effektstärken der Interaktionen (ohne Mittelwerte und Standardabweichung) berichtet. Es zeigten sich kleine, aber statistisch signifikante Effekte der Interventionsmaßnahmen beim Deutschselbstkonzept (p<.01; $\eta2$=.016), beim Mathematikselbstkonzept und beim Mathematikinteresse (jeweils: p<.05; $\eta2$=.011 bzw. $\eta2$=.008), bei der Präferenz für kooperative Lernformen (p<.10; $\eta2$=.004) sowie bei der impliziten Fähigkeitstheorie (p<.07; $\eta2$=.006). In den genannten Bereichen konnte an den Modellschulen dem altersüblichen und an den Kontrollschulen beobachtbaren Absinken der genannten Aspekte im Lauf der fünften Jahrgangsstufe entgegengewirkt werden. Mit einer Stärkung der Fähigkeitsselbstkonzepte und des Zutrauens in die Veränderbarkeit eigener Fähigkeiten gehen verbesserte Leistungen einher (z.B. Moschner/Dickhäuser 2006; Cury u.a. 2008). Autoren wie Maaz u.a.

(2010) betonen die Bedeutung des Interesses für Lernprozesse und die Wichtigkeit kooperativer Lernformen für die Lernfreude. Viele der berichteten Maßnahmen setzen an diesen motivationalen Aspekten an und finden (jedoch nicht als explizites Interventionskonzept) bereits in Grundschulen statt. Weiterhin anzustreben ist eine Ausweitung solcher fördernder Maßnahmen, vor allem auch in den aufnehmenden Schulen. Gezielte Untersuchungen zum Erfolg von Interventionsmaßnahmen zur Abfederung des Übergangs sind rar. Hier liegt ein Ansatzpunkt für weitere Forschungsprojekte, auch beginnend in der Grundschulzeit.

Literatur

Cury, F./Da Fonseca, D./Zahn, I./Elliot, A. (2008): Implicit theories and IQ test performance: A sequential mediational analysis. In: Journal of Experimental Social Psychology, Jg. 44, H. 3, 783-791.

Dresel, M./Lämmle, L. (im Druck): Motivation. In: Götz, T. (Hrsg.): Motivation, Emotion und Selbstreguliertes Lernen. UTB-Lehrbuchreihe Pädagogische Psychologie. Paderborn: Schöningh.

Maaz, K./Baumert, J./Gresch, C./McElvany, N. (Hrsg.) (2010): Der Übergang von der Grundschule in die weiterführende Schule. Leistungsgerechtigkeit und regionale, soziale und ethnisch-kulturelle Disparitäten. Bonn: Bundesministerium für Bildung und Forschung, Referat Bildungsforschung.

Kammermeyer, G./Martschinke, S. (2003): Schulleistung und Fähigkeitsselbstbild im Anfangsunterricht. Ergebnisse aus dem KILIA-Projekt. In: Empirische Pädagogik, Jg. 17, H. 4, 486-503.

Kunter, M./Schümer, G./Artelt, C./Baumert, J./Klieme, E./Neubrand, M./ Prenzel, M./Schiefele, U./Schneider, W./Stanat, P./Tillmann, K. J./Weiß, M. (2003): Pisa 2000. Dokumentation der Erhebungsinstrumente. Berlin: MPI für Bildungsforschung.

Moschner, B./Dickhäuser, O. (2006): Selbstkonzept. In: Rost, D. (Hrsg.): Handwörterbuch Pädagogische Psychologie. Weinheim: Beltz, 685-692.

Sparfeldt, J./Schilling, S./Rost, D. (2005). Selbstkonzeptveränderungen bei Eliteschülern durch Bezugsgruppenwechsel [Abstract]. In Freie Universität Berlin (Hrsg.), Tagung der Sektion Empirische Bildungsforschung. Veränderungsmessung und Längsschnittstudien. Tagungsband. Berlin: Freie Universität Berlin, 173.

Ziegler, A./Dresel, M./Schober, B./Stöger, H. (2005): Motivationstestbatterie für Schülerinnen und Schüler der Jahrgangsstufen 5-10 (MTB 5-10). Skalendokumentation. Ulm: Universität.

Grundlegende Bildung und Übergänge: Kompetenzen von pädagogischen Fachkräften und Lehrerbildung

Studierende im Übergang: Zwischen der Konstruktion hilfebedürftiger Migrantenkinder und der Reflexion eigener Konstruktionsprozesse

Patricia Baquero Torres & Heike de Boer

SALAM ist ein Freiburger Mentorenprojekt, das in der Fortsetzung des EU Projektzusammenhangs „Mentor Migration – Freiburg Nightingale"[1], entstanden ist. Es richtet sich an SchülerInnen mit Migrationshintergrund zwischen 8 und 12 Jahren und an Studierende. Die Tandems treffen sich über 8 Monate einmal wöchentlich am Nachmittag und unternehmen gemeinsam soziale und kulturelle Aktivitäten. **SALAM** steht für **S**pielen, **A**ustauschen, **L**ernen, **A**nerkennen und **M**iteinander sprechen und will zum einen die soziale Eingliederung von Kindern unterstützen. Zum anderen lernen Studierende in diesem Kontext Lebenswelt, Familie und Alltag der Kinder kennen und gewinnen Einblicke in kulturelle Zusammenhänge. Das Projekt wird als Kooperationsprojekt zwischen der Stadt Freiburg[2], der Pädagogischen Hochschule, der katholischen Hochschule und drei Grundschulen durchgeführt. Im November 2009 fand an jeder der beteiligten Grundschulen ein „Startday" statt, an dem sich Studierende, Kinder und Eltern kennenlernten. Das Projekt versteht sich ausdrücklich nicht als schulisches Förderprojekt, sondern richtet seinen Fokus auf die gemeinsame Freizeitgestaltung und Erkundung der Stadt. Begleitet wird die MentorInnentätigkeit durch vier Begleitseminare an der Pädagogischen Hochschule Freiburg, die im zweiwöchigen Rhythmus Gelegenheit bieten, Erfahrungen auszutauschen und einzelfallspezifische Fragestellungen zu bearbeiten. An den Schulen finden im vierteljährlichen Rhythmus Gespräche zwischen Studierenden und am Projekt beteiligten Lehrenden statt.

Konstituierend für die Projektidee ist der professionstheoretische Diskurs, der schulischen Wandel im Umgang mit Heterogenität unabdingbar an die Professionalisierung der Lehrenden koppelt (Gomolla 2009). Die Entwicklung einer fragenden und offenen Grundhaltung im Umgang mit anderen Kulturen und die Bereitschaft, kindliche Lebenswelten sehen und verstehen zu lernen sowie kind-

---

[1] Von 2007-2009 wurde das durch EU Mittel geförderte Projekt Freiburg Nightingale als Kooperationsprojekt zwischen der PH Freiburg und zwei Grundschulen durchgeführt. In zwei Durchgängen wurden jeweils 20-25 Tandempaare gebildet.

[2] Die Finanzierung ist für zwei Jahre gesichert und wird von der Stadt Freiburg getragen.

liche Ressourcen zu erkennen und zu fördern (de Boer 2009), zeigt sich als grundlegende Fähigkeit. Lehrende benötigen in diesem Sinne eine interkulturelle und eine reflexive Kompetenz (Westphal 2009), die bereits im Studium angebahnt werden kann. Praktische Erfahrung ist allerdings kein didaktischer Selbstläufer und muss in reflexive Auseinandersetzungsprozesse eingebunden werden, die im Rahmen fallspezifischer Fragestellungen in den Begleitseminaren vorgenommen werden.

Methodik und Projektbeginn

Um die Erfahrungen der Studierenden in ihrer Tandemarbeit projektbegleitend zu verfolgen und zu evaluieren, wurde im Rahmen einer wissenschaftlichen Forschungswerkstatt ein Leitfadeninterview entwickelt, in dem die Anfangserfahrungen der Studierenden in vier thematischen Blöcken[3] erfragt wurden. Auf der Basis freiwilliger Teilnahme erfolgten 30 Interviews durch Studierende der Forschungswerkstatt. Die inhaltsanalytisch orientierte Auswertung (Mayring 2010) fokussierte die Antworten der Studierenden im Hinblick auf ihre persönlichen Erfahrungen. Im kategorisierenden Vorgehen wurden formale, inhaltliche, typisierende und skalierende Strukturierungen vorgenommen, Kategorien gebildet und mit Ankerbeispielen belegt. Exemplarische Aussagen der Studierenden zu dem Aspekt „Schwierigkeiten" werden im Folgenden vorgestellt:

Ein Drittel der Studierenden berichtete von Verständigungsschwierigkeiten im Umgang mit den Eltern:

„Sprachliche Schwierigkeiten, also mit den Eltern kann ich mich verständigen, aber mehr mit Händen und Füßen. Also direkt face-to-face können wir uns unterhalten aber sehr unterstützt durch Hände und Füße und Telefonieren ist nicht gut möglich." (Interview Ca)
„Sie sind sehr gastfreundlich, aber es bestehen Sprachbarrieren" (Interview Fu)

Weitere Schwierigkeiten zeigten sich ebenfalls im Bereich der Elternkommunikation. Die Studierenden erlebten Misstrauen und Unsicherheit, sie registrierten Schwierigkeiten durch unterschiedliche Erziehungsmaßstäbe, erlebten Mütter, die sie vereinnahmten und durch lange Gespräche banden.

Diese ersten Ergebnisse aus der Anfangsphase der Tandemarbeit werfen folgende Frage auf:

---

[3] Fragen zur Mentorin, zum Kind, zur familiären Situation, zur Zusammenarbeit mit Schule und PH

- Werden aus den „Schwierigkeiten im Umgang mit den Eltern" im Laufe des Projektes eigene Lernerfahrungen?

Schlussbefragung und Projektende

Mit Blick auf die Professionalisierung angehender LehrerInnen ist ein wichtiges Ziel des Projektes, die Studierenden zu einem selbstreflexiven Prozess der eigenen Denk- und Handlungsmuster anzustoßen und sie dabei supervisorisch während der vierzehntägigen Sitzungen der „Begleitveranstaltung" zu unterstützen. Zum Ende des ersten Durchgangs des SALAM-Projekts wurden im Rahmen der Begleitveranstaltungen eine weitere Befragung, die sich an alle am Projekt teilnehmenden Studierenden richtete, durchgeführt.

Im Vergleich mit diesen vor der Teilnahme am Projekt geschilderten Vorstellungen von Migrantenfamilien und ihren Kindern konstatierten die Studierenden nach achtmonatigem Mentoring der Kinder überrascht, dass Migrantenkinder aufgeschlossen sind und sie viele deutsche Freunde haben. Die Ergebnisse zeigen eine Verschiebung in der Wahrnehmung von Migrantenkindern. Sie wurden als aufgeschlossen, intelligent, aktiv, fröhlich etc. beschrieben. Die Eltern im Gegensatz dazu bestätigten die stereotypischen Bilder. Nach wie vor wurden sie als zurückhaltend gegenüber der „deutschen Bevölkerung" wahrgenommen. Diese Haltung wurde als kontraproduktiv für den Schulerfolg der Kinder interpretiert und als eine wesentliche Erklärung für den Misserfolg der Kinder in der Schule herangezogen.

Ein weiterer besonders auffallender Aspekt bei den Ergebnissen der Befragung ist, dass nur sehr wenige Befragte sich mit dem eigenen Verhalten und dem eigenen Lernprozess auseinander setzten

> „Es hat sich bei mir einiges verändert. Ich habe ihre Kultur besser kennengelernt und kann einige Handlungen nachvollziehen, die für mich davor unklar waren. Mir bedeutet diese Erfahrung viel, weil ich für mich gemerkt habe, dass die Deutschen sehr vorurteilhaft sind und einiges durch Unwissenheit falsch interpretiert wird. Es zeigt mir, dass man zuerst die Kultur eines Migranten kennenlernen sollte, bevor man urteilt." (M 12)

Diese Aussage, die einen klaren Hinweis auf eine Reflexion der eigenen Vorurteile gibt, blieb allerdings eine Ausnahme. Auch die Befragte wechselte schnell von der persönlichen Erfahrung zur generalisierenden Aussage, dieses Mal über „die Deutschen", wobei sie sich selbst als Wissende aus der Gruppe der Vorurteilsbehafteten ausnahm.

Nach den Ergebnissen der Befragung lässt sich resümierend festhalten, dass

- die Gefahr von Stereotypen erheblich ist, dennoch eine Veränderung der Wahrnehmung der Kinder stattfindet, weniger aber der Eltern und
- Schwierigkeiten im Projekt nicht als Lernerfahrungen wahrgenommen werden

Dass das Homogenisierungsdenken ein erhebliches Problem bisheriger schulischer Praxis darstellt, welches einen adäquaten Umgang mit heterogenen Lerngruppen behindert, ist in der Fachdiskussion unumstritten. Gerade im Hinblick auf migrationsbedingte Heterogenität spielen die Einstellungen und die Sichtweise der LehrerInnen eine zentrale Rolle. Auf der Basis kulturalisierender und ethnisierender Deutungsmuster werden Kinder und Jugendliche mit Migrationshintergrund diskriminiert und benachteiligt. Für die Entwicklung eines professionellen Umgangs mit Heterogenität ist deshalb die Lehrerausbildung gefordert, die interkulturelle und die Reflexionskompetenz als eine Querschnittaufgabe im Studium, d.h. strukturell und inhaltlich, zu verankern.

Literatur

de Boer, Heike (2009): Von der Konstruktion des normalen Kindes zur Rekonstruktion der kindlichen Perspektive. In: de Boer, Heike/Deckert-Peaceman, Heike: Kinder in der Schule. Zwischen Gleichaltrigenkultur und schulischer Ordnung, Wiesbaden: VS Verlag für Sozialwissenschaften, 209-229

Gomolla, M. (2009): Einführung Migration und schulischer Wandel: Elternbeteiligung. Wiesbaden, 13-21. In: Gomolla, M./Fürstenau. S. (2009): Einführung Migration und schulischer Wandel. Elternbeteiligung, Wiesbaden: VS Verlag für Sozialwissenschaften

Mayring, Ph.(2010): Qualitative Inhaltsanalyse. Grundlagen und Techniken, Weinheim 2010: Beltz, 11. akt. Aufl.

Westphal, M. (2009): Interkulturelle Kompetenzen als Konzept der Zusammenarbeit mit Eltern. In Gomolla, M./Fürstenau S. (2009): Migration und schulischer Wandel: Elternbeteiligung. Wiesbaden: VS Verlag für Sozialwissenschaften, 89-109

Einschätzung schulrelevanter Kompetenzen durch Erzieher/innen

Sonja Dollinger & Angelika Speck-Hamdan

Einleitung

Erzieher/innen und Lehrer/innen treffen eine Vielzahl von Entscheidungen, die für die Kinder in den Kindertageseinrichtungen bzw. Schulen direkte oder indirekte Auswirkungen haben. Gerade Empfehlungen zur Einschulung, zur Förderung in speziellen Bereichen/Fächern etc. sollte eine möglichst zuverlässige und zutreffende Einschätzung der Kompetenzen und Möglichkeiten der Kinder zugrunde liegen. Um dies zu gewährleisten, müssen sowohl Lehrer/innen wie auch Erzieher/innen über eine hohe Diagnosekompetenz verfügen.

Vorgehen

Die Studie „Diagnosekompetenz von Erzieher/inne/n und Lehrer/inne/n in der Übergangsphase" untersucht, wie exakt Erzieher/innen und Lehrer/innen die schulrelevanten Kompetenzen der Kinder sowohl im Kognitiven wie auch im Sozialen einschätzen. Die Erhebungen der Teilstudie „Einschätzung schulrelevanter Kompetenzen durch Erzieher/innen", in der die Erzieher/innen die schulrelevanten Kompetenzen der Kinder ein halbes Jahr vor Eintritt in die Grundschule einschätzten, sind bereits abgeschlossen und erste Ergebnisse werden im Folgenden dargestellt. Als Vergleichsmaß für die Genauigkeit der Einschätzungen kognitiver und schulnaher Kompetenzen dient ein im angelsächsischen Raum erprobtes und mittlerweile für Deutschland adaptiertes Instrument, FIPS. Bei FIPS (Fähigkeitsindikatoren Primarschule) handelt es sich um ein adaptives Verfahren, das die Lernausgangslagen der teilnehmenden Kinder im frühen Lesen, der Lautbewusstheit und der frühen Mathematik erfasst. Es passt sich in seinem Aufgabenangebot jeweils den Fähigkeiten des zu testenden Kindes an: je besser ein Kind die Aufgaben löst, desto mehr und desto schwierigere Aufgaben werden durch das PC-Programm gestellt. Den Erzieher/inne/n wurde das Programm vorgeführt und die Funktionsweise erklärt. Anschließend gaben sie anhand eines Einschätzbogens an, welche Aufgaben ihrer Meinung nach die einzelnen Kinder gestellt bekamen bzw. lösen konnten. Im Bereich der sozialen Kompetenzen kam die „Skala zur Erfassung des Sozialverhaltens von Vorschulkindern im Alter von 3 bis 6 Jahren" von Tietze u. a. zum Einsatz. Die Einschätzungen in diesem Bereich wurden in Beziehung zu den Angaben der Eltern gesetzt, die ebenfalls diese Skala für ihr Kind ausfüllten. Zudem wurden über Fragebögen auf Seiten der Erzieher/innen und der Eltern Angaben zur Person sowie zum Kindergartenalltag, zum familiären Hintergrund und zum Übergang vom Kindergarten in die Grundschule eingeholt.

Die zur Teilnahme an der Studie bereiten Grundschulen aus München und dem Münchener Umland nannten die Kindergärten, aus denen erfahrungsgemäß die meisten ihrer Schulanfänger/innen kommen. Diese Einrichtungen wurden um ihre Teilnahme gebeten. Schließlich beteiligten sich an der Teilstudie 42 Erzieher/innen aus 19 Kindergärten . Diese schätzten 175 Kinder[1] ein, von deren Eltern 135 den Fragebogen ausfüllten und das Sozialverhalten[2] ihres Kindes einschätzten.

Das bedeutendste Ziel der Teilstudie ist es, die Genauigkeit der Einschätzungen von für den Schulerfolg relevanten Kompetenzen von Kindern durch Erzieher/innen zu erfassen. Dabei interessieren sowohl Übereinstimmungen als auch Abweichungen der professionellen Einschätzungen. Teilkomponenten der Diagnosefähigkeit (Niveaukomponente, Differenzierungskomponente und Globale Abweichung) sollen analysiert und in differentiellen Fragestellungen berücksichtigt werden.

Im Fokus der Auswertung stehen die folgenden Hypothesen:

1. Erzieher/innen sind insgesamt kompetente Diagnostiker.
2. Erzieher/innen schätzen unterschiedliche Bereiche gleich präzise ein.
3. Mädchen (Jungen) werden im Bereich der phonologischen Bewusstheit und des frühen Lesens eher über- (unter-) und im Bereich der frühen Mathematik unterschätzt (überschätzt).
4. Kinder mit Migrationshintergrund werden unterschätzt.
5. Berufserfahrung spielt eine Rolle bei der Exaktheit der Einschätzungen.
6. Erzieher/innen und Eltern stimmen bei der Einschätzung des Sozialverhaltens überein.

---

[1] Ein paar dieser Kinder wurden von zwei oder drei Erzieher/inne/n eingeschätzt, so dass insgesamt 209 Paare aus Einschätzung und Testwert vorliegen.
[2] Da die „Skala zu Erfassung des Sozialverhaltens von Vorschulkindern im Alter von 3 bis 6 Jahren" teils von Eltern, teils von Erzieher/inne/n nicht komplett ausgefüllt wurde, liegen 82 paarweise Einschätzungen zur Analyse vor.

Um Aussagen über die Diagnosegenauigkeit von Erzieher/innen sowie die Über- oder Unterschätzung der Leistungen bestimmter Kindergruppen treffen zu können, wurden Rangkorrelationen nach Spearman, ein globales Abweichungsmaß sowie eine Niveau- und eine Differenzierungskomponente berechnet. Bei der globalen Abweichung handelt es sich um die mittlere absolute Abweichung der Einschätzungen von den Testergebnissen. Die Niveaukomponente ist als Differenz der mittleren Einschätzung und der mittleren Testwerte ein Maß für eine vorhandene Über- oder Unterschätzung. Die Differenzierungskomponente gibt an, inwieweit die Leistungsstreuung über- oder unterschätzt wird. In die Auswertung der Fragestellungen, welche die diagnostische Kompetenz der Erzieher/innen betreffen (1, 2 und 5), konnten nur 21 von den 42 teilnehmenden Pädagog/inn/en einbezogen werden, da nur so viele fünf und mehr Kinder eingeschätzt hatten. Bei der Auswertung der Hypothesen zu Geschlecht und Migrationshintergrund (3, 4) wurden alle Erzieherinnen mit einbezogen.

Ergebnisse

Die bisherigen Analysen zur Genauigkeit der Einschätzung der schulrelevanten kognitiven Kompetenzen durch Erzieher/innen ergeben Folgendes: Im Bereich des Lesens kommt es lediglich zu einer signifikanten Unterschätzung der Leistungsstreuung, während im Bereich der Phonologischen Bewusstheit die Leistungen der Kinder signifikant überschätzt werden. In der Mathematik werden sowohl die Leistungen der Kinder also auch die Leistungsstreuung signifikant unterschätzt. Die Genauigkeit der Einschätzungen variiert innerhalb der Erzieher/innen beträchtlich. Auch die berechneten Rangkorrelationen zeigen, dass bei der Genauigkeit der Einschätzungen nicht nur große interindividuelle Unterschiede zwischen den Pädagog/inn/en vorhanden sind, sondern auch, dass sich die Genauigkeit der Einschätzungen der einzelnen Erzieher/innen in den verschiedenen Kompetenzbereichen teilweise beträchtlich voneinander unterscheidet (siehe Tabelle 1)

.

Lesen	Phonolog. Bew.	Mathematik
.682	.764	.843
.900	.975	.4
-.410	-.821	.791
.667	-.395	
.697	.457	.744
.821	.279	.729
.526	-.410	.889
.763	-.108	.889
.763	-.108	.444
.462	.307	.113
.661	.633	.630
.786	.749	.594
.650	.241	.485
.600	.955	.802
.872	.579	.368
.800	-.051	.344
1.000	-.045	.393
.900	.725	.688
.900		.526
.345	.689	.175
-.239	-.185	.643

Tabelle 1: Rangkorrelationen der einzelnen Erzieher/innen in den Bereichen Lesen, Phonologische Bewusstheit und Mathematik

Diese Ergebnisse stimmen mit denen früherer Studien überein, in denen berichtet wurde, dass sich Lehrer in ihrer Diagnosegenauigkeit unterscheiden bzw. dass sich Erzieher/innen sehr stark in ihrer diagnostischen Kompetenz unterschieden (Kammermeyer 2000).

Früheren Studien zufolge spielt das Geschlecht für die diagnostische Kompetenz keine Rolle. Bei den Einschätzungen der Erzieher/innen hat sich gezeigt, dass dies im mathematischen Bereich in der vorliegenden Studie nicht zutrifft. Hier wurden die Mädchen in Mathematik signifikant schlechter eingeschätzt als die Jungen (t = -2,545; df = 207, p = 0,012).

Die Einschätzungen der Erzieher/innen bei Kindern mit und ohne Migrationshintergrund unterscheiden sich in allen Bereichen, außer dem Lesen, signifikant (Gesamttest: t = 2,714; df = 143; p = 0,007; Phonolog. Bewusstheit: t = 6,066; df = 143; p < 0,001; Mathematik (t = 4,050; df = 143; p < 0,001). Im Bereich der Phonologischen Bewusstheit werden Kinder mit Migrationshintergrund im Vergleich zu denen ohne weniger stark überschätzt. Berücksichtigt man jedoch, dass die Testwerte in diesem Bereich insgesamt signifikant überschätzt werden, so zeigt das berichtete Ergebnis, dass Kinder mit Migrationshintergrund auch in diesem Bereich weniger Kompetenz zugetraut wird als Kindern ohne Migrationshintergrund. Kinder mit Migrationshintergrund erreichen in allen Bereichen geringere Testwerte als Kinder ohne Migrationshintergrund und sind im Bereich der Phonologischen Bewusstheit und der Mathematik im Vergleich zu Kindern ohne Migrationshintergrund signifikant schlechter. Sie werden in fast allen Bereichen im Vergleich zu den erreichten Testwerten zudem noch schlechter eingeschätzt als Kinder ohne Migrationshintergrund.

Die Berufserfahrung spielt bei der Genauigkeit der Einschätzungen kaum eine Rolle.

Wirft man einen Blick auf die Ergebnisse im Bereich der Sozialkompetenz, so zeigt sich, dass die Erzieher/innen und Eltern in ihrer Einschätzung übereinstimmen (Gesamteinschätzung: $t = 0,229$; $df = 162$; $p = .819$; Interesse: $t = -,450$; $df = 162$; $p = .653$; Koooperation: $t = 1,328$; $df = 162$; $p = .186$; Selbstständigkeit: $t = -,404$; $df = 162$; $p = .687$). Da bei dieser Analyse evtl. einige vorhandene Abweichungen zwischen der Einschätzung der Erzieher/innen und der der Eltern unberücksichtigt bleiben, da sie sich ausgleichen, wurden die paarweisen Einschätzungen von Erzieher/inne/n und Eltern in den einzelnen Skalen näher in den Blick genommen und es zeigt sich, dass die Einschätzungen weitgehend übereinstimmen und damit die oben genannte Übereinstimmung bestätigt werden kann.

Zusammenfassung und Ausblick

Zusammenfassend lässt sich anhand der bisher durchgeführten Analysen feststellen, dass Erzieher/innen die Fähigkeiten und Kompetenzen der Kinder zwar insgesamt relativ treffend einschätzen, es aber große interindividuelle Unterschiede gibt und die einzelnen Pädagog/inn/en sich in der Genauigkeit ihrer Einschätzungen auch innerhalb der einzelnen Kompetenzbereiche teilweise beträchtlich unterschieden. Zudem fällt es den Erzieher/innen wesentlich leichter die Kinder hinsichtlich ihrer Sozialkompetenz einzuschätzen als hinsichtlich ihrer Kompetenzen im kognitiven Bereich. Dies ergibt sich vermutlich daher, dass diese Bereiche Gegenstand der ohnehin im Kindergarten eingesetzten Beobachtungsverfahren sind und die Erzieher/innen dabei auf eine gewisse Vorerfahrung im Beobachten und ein expliziteres Wissen über die Kinder zurückgreifen können. Doch gerade angesichts der Bedeutung, die Empfehlungen und Fördermaßnahmen von Erzieher/innen im Umfeld der Einschulung bzw. des Übergangs haben, sollten sie das Gesamtspektrum der Fähigkeiten und Kompetenzen der Kinder so gut wie möglich erfassen können. Aus diesem Grund wäre es wünschenswert die Diagnosegenauigkeit der Erzieher/innen durch geeignete Maßnahmen (Fortbildungen etc.) zu verbessern bzw. den Pädagog/inn/en Hilfen an die Hand zu geben, die sie bei den Einschätzungen der Kinder unterstützen.

Literatur

Bäuerlein, K.u.a. (im Druck) Fähigkeitsindikatoren Primarschule (FIPS) – revidierte Version. Ein computerbasiertes Diagnoseinstrument zur Erfassung der Lernausgangslage und der Lernentwicklung von Schulanfängern. Manual. Göttingen: Hogrefe

Kammermeyer, G. (2000): Schulfähigkeit. Kriterien und diagnostische/prognostische Kompetenz von Lehrerinnen, Lehrern und Erzieherinnen. Bad Heilbrunn: Klinkhardt.

Südkamp, A. u. a. (2008): Der Simulierte Klassenraum. Eine experimentelle Untersuchung zur diagnostischen Kompetenz. In: Zeitschrift für Pädagogische Psychologie, Jg. 22, H. 3-4, 261-276.

Tietze, W. u. a. (1981): Eine Skala zur Erfassung des Sozialverhaltens von Vorschulkindern. In: Zeitschrift für Empirische Pädagogik,5 , 37-48.

Reflexion als Schlüsselkompetenz für den Umgang mit Vielfalt - Fortbildungen zur vorurteilsbewussten Bildung und Erziehung nach dem Anti-Bias Ansatz

Katja Gramelt

Der kompetente Umgang mit Vielfalt ist eine allgegenwärtige Forderung in pädagogischen Kontexten. Begründet in der attestierten Benachteiligung von Kindern mit Migrationshintergrund im deutschen Bildungssystem wird über Fortbildungsmaßnahmen für PädagogInnen und die damit verbundene erhoffte Kompetenzsteigerung der Ausgleich bestehender Schieflagen und so die Herstellung von Chancengleichheit angestrebt. PädagogInnen fühlen sich angesichts der an sie gestellten Anforderungen hilflos und überfordert (vgl. Klippert 2006). Sie nehmen existierende Fortbildungsangebote häufig als abstrakt und nicht praxiswirksam wahr (vgl. Reinmann-Rothmeier/Mandl 1998, 293). Ausgehend von der Prämisse, dass bestehende Aus- und Fortbildungskonzepte für den Umgang mit Vielfalt nicht die Hilfestellungen bieten, die PädagogInnen einfordern, wird hier das Fortbildungskonzept zur ‚Vorurteilsbewussten Bildung und Erziehung‘ beleuchtet, das von PädagogInnen als wirksam wahrgenommen wird und auf positive Resonanz in der Praxis stößt. Der vorliegende Beitrag zeigt mögliche Gründe für diese Akzeptanz auf und leitet Implikationen für die Kompetenzsteigerung im Umgang mit Vielfalt in pädagogischen Kontexten ab.

Im Diskurs über Kompetenzen für den Umgang mit Vielfalt rücken seit einigen Jahren Konzepte zur Vermittlung Interkultureller Kompetenz vermehrt in den Fokus (Auernheimer 2007, 119). Paul Mecheril hält diese Entwicklung für bedenklich: „Angebote zur Vermittlung ‚interkultureller Kompetenz‘ [sind] in Gefahr [ ], Handlungsvermögen als professionelle Technologie zu betrachten" (Mecheril 2010, 16). Damit ist dem Begriff eine „technische Suggestionskraft" (ebd., 24) immanent; pädagogisches Handeln wird als erlernbare Technik dargestellt, mit deren Hilfe PädagogInnen die Herausforderungen von Heterogenität bewältigen können. Durch die Vermittlung dieses Eindrucks wird zugleich der Einfluss von „zum Teil restriktiven gesellschaftlichen, institutionellen und kulturellen Bedingungen" (ebd.) verschleiert. Die erziehungswissenschaftlichen Diskurse im Bereich der interkulturellen Pädagogik nehmen aber gerade diese Aspekte immer häufiger in den Blick und betonen deren bedeutsame Rolle in der Produktion von Schieflagen im Bildungssystem (vgl. Gomolla/Radtke 2002;

Mecheril 2004). Ausgehend von der Annahme, dass der Umgang mit Vielfalt keine erlernbare Technik ist, sondern dass es anderer Wege bedarf, PädagogInnen das Gefühl von Überforderung zu nehmen, formt Mecheril den Begriff ‚Kompetenzlosigkeitskompetenz‘. Er beschreibt damit die Kompetenz zu begreifen, „dass keine ‚einfachen‘ rezeptiologisch erfassbaren professionellen Handlungszusammenhänge vorhanden sind" (Mecheril 2010, 25). Als Konsequenz daraus rückt an die Stelle der Vermittlung methodischer Handlungskompetenzen immer häufiger die Forderung, verstärkt Elemente von Reflexion in die pädagogische Aus- und Fortbildung einzubinden (vgl. z.B. Gogolin/Krüger-Potratz 2006). Es gilt, so Mecheril, professionelles Handeln zu seinen Bedingungen und Konsequenzen in Bezug zu setzen und entsprechend zu reflektieren (vgl. Mecheril 2010, 25). Georg Auernheimer postuliert, dass im Kontext der Interkulturellen Pädagogik „Selbstreflexion, die Reflexion eigener kulturgebundener Präferenzen und Wahrnehmungsmuster zum vorrangigen Ziel geworden ist" (Auernheimer 2007, 121). Es werden unterschiedliche Ebenen betont: Während Mecheril den Fokus auf die äußeren, strukturellen Bedingungen lenkt, richtet Auernheimer die Aufmerksamkeit auf die Einflüsse individueller Prägungen. Beide Ebenen können als zentrale Reflexionsebenen verstanden werden. Während in der Forschung also die Reflexion als eine zentrale Komponente pädagogischer Kompetenz ausgemacht ist, findet dieser Aspekt in der Praxis nur wenig Beachtung (vgl. Gogolin/Krüger-Potratz 2006).

Der vorliegende Beitrag stellt die Ergebnisse einer explorativ-qualitativen Studie über Fortbildungen zur vorurteilsbewussten Bildung und Erziehung vor. Ein Ergebnis daraus ist, dass in diesem pädagogischen Ansatz Selbst- und Praxisreflexion die tragenden Säulen und Ausgangspunkt weiterer Maßnahmen sind. Die Ergebnisse wurden durch ein triangulatorisches Forschungsdesign ermittelt, das sich einerseits auf eine Dokumentenanalyse und andererseits auf Experteninterviews stützt. Als Dokumente fungierten Handbücher, Praxisberichte und Curricula; Experten waren 13 Menschen, die die in den Blick genommenen Fortbildungen leiten. Sowohl der Interviewleitfaden als auch die Analyse der Dokumente fokussierte darauf, die Ziele, Motivationen und bisher erreichten Veränderungen mit diesem Fortbildungsansatz in Erfahrung zu bringen. Die theoretische Fundierung und systematische Darstellung des Konzepts sind das Ergebnis der Analyse der so gewonnenen Daten (vgl. Gramelt 2010).

Das Konzept der vorurteilsbewussten Bildung und Erziehung ist angelehnt an den Mitte der 1980er Jahre in den USA entwickelten Anti-Bias Ansatz (gegen Schieflagen). Gemeint sind Schieflagen, die durch dominanzkulturell geprägte Strukturen entstehen und die somit auch im Bildungssystem existent sind. Es geht darum, diese Schieflagen aufzudecken und ihren Einfluss auf sowohl das individuelle Verhalten als auch auf die existierenden Strukturen zu verdeutlichen. Daran anschließend werden Handlungsideen entwickelt und umgesetzt, um „Strukturen [ ] zu verändern: Wie wir Menschen aus- und fortbilden, Personal einstellen, die Praxis unterstützen [ ] wie Mittel aufgebracht und verteilt werden, wie [Bildungs]einrichtungen geplant und gebaut werden" (Derman-Sparks 2001). Dem folgend sind Fortbildungen zur vorurteilsbewussten Arbeit lediglich ein Element von langfristig und breit angelegten Projekten zur Praxisentwicklung, die neben den direkt pädagogisch handelnden Personen das Umfeld, die strukturellen und institutionellen Rahmenbedingungen und auch die Einflüsse bildungspolitischer Vorgaben in den Blick nehmen.

Die Fortbildungen sind im Kontext der frühkindlichen Bildung entstanden. Sie werden seit inzwischen zehn Jahren von dem Projekt Kinderwelten[1] konzipiert und durchgeführt. Begonnen hat die Arbeit mit vier Einrichtungen in Berlin-Kreuzberg, zuletzt arbeitete Kinderwelten bundesweit und implementierte das Fortbildungskonzept in Einrichtungen der frühkindlichen Bildung, Fach- und Grundschulen. Der Begriff ‚vorurteilsbewusst' bezieht sich auf die Erkenntnis, dass Menschen auch ein Produkt ihrer Umwelt sind und damit gesellschaftliche, dominanzkulturelle Prägungen in das individuelle Verhaltens- und Deutungsrepertoire einfließen. Bleiben diese Prägungen unreflektiert, so führen sie zu ungerechtfertigten Erwartungen und Handlungen, die auf der Annahme basieren, dass andere Menschen den eigenen Erfahrungsraum teilen (Wagner 2006, 15).

Um die Einflüsse der dominanzkulturellen Prägungen auf das pädagogische Handeln deutlich zu machen, werden Methoden der Selbst- und Praxisreflexion angewandt. Reflektiert werden: Die individuelle Bezugsgruppenzugehörigkeit und die damit verbundenen internalisierten Perspektiven, die unweigerlich in das berufliche Handeln einfließen; Möglichkeiten und Wege, unterschiedliche und von den eigenen Annahmen abweichende Vorstellungen über Erziehung und Bildung in Erfahrung zu bringen; die Einflüsse von institutionellen Vorgaben, Strukturen und bildungspolitischen Maßnahmen (vgl. Wagner 2006). So werden „im Prozess des Reflektierens und Handelns [ ] gesellschaftliche Widersprüche sichtbarer, Konformitätsdruck und verinnerlichte Dominanz und Unterdrückung werden deutlicher" (Wagner 2008, 208). Dies nimmt die Verantwortung zumindest teilweise von den PädagogInnen und rückt die Bedeutsamkeit anderer Faktoren ins Blickfeld. Mechtild Gomolla hat die Arbeit von Kinderwelten evaluiert und zieht ein positives Fazit: Die Fortbildungen wurden „im Vergleich zu früheren Konzepten der Interkulturellen Pädagogik [ ] als innovativ und ‚weiterführend' bewertet. [...] In allen Kitas haben sich rasch erste Erfolge eingestellt, die auch für Kinder und Eltern deutlich bemerkbar waren." (Gomolla 2007, 77).

---

[1] Kinderwelten ist ein Projekt des Instituts für den Situationsansatz/Internationale Akademie gGmbH an der Freien Universität Berlin.

Es bleibt festzuhalten: Ein möglicher Weg zur Kompetenzsteigerung für den Umgang mit Vielfalt ist die Reflexion von einerseits strukturellen und institutionellen Gegebenheiten und andererseits der eigenen Rolle in der Reproduktion dieser Vorgaben im pädagogischen Handeln. Darauf aufbauend können PädagogInnen ihr Verständnis für die komplexen Zusammenhänge in Bezug auf bestehende Vielfalt und damit verbundene Schieflagen erhöhen und individuelle Handlungsmuster entwickeln. Sie entfalten neue Kompetenzen und agieren zufriedener und sicherer. Die guten Ergebnisse der Evaluationsstudie im Projekt Kinderwelten lassen hoffen, dass sich diese erhöhte Zufriedenheit und Handlungssicherheit auch in für die Kinder positiven Effekten niederschlägt.

Literatur

Auernheimer, G. (2007): Einführung in die interkulturelle Pädagogik. 5. ergänzte Auflage. Darmstadt: WBG.

Derman-Sparks, L. (2001): Anti-Bias Arbeit mit kleinen Kindern in den USA. Übersetzung des Vortrags bei der Fachtagung von Kinderwelten „Kleine Kinder – keine Vorurteile?" am 15.3.2001 in Berlin.

Gogolin, I./Krüger-Potratz, M. (2006): Einführung in die Interkulturelle Pädagogik. Opladen: Budrich.

Gomolla, M./Radtke, F.-O. (2002): Institutionelle Diskriminierung. Die Herstellung ethnischer Differenz in der Schule. Opladen: Leske und Budrich.

Gomolla, M. (2007): Wissenschaftliche Begleitung. Kinderwelten. Vorurteilsbewusste Bildung und Erziehung in Kindertageseinrichtungen. Bundesweites Disseminationsprojekt (Baden-Württemberg, Niedersachsen, Thüringen). Oktober 2004 – Dezember 2008. Zwischenbericht. Münster.

Gramelt, K. (2010): Der Anti-Bias Ansatz. Zu Konzept und Praxis einer Pädagogik für den Umgang mit (kultureller)Vielfalt. Wiesbaden: VS Verlag.

Klippert, H. (2006): Lehrerentlastung: Strategien zur wirksamen Arbeitserleichterung in Schule und Unterricht. Weinheim: Beltz.

Mecheril, P. (2004): Einführung in die Migrationspädagogik. Weinheim: Beltz.

Mecheril, P. (2010): „Kompetenzlosigkeitskompetenz" – Pädagogisches Handeln unter Einwanderungsbedingungen. In: Auernheimer, Georg (Hg.): Interkulturelle Kompetenz und pädagogische Professionalität. 3. Auflage. Wiesbaden: VS Verlag, 15-34

Reinmann-Rothmeier, G./Mandl, H. (1998): Wenn kreative Ansätze versanden: Implementation als verkannte Aufgabe. In: Unterrichtswissenschaft. Zeitschrift für Lernforschung, Jg. 26, H. 4, 292-311.

Wagner, P. (Hg.) (2008): Handbuch Kinderwelten. Vielfalt als Chance – Grundlagen einer vorurteilsbewussten Bildung und Erziehung. Freiburg im Breisgau: Herder.

Wagner, P./Hahn, S./Enßlin, U. (Hg.) (2006): Macker, Zicke, Trampeltier... Vorurteilsbewusste Bildung und Erziehung in Kindertageseinrichtungen. Handbuch für die Fortbildung. Weimar: Verlag das Netz.

Mehrsprachigkeit im Übergang vom Elementar- zum Primarbereich: Das europäische Projekt „Transitions and Multilingualism"

Christa Kieferle & Anja Seifert

Migration und Mehrsprachigkeit in Deutschland

Weltweit gesehen ist Mehrsprachigkeit die Regel und nicht die Ausnahme und dies mit zunehmender Tendenz, da in Zeiten der Globalisierung und der Arbeitsmigration zunehmend mehr Familien auch in Europa Migration und Re-Migration erleben. In den einzelnen europäischen Ländern unterscheiden sich allerdings die jeweiligen historischen und sozialen Rahmenbedingungen und die Haltung zur Mehrsprachigkeit signifikant. In Deutschland wird die Realität der mehrsprachigen Kinder in der pädagogischen Praxis immer noch zu wenig anerkannt, und wenn sie thematisiert wird, dann oftmals in einer normativen Weise mit negativer Konnotation.

Häufig werden die Erstsprachen der Kinder nicht in der gleichen Weise als Bereicherung und kultureller Wert anerkannt, wie das bei der sogenannten „Elite-Zweisprachigkeit" (z.B. Französisch, Englisch, Chinesisch) der Fall ist, obwohl die EU-Kommission bereits 2003 auf die Notwendigkeit, Mehrsprachigkeit in Europa zu fördern, reagiert hat und seither versucht, mit dem „Guide for the Development of Language Education Policies in Europe" (2007) Weichen für die frühkindliche Bildung in Bezug auf Mehrsprachigkeit zu stellen. Darin empfiehlt die EU-Kommission, dass jedes europäische Land seinen Bürgerinnen und Bürgern die Chance bieten sollte, möglichst früh drei Sprachen - einschließlich der Muttersprache - auf unterschiedlichen Kompetenzniveaus zu erlernen.

Etwa jedes dritte Kind in Deutschland hat inzwischen eine Zuwanderungsgeschichte. In Ballungsräumen wie Frankfurt, München, Köln, Stuttgart und im Ruhrgebiet haben mehr als die Hälfte der Kinder und Jugendlichen unter 15 Jahren einen Migrationshintergrund, bei den Kindern unter 3 Jahren bis zu 72% (vgl. Bildungsbericht 2010, 18). Viele dieser Kinder sprechen zu Hause eine andere Familiensprache als Deutsch. Der Bildungsbericht 2010 stellt zudem heraus, dass Kinder mit Migrationshintergrund bei der Einschulung deutlich häufiger zurückgestellt und im Vergleich zu Kindern aus Familien mit hohem sozio-ökonomischem Status und ohne Migrationshintergrund seltener vorzeitig eingeschult werden. Sekundäranalysen zu den internationalen PISA-

Vergleichsuntersuchungen (vgl. z.B. Baumert/Stanat /Watermann 2006) zeigen seit der ersten PISA-Erhebung im Jahr 2000 auf, dass im selektiven deutschen Bildungssystem ein enger Zusammenhang zwischen sozialer Herkunft, Migrationshintergrund und Bildungserfolg besteht.

Stärkung mehrsprachiger Kinder in Übergangsprozessen

Der Bildungsübergang vom Kindergarten in die Grundschule kann als signifikante Transition verstanden werden. Transitionsphasen beinhalten hierbei aus transitionstheoretischer Sicht für das Kind – aber auch für dessen Eltern – relevante Entwicklungsaufgaben (vgl. Griebel/Niesel 2004). Sie stellen insgesamt sehr sensible Zeitabschnitte dar, die gerade für Kinder mit Migrations- und/oder mehrsprachigem Hintergrund meist noch schwerer ausfallen.

Die internationale Forschung verweist darauf, dass bereits die ersten frühkindlichen Übergänge bedeutsam sind. Demnach beeinflusst der erfolgreiche Übergang von der Familie in die erste Bildungseinrichtung (Kindertageseinrichtungen) die kindliche Motivation zu lernen wesentlich. Nicht nur die Kinder, sondern auch die Eltern befinden sich, vor allem wenn es das erstgeborene Kind betrifft, ebenfalls in einem Übergangsprozess. Zudem verfügen nicht alle Eltern Erfahrungen mit dem deutschen Bildungssystem, weil sie z.B. den Kindergarten und die Pflichtschule in einem anderen Land besucht haben oder nur einige Jahre in Deutschland zur Schule gegangen sind.

Für eine gelingende zielgruppenorientierte Gestaltung und Begleitung von Übergangsprozessen in der frühen und mittleren Kindheit ist eine hohe Professionalisierung notwendig. Es bedarf pädagogischer Fach- und Lehrkräfte, die Erfahrung mit der Unterstützung bei Transitionen haben und mit sprachlicher, ethnischer, kultureller und sozialer Heterogenität konstruktiv und förderlich umgehen können (Gogolin 2003), die Kindern ein Umfeld bieten, in dem es möglich ist, die vielfältigen Lern- und Entwicklungschancen in einer multikulturell und mehrsprachig zusammengesetzten Kindergruppe wahrzunehmen und gezielt für die Entwicklung bikultureller Kompetenzen und kultureller Aufgeschlossenheit zu nutzen, und die alle Kinder darin bestärken, selbstbewusst und selbstverständlich mit fremden Sprachen und Kulturen umzugehen.

Theorie und empirische Erfahrung (vgl. Fabian/Dunlop 2002, Griebel/Niesel 2004) zeigen, dass Kinder Beständigkeit im Transitionsprozess brauchen. Für mehrsprachige Kinder kann diese Beständigkeit in ihrer Familiensprache und in einer beständigen sprachlichen Begleitung liegen. Pädagogische Fach- und Lehrkräfte können helfen, die Nachteile der Kinder mit Zuwanderungsgeschichte im Übergang zur Schule auszugleichen und ihre Bildungschancen zu verbessern. Die Akzeptanz von sprachlicher und kultureller Diversität sowie die Einschätzung und der Umgang mit Heterogenität als eine Chance für einen Kompetenzerwerb stellt für pädagogische Fach- und Lehrkräfte eine große Herausforderung dar. Dies erfordert eine berufsbezogene Selbstreflexion bezüglich: (a) interkultureller Kompetenzen, (b) Wissen über Erst- und Zweitspracherwerb und bereits existierende sprachliche und kulturelle Programme (c) Unterstützung erfolgreicher Transitionen zwischen Familie und Bildungssystemen.

Transition and Multilingualism: Das EU-Projekt TRAM

Das von der EU geförderte Comenius-Projekt TRAM (TRANSITION AND MULTILINGUALISM (LLP-1-2009-1-DE-COMENIUS-CMP) möchte pädagogische Fach- und Lehrkräfte mit den notwendigen Fähigkeiten ausstatten, Kinder (und deren Eltern) mit verschiedenen kulturellen Hintergründen und Sprachen angemessen und professionell durch den Transitionsprozess zu begleiten und zu unterstützen. Es setzt sich deshalb insbesondere mit der Bedeutung der Mehrsprachigkeit in Übergangsprozessen in den einzelnen beteiligten Ländern – neben Deutschland Schweden, Niederlande, Rumänien und Lettland – in einer vergleichenden Weise auseinander. Dies erscheint bedeutsam, da bislang international vergleichende und kooperierende Projekte zur Förderung von Transitionskompetenz und interkultureller Kompetenz im Bildungsbereich eine Ausnahme darstellen. Im europäischen Vergleich können damit Ansätze und Modelle im Umgang mit Mehrsprachigkeit und interkultureller Erziehung in Übergangsprozessen verglichen und unter Berücksichtigung der eigenen Voraussetzungen vor Ort möglicherweise adaptiert werden. Das 2009 begonnene Projekt wird 2012 mit der Erstellung und Publikation eines in den nationalen Kooperationseinrichtungen und -schulen erprobten Fortbildungscurriculums enden.

Zur Hypothesengenerierung wurden in jedem der beteiligten Länder in nationalen Pilotstudien Eltern, Kinder sowie päd. Fach- und Lehrkräfte befragt, um u.a. Daten über die professionsbezogene Sicht auf Mehrsprachigkeit und deren Bedeutung für den Übergang vom Elementar- zum Primarbereich zu generieren. Hierfür wurden in ausgewählten Kindergärten in einer Stadt im Umkreis von Stuttgart (Baden-Württemberg), die einen Migrantenanteil von ca. 40% aufweist, im Juli 2010 Interviews mit mehrsprachigen Kindern, die unmittelbar vor der Einschulung standen, sowie mit deren Eltern durchgeführt. Die teilstandardisierten Eltern-Interviews wurden hierbei von mehrsprachigen Interviewerinnen (Deutsch/Türkisch bzw. Deutsch/Russisch) durchgeführt. Parallel dazu wurden in dieser ersten Erhebungsphase die Erzieherinnen der mehrsprachigen Vorschulkinder, deren Übergangsprozess zur Grundschule weiter verfolgt werden soll, zu ihrer alltäglichen Handlungspraxis und ihrem Erfahrungswissen schriftlich befragt. Die Befragungen, die keinen Anspruch auf Repräsentativität für das jeweilige Land erheben, werden zudem als Fallbeispiele für die Module dienen. Die spezifische Situation von Kindern aus Familien mit Zuwanderungsgeschichte und von Minoritäten in den jeweiligen Bildungssystemen wurde des Weiteren in National-Berichten dargestellt, die einen europäischen Vergleich und Austausch erlauben.

Inzwischen wurden für den ersten internationalen Pilotkurs Module für den Fortbildungskurs entwickelt. Das internationale Expertenteam wird das Curriculum unter Einbezug von kooperierenden Schulen und Kindertageseinrichtungen in nationalen und internationalen Pilotkursen erproben, in denen die für eine zweitägige Fortbildung konzipierten sieben Module kritisch diskutiert und weiterentwickelt werden. Das Curriculum besteht aus folgenden Modulen:

Modul 1: Diversität

Modul 2: Transition

Modul 3: Mehrsprachigkeit und Kommunikations-Strategien

Modul 4: Umgang mit Vielsprachigkeit in Kindertageseinrichtungen und Schulen

Modul 5: Die Rolle der Bildungseinrichtungen

Modul 6: Pädagogische Professionalität im Umgang mit vielsprachigen Kindern

Modul 7: Partizipation von Eltern - Bildungspartnerschaft mit kulturell und sprachlich heterogenen Elternhäusern.

Die Projektergebnisse werden in Publikationen, Transfer-Workshops, Konferenzen und in einem Webauftritt (www.tram-project.eu) veröffentlicht.

Literatur

Autorengruppe Bildungsberichterstattung im Auftrag der Ständigen Konferenz der Kultusminister der Länder in der Bundesrepublik Deutschland und des Bundesministeriums für Bildung und Forschung (Hg.) (2010): Bildung in Deutschland 2010. Gütersloh: Bertelsmann.

Baumert, J./Stanat, P./Watermann, R. (Hg.) (2006): Herkunftsbedingte Disparitäten im Bildungswesen: Differentielle Bildungsprozesse und Probleme der Verteilungsgerechtigkeit. Vertiefende Analysen nach PISA 2000. Wiesbaden: VS-Verlag.

Council of Europe (2007). From Linguistic Diversity to Plurilingual Education: Guide for the Development of Language Education Policies in Europe. Main Version. Strasbourg. www.coe.int/lang [21.07.2011].

Fabian, H. /Dunlop, A. (Hg.) (2002): Transitions in the early years. Debating continuity for children in early education. London: Routledge Falmer.

Gogolin, I. (2003): Fähigkeitsstufen der Interkulturellen Bildung. (Institut für International und Interkulturell Vergleichende Erziehungswissenschaft der Universität Hamburg) Mimeo.

Gomolla, M./Radtke, F.-O. (2003): Institutionelle Diskriminierung. Die Herstellung ethnischer Differenz in der Schule. Wiesbaden: VS-Verlag.

Griebel, W./Niesel, R. (2004): Transitionen. Fähigkeit von Kindern in Tageseinrichtungen fördern, Veränderungen erfolgreich zu bewältigen. Weinheim: Beltz.

Diagnose- und Förderkompetenzen im Schriftspracherwerb als wichtige Voraussetzung zur Erleichterung des Übergangs vom Kindergarten in die Schule

Ingrid Ober

1 Diagnose- und Förderkompetenzen im Schriftspracherwerb

Um an der Schwelle von der Kindertageseinrichtung in die erste Klasse möglichst allen Kindern einen erfolgreichen Schulstart zu ermöglichen, ist es besonders wichtig, die Entwicklung der einzelnen Kinder professionell zu erfassen und darauf eine individuelle Förderung aufzubauen. Untersuchungen zeigen, dass sich Schulanfänger ganz erheblich unterscheiden in dem, was sie über Schrift wissen und wie sie mit ihr umgehen können (vgl. Martschinke/Kammermeyer 2003). Ein erfolgreicher Schriftspracherwerb bildet die Basis für den weiteren Schulerfolg in einer großen Zahl von Domänen.

Förderdiagnostische Kompetenz im schriftsprachlichen Anfangsunterricht umfasst Wissen und Fertigkeiten in zahlreichen Teilbereichen (Mörtl-Hafizovic 2004; Kretschmann 2007; Inckemann 2008):

- fachwissenschaftliche Grundlagen zu Vorläuferfähigkeiten, linguistischen Merkmalen und Entwicklungsmodellen des Schriftspracherwerbs
- zum Einsatz von Diagnoseinstrumenten und deren Auswertung,
- für einen konstruktiven Umgang mit Fehlern als „diagnostische Fenster",
- zur Gestaltung vielfältiger Lernarrangements ,
- um einen Förderplan mit optimaler Passung zu erstellen,,

Der Einsatz von Diagnoseinstrumenten und der konstruktive Umgang mit Schreibfehlern stehen im Mittelpunkt dieses Beitrags.

2 Fragestellung

Im Rahmen meiner Längsschnittuntersuchung wurde der Umgang von Erstklasslehrerinnen mit Diagnoseverfahren im Schriftspracherwerb und die Ergebnisse des Rechtschreibtests Neun-Wörter-Diktat (Brinkmann/Brügelmann 2005) in einzelnen Klassen im Laufe des ersten Schuljahres untersucht. Von Interesse war dabei, inwiefern sich die Testergebnisse der Klassen zwischen den drei Experimentalgruppen mit unterschiedlichem Fortbildungssetting für die Lehrerinnen unterscheiden. Weiterhin wurde untersucht, ob ein Zusammenhang besteht zwischen den Schülerleistungen und der Diagnose- und Förderkompetenz (hoch versus niedrig) der Lehrerinnen.

3 Design

Innerhalb der quasi-experimentellen Interventionsstudie (Pretest, Posttest, Follow-Up-Test) zum situierten Lernen in der Lehrerfortbildung (vgl. Rank/Hartinger/Fölling-Albers 2010) wurden an drei Messzeitpunkten Daten erhoben. Die Untersuchungsgruppe teilte sich auf in drei Experimentalgruppen, in denen nach unterschiedlichen theoretischen Fortbildungskonzepten (EG 1: vollsituiert, EG 2: konstruiert-situiert, EG 3: textbasiert, vgl. Artikel von Astrid Rank in diesem Band) die gleichen Inhalte zu neueren Ansätzen des Schriftspacherwerbs und förderdiagnostischen Kompetenzen vermittelt wurden, und einer Kontrollgruppe ohne Intervention. Aus den vier Gruppen (n=70) wurden mit 11 Lehrerinnen leitfadengestützte Interviews geführt, ein Fragebogen und das Neun-Wörter-Diktat erhoben. Im Zentrum der Interviews standen die Testergebnisse einzelner Kinder ihrer Klassen, um festzustellen, wie die Lehrerinnen die Ergebnisse interpretieren und welche Fördermaßnahmen sie für das jeweilige Kind vorsehen würden. Das Neun-Wörter-Diktat umfasst neun, den Kinder von ihrem Schriftbild her unbekannte Wörter mit unterschiedlichem Schwierigkeitsgrad. Da es sich um eine Überforderungsaufgabe handelt, kann sie als Indikator für die grundlegende Einsicht in den Aufbau der Schrift und ihren Bezug zur gesprochenen Sprache angesehen werden.

4 Ergebnisse

Von den 11 Lehrerinnen gaben im Pretest nur zwei an, dass sie in ihren Klassen Diagnoseverfahren einsetzen. Die anderen hielten den Einsatz nicht für nötig, da ihre Klassen sehr homogen seien oder der Zeitaufwand als zu hoch angesehen wurde. Vier Lehrerinnen trauten sich anhand ihrer Berufserfahrung zu, ihre Schüler auch ohne Diagnose richtig einzuschätzen und zu fördern. Im Follow-Up gaben fünf der Lehrerinnen aus den situierten Fortbildungsgruppen (EG1 und EG2) an, sie hätten eines der in der Fortbildung vorgestellten Testverfahren durchgeführt. Die wortweise Auswertung der Neun-Wörter-Diktate (zum 3. Messzeitpunkt erweitert um einen Satz) in den 11 Klassen erfolgte nach den Stufen des Modells der Rechtschreibentwicklung von Brügelmann (Richter 1998, 110): Jedes Wort bekam eine Höchstpunktzahl von 5 Punkten, wenn es orthographisch richtig verschriftet wurde.

Auswertung des Neun-Wörter-Diktates (n=211)						
	1. MZP		2. MZP		3. MZP	
	MW	SD	MW	SD	MW	SD
EG 1	3,00	0,94	4,27	0,41	4,42	0,21
EG 2	2,24	1,17	3,66	0,72	4,15	0,48
EG 3	3,12	0,71	4,23	0,30	4,35	0,21
KG	3,18	0,94	4,24	0,42	4,49	0,22

In allen Klassen kam es innerhalb der drei Messzeitpunkte zu einem Lernzuwachs. Signifikant unterschieden sich die Klassen der EG 2 von den anderen im Vorwissen. Die Klassen der konstruiert-situierten Fortbildungsgruppe lagen im Mittelwert eine Rechtschreibstufe unter den anderen Klassen. Durch eine erhebliche Steigerung der Schreibleistung in diesen Klassen beherrschen die Schüler am Schuljahresende die phonetische Strategie und verwenden erste orthographische Muster.

5 Diskussion

Da die Unterschiede der Rechtschreibleistungen zum dritten Messzeitpunkt zwischen den drei Experimentalgruppen nicht signifikant waren, wurde die Lernentwicklung in den einzelnen Klassen genauer betrachtet. Der deutlich höhere Lernzuwachs in den Klassen der Lehrerinnen, die an der konstruiert-situierten Fortbildung (EG 2) teilgenommen haben, könnte ein Hinweis dafür sein, dass diese Lehrerinnen von den generalisierten authentischen Fallbeispielen mehr für ihre tägliche Unterrichtspraxis mitgenommen haben. Durch die gesteigerte Sensibilität für das einzelne Kind konnten die Kinder mit geringerem Vorwissen so gut gefördert werden, dass sie zu Schuljahresende in den Rechtschreibtests gleiche Leistungen erzielen wie die anderen Kinder mit besseren Startbedingungen. Dies wird gestützt durch die Ergebnisse der Fragebogenerhebung, in der die EG 2 im Posttest die Fragen zur förderdiagnostischen Kompetenz signifikant am besten löste (vgl. Rank/Hartinger/Fölling-Albers 2010). Hinzu kommt, dass zwei der Lehrerinnen der EG 2 bereits im Pretest mit einer hohen DFK eingestiegen sind. Dies deckt sich mit dem Ergebnis der Gesamtstichprobe, dem zufolge Lehrerinnen, die mit hohem Vorwissen eingestiegen sind, mehr anwendungsbezogenes Wissen aus den situierten Fortbildungen mitnahmen. In Form von Einzelfallanalysen der Lehrkräfte sollen im weiteren Verlauf des Forschungsprojektes, unter Einbezug aller erfassten Daten, weitere Faktoren herausgearbeitet werden, die es den Lehrerinnen ermöglichen, von den Fortbildungen zu profitieren und damit eine hohe förderdiagnostische Kompetenz zu erreichen.

Literatur

Brinkmann, E./Brügelmann, H. (2005): Pädagogische Leistungskultur – Materialien für Klasse 1 und 2: Deutsch. Teilband 3 der Beiträge zur Reform der Grundschule 119. Frankfurt: Grundschulverband.

Inckemann, E. (2008): Förderdiagnostische Kompetenzen von Grundschullehrerinnen im schriftsprachlichen Anfangsunterricht. In: Zeitschrift für Grundschulforschung, 1, 99-115.

Kretschmann, R. (2007). Diagnostik in pädagogischen Handlungsfeldern. In: Hofmann, B./Valtin, R. (Hrsg.) (2007): Förderdiagnostik beim Schriftspracherwerb. Berlin: dgls.

Martschinke, S./Kammermeyer, G. (2003): Jedes Kind ist anders. Jede Klasse ist anders. Ergebnisse aus dem KILIA-Projekt zur Heterogenität im Anfangsunterricht. In: Zeitschrift für Erziehungswissenschaft, Jg. 6, H. 2, 257-275.

Mörtl-Hafizovic, D. (2004): Diagnostische Kompetenzen im Lehrberuf. In: Grundschule, H. 6, 17-19.

Rank, A./Hartinger, A./Fölling-Albers, M. (2010): Der Lernzuwachs von Grundschullehrer(inne)n in situierten Lehrerfortbildungen. In: Arnold, K.-H./Hauenschild, K./Schmidt, B./Ziegenmeyer, B. (Hrsg.): Zwischen Fachdidaktik und Stufendidaktik. Perspektiven für die Grundschulpädagogik. Jahrbuch Grundschulforschung. Band 14. Wiesbaden: VS Verlag, 229-232.

Richter, S. (1998). Interessenbezogenes Rechtschreiblernen. Braunschweig: Westermann.

Lehrerfortbildung zur Förderdiagnostik im Schriftspracherwerb - eine Maßnahme zu einer „Bildung ohne Brüche"?

Astrid Rank

1 Förderdiagnostik im Schriftspracherwerb

Auch im Schriftspracherwerb wird gerne vom Ideal einer bruchlosen Entwicklung ausgegangen. Stufenmodelle stellen dar, wie sich eine Stufe aus der vorhergehenden entwickelt und so Rechtschreibung und Lesen erworben werden. Allerdings ist gegen das Ideal einer "Bildung ohne Brüche" in diesem Bereich zweierlei einzuwenden: Zum einen geht mit dem Übergang von einer Stufe zur nächsten in der Regel ein Bruch einher, etwa wenn dem Kind die Grenzen der alphabetischen Strategie bewusst werden und eine neue Strategie, die orthografische, entdeckt wird. Hier findet ein Konzeptwechsel statt. Zum anderen gibt es eine ganze Anzahl von Kindern, die an diesen Nahtstellen nicht vorankommen, deren Schriftspracherwerb schlimmstenfalls schon in frühen Stufen ab*bricht*.

Für Lehrkräfte gibt es daher die wichtige Aufgabe der Förderdiagnostik, nicht um „Bildung ohne Brüche" zu ermöglichen, sondern um mögliche Brüche frühzeitig zu erkennen und bei ihrer Bewältigung zu helfen. Inckemann (2008, 160) verweist darauf, dass Kinder, die zu Beginn der 2. Jahrgangsstufe schwerwiegende Probleme im Lesen und Schreiben haben, diese ohne gezielte Förderung kaum mehr überwinden. Es ist also eine wichtige Aufgabe von Lehrkräften, den Erwerb der Schriftsprache im ersten Schuljahr zu unterstützen, gerade bei Kindern, die Schwierigkeiten haben. Dies betont auch der KMK-Beschluss „Grundsätze zur Förderung von Schülerinnen und Schülern mit besonderen Schwierigkeiten im Lesen und Rechtschreiben oder im Rechnen". Wie Lehrkräfte durch eine Fortbildungsveranstaltung dabei unterstützt werden können, soll durch das dargestellte Projekt gezeigt werden.

2 DFG-Projekt „Situiertes Lernen in der Lehrerfortbildung"

Im Folgenden werden Daten aus dem DFG-Projekt „Situiertes Lernen in der Lehrerfortbildung" (ausführlicher zum Projekt Rank, Hartinger&Fölling-Albers

2010) auf die Fragestellungen hin untersucht, wie LehrerInnen mit der Aufgabe der Förderdiagnostik umgehen und was durch Fortbildungen erreicht werden kann. In der Untersuchung lag der Fokus auf der Variierung des Ausmaßes der Authentizität in situierten Lehrerfortbildungen zum Schriftspracherwerb. In drei Untersuchungsgruppen, die inhaltsgleich, aber methodisch unterschiedlich, fortgebildet wurden, wurde das Ausmaß der Authentizität in der Lernsituation jeweils variiert. Eine Gruppe (EG1) arbeitete an authentischen Lernsituationen aus dem eigenen Unterricht, eine Gruppe (EG2) an konstruierten „Fällen" aus der Fachliteratur, die Kontrollgruppe (KG) erhielt eine „traditionelle" Fortbildung auf der Basis von Vorträgen und Anwendungsbeispielen. Insgesamt waren es sechs Veranstaltungen zu den Grundlagen des Schriftspracherwerbs, von denen fünf Interventionscharakter hatten. Die Fortbildungsveranstaltungen fanden im Abstand von jeweils einem Monat verteilt über das erste Schulhalbjahr statt und wurden an vier Messzeitpunkten durch Erhebungen begleitet. Unterrichtsanalysen wurden mit 10 Personen an drei Messzeitpunkten (Pretest, Posttest, Followup) durchgeführt. Quantitative Daten wurden mit Fragebogenerhebungen an vier Messzeitpunkten (Pretest, Posttest, fortbildungsbegleitend und Follow-up) abgefragt (n=67). Überprüft wurden das fachdidaktische sowie das anwendungsbezogene Wissen, Motivation, praxisbezogene Elaborationen sowie die Anwendung der Fortbildung. Zudem wurden leitfadengestützte Interviews in Posttest und Follow-up sowie Schülerleistungen im Lesen und Schreiben im Follow-up erhoben.

In der Ausgangssituation im Oktober 2008 konnte festgestellt werden, dass von den zehn Lehrkräften fünf keine erkennbare Förderdiagnostik zeigten. Die anderen fünf Lehrkräfte differenzierten wohl, aber ohne vorausgehende Bestimmung der Lernstände, also eher nach Augenschein.

Die Fortbildung erwies sich grundsätzlich als wirksam. V.a. die Lehrerinnen der EG2 steigerten sich bei den anwendungsbezogenen Fragen erheblich, sie unterscheiden sich signifikant von den Lehrkräften der anderen Gruppen. Doch das Ziel der Fortbildung war in erster Linie die Arbeit im Klassenzimmer zu verbessern. Bei der Unterrichtsanalyse ist zu erkennen, dass bei den meisten Lehrkräften (8 von 10) eine Entwicklung stattfand. Eine unterrichtsbestimmende Förderdiagnostik fand sich jedoch nur bei den Lehrkräften der situierten Fortbildungsgruppen.

Exemplarisch sollen zwei kontrastierende Lehrkräfte dargestellt werden, Frau Adam (EG1) und Frau Golden (EG2)[1]. Bei Frau Adam wirkte sich die Fortbildung nicht auf ihre Praxis aus, obwohl sie, wie die Tests zeigten, im fachdidaktischen Wissen und Anwendungsbezug dazu gelernt hatte. Auch nach der

---

[1] Die Namen wurden geändert.

Fortbildung verwendet sie bei den Unterrichtsbesuchen sprachdidaktisch fragwürdige und die Kinder verwirrende Methoden (z.B. lässt sie die Kinder das „y" aus Wörtern „heraushören"). Sie differenziert kaum und ungeschickt. So lässt sie beispielsweise die schwächere Differenzierungsgruppe um das mit Papieren vollbeladene Pult stehen und ihr, die am Pult sitzt Wörter mit mehrgliedrigen Graphemen aufbauend vorlesen. Frau Adam orientiert sich in ihren Aussagen am Durchschnitt der Klasse, nicht an einzelnen Kindern. Ihre große Klasse mit 29 Kindern erlebt sie als unruhig und fordernd. Ihr ist es wichtig, den Unterricht stark zu lenken. Im Kontext der Fortbildung erlebt sie eine ambivalente Situation: Sie weiß durch die Fortbildung, dass Individualisierung und Differenzierung wichtig sind. Die von ihr angebotenen Differenzierungsmaßnahmen führen aber zu Unruhe und wenig Erfolgserlebnissen. Auch nach der Fortbildung sieht sie Probleme bei der Umsetzung einer Differenzierung. Unter anderem merkt sie an:

A: Jetzt wenn ich einen Lesetest schreibe, dann kann ich ja auch nicht differenzieren. (...) Das ist das Problem, ich muss ja gleiche Bedingungen für alle schaffen.
(Frau Adam, EG1, 150-152, MZP4)

Frau Adam bezieht sich auf die soziale Bezugsnorm und erkennt nicht, dass die Schüler aufgrund verschiedener Lernvoraussetzungen keine gleichen Bedingungen haben, dass diese erst durch gezielte Förderung schwächerer Schüler geschaffen würden. Die Förderung schwächerer Kinder überlässt sie in der Regel der Förderlehrerin, die dann „irgendwas" macht. Zusammenfassend kann man über Frau Adam sagen, dass ihr die wenig am einzelnen Kind orientierte Haltung erschwert differenzierende Arbeitsweisen umzusetzen. Die Fortbildung in der EG1 mit dem Arbeiten am eigenen Unterrichtsmaterial macht es ihr zudem schwer zu abstrahieren. Sie wird in der Fortbildung mit ihren Defiziten konfrontiert und dadurch verunsichert. Sie lehnt die Fortbildung ab und kann ihr Wissen nicht anwenden. Sie hat „träges Wissen" aufgebaut.

Als Gegensatz dazu ist Frau Golden zu sehen. Die Lehrerin arbeitet offen und sprachdidaktisch sinnvoll. Als Motivation zur Fortbildungsteilnahme nennt sie die konkrete Suche nach „irgendwelchen Lösungsmöglichkeiten oder Diagnosebögen oder Sachen, die einem einfach helfen mit den Kindern, die Schwierigkeiten haben" (Frau Golden, EG2, 11, MZP3). Bei ihr kommt neben der förderorientierten Sichtweise hinzu, dass sie eine kleine Klasse mit 17 Schülern hat und an ihrer Schule gut vernetzt ist. Sie lernt beim Anwendungsbezug dazu und kann ihr Wissen auch anwenden, da sie es konkret im Bereich der Förderdiagnostik verknüpft.

Einfach, dass ich mir jetzt denke, dass ich nicht so diffus irgendwo denke: 'Der hat Probleme irgendwo.' Sondern ich kann gezielt dahin schauen und gezielter mir die Fördermaßnahmen heraussuchen. Und ich habe auch das Gefühl, dass das schon gefruchtet hat, dass die Kinder schon Fortschritte gemacht haben dadurch. (Frau G HA06IT, 119-120, EG2, MZP3)

Wie sich in den Interviews zeigt, trägt bei Frau Golden die kindorientierte und zielbezogene Haltung dazu bei, dass sie die Fortbildung nutzen kann. Ihr Interesse war, im Bereich der Förderdiagnostik mehr zu erfahren; sie konnte in der EG2 durch das Arbeiten an konstruierten „Fällen" übertragbares Wissen aufbauen, von dem sie vieles umsetzt.

3   Zusammenfassung und Diskussion

Es kann festgehalten werden, dass Lehrkräfte in der Regel nicht hinreichend vorbereitet sind, förderdiagnostisch tätig zu werden, um größere Lernschwierigkeiten im Schriftspracherwerb einzelner Kinder zu vermeiden. Situierte Lehrerfortbildungen scheinen hier erfolgreiche Konzepte zu sein. Neben der Situierung erweisen sich für die Anwendung des in der Fortbildung Erlernten andere Variablen als hilfreich, etwa eine förderorientierte Sichtweise der Lehrkraft, eine kleine Klasse und das Arbeiten im Team. Für manche Lehrkräfte, etwa Frau Adam, könnte sich auch ein persönliches Coaching, als günstig erweisen.

Literatur

Inckemann, E. (2008): Förderdiagnostische Kompetenzen von Grundschullehrerinnen im schriftsprachlichen Anfangsunterricht. In: Zeitschrift für Grundschulforschung. Jg. 1, H. 2, 99-115.

KMK-Beschluss "Grundsätze zur Förderung von Schülerinnen und Schülern mit besonderen Schwierigkeiten im Lesen und Rechtschreiben oder im Rechnen vom 04.12.2003 in der Fassung vom 15.11.2007. URL: http://www.kmk.org/fileadmin/veroeffentlichungen_beschluesse/2003/2003_12_04-Lese-Rechtschreibschwaeche.pdf (letzter Zugriff: 14.07.2010).

Rank, A./Hartinger, A./Fölling-Albers, M. (2010): Der Lernzuwachs von Grundschullehrerinnen in situierten Lehrerfortbildungen. In: Arnold, K.-H./Graumann, O./Hauenschild, K. (Hrsg.): Zwischen Fachdidaktik und Stufendidaktik: Perspektiven für die Grundschulpädagogik. Wiesbaden: VS Verlag für Sozialwissenschaften, 229-232.

Domänenspezifische Professionalität von Lehrpersonen im Rahmen der Schuleingangsphase am Beispiel des Faches Kunst

Silke Willmann

1 Theoretischer Hintergrund und Fragestellung

Vor dem Hintergrund der aktuellen Bildungsdiskussion lässt sich ein Interesse an der Professionalität von Lehrpersonen und den fachspezifischen Bezügen zur Unterrichtsqualität spätestens seit den großen Projekten wie TIMSS, IGLU und PISA erkennen. Bis auf das Forschungsprojekt PERLE fehlen empirische Untersuchungen im Fach Kunst des Primarbereichs.

Professionalität wird, in Anlehnung an Weinert (2001), als professionelle Kompetenz von Lehrkräften gekennzeichnet, die in eine Fachkompetenz, didaktische Kompetenz, Klassenführungskompetenz und diagnostische Kompetenz ausdifferenziert werden kann. Die domänenspezifische Professionalität lässt sich durch spezifische Merkmale eines Lehrgebietes beschreiben. Der Begriff der Domäne wird häufig als Synonym für ein Fach verwendet. Neben dem Fach bzw. dem Unterrichtsfach werden von Seifried und Ziegler (2009) noch drei weitere Kriterien für die Modellierung von domänenspezifischer Professionalität genannt, nämlich der Adressat bzw. der Bildungsgang, der institutionelle Rahmen und das Ziel- und Bezugssystem.

Die domänenspezifische Professionalität insbesondere von Grundschullehrkräften trifft spätestens nach der zweiten Ausbildungsphase auf fächerübergreifendes und fächerverbindendes Lernen sowie auf einen breiten zu unterrichtenden Fächerkanon im Schulalltag. Das fachfremde Unterrichten wird dabei weder an den Grundschulen selbst noch in den Daten der Schulstatistik erfasst oder zur Diskussion gestellt.

Dies wirft die Frage auf, welche Haltungen und welches Können Grundschullehrkräfte den fachfremd zu unterrichtenden Fächern entgegenbringen und welche Hilfestellungen sie für das domänenspezifische Wissen im Schul- und Unterrichtsalltag nutzen. Um darauf antworten zu können, werden Forschungsbefunde – hier am Beispiel des Faches Kunst – benötigt, die Informationen über verschiedene Muster von Handlungsorientierungen, Einstellungen und Entscheidungen zur Domäne Kunst transparent machen. Mit dem Forschungsprojekt

PERLE wird unter anderem die Kreativität von Kindern im Kunstunterricht durch beobachtbare unterrichtsrelevante Merkmale eruiert und verglichen (vgl. Greb/Faust/Lipowsky 2007; Berner/Faust/Lipowsky 2010). Im Gegensatz dazu gilt es mit dieser Studie die Bewältigungsstrategien und das Wissen von fachfremd und nicht fachfremd unterrichtenden Grundschullehrkräften im Kontext institutioneller Rahmenbedingungen aufzuzeigen. Erste Ergebnisse zur Wissensbasis von Lehrpersonen mit dem Schwerpunkt Kunst konnten bereits mit einer qualitativen Studie herausgearbeitet werden.

2 Beschreibung der Stichprobe

Mit einer schriftlichen Befragung von Grundschullehrerinnen und Grundschullehrern, die eine erste Klasse leiten, sowie deren Schulleitungen konnten Informationen zur Domäne Kunst gewonnen werden. Dabei wurden über das spezielle Fach hinaus Informationen zum schulpädagogischen Programm sowie zur Übergangs- und Schuleingangsphase als ein zentrales schulformspezifisches Aufgabenfeld eingebunden.

Unter Berücksichtigung einer Proportionalverteilung wurden 644 Grundschulen aus allen fünf Bezirksregierungen in NRW ausgewählt. Der Rücklauf lag bei 310 Grundschulen und entspricht 48%. Insgesamt wurden 307 Fragebögen von den Schulleitungen und 514 Fragebögen von Lehrerinnen und Lehrern ausgefüllt. 81,3% dieser Lehrerinnen und Lehrer (n=418) unterrichteten Kunst in ihrer eigenen Klasse. 70 von den befragten Lehrkräften (n=514) gaben an, das Studium unter anderem mit einem ersten Staatsexamen im Fach Kunst abgeschlossen zu haben. Aus den statistischen Schuldaten für das Schuljahr 2009/10 für NRW lassen sich insgesamt 6.680 Lehrbefähigungen in den künstlerischen Fächern Kunst und Textilgestaltung aufzeigen. Werden die Lehrbefähigungen weiter ausdifferenziert, so fallen lediglich 393 Lehrbefähigungen auf Kunst/Gestalten. Ein repräsentativer Schluss auf die Häufigkeitsverteilung in der Grundgesamtheit von Grundschulen in NRW sowie von Lehrpersonen mit und ohne Fachstudium in Kunst wurde angestrebt und auch erfüllt.

3 Ausgewählte Ergebnisse der Studie

Über 92% der befragten Lehrkräfte unterrichteten Deutsch und Sachunterricht in ihrer eigenen Klasse. Über 81% der Lehrpersonen unterrichteten die Fächer Mathematik und Kunst in ihrer Klasse. Mit deutlichem Abstand (unter 65%) wurden die Fächer Musik, Sport, Religion und Englisch von den Klassenlehrerinnen erteilt. Hinsichtlich dieser Zahlen bildete das Fach Kunst, stärker als andere sogenannte „Nebenfächer", zusammen mit den in der Wochentafel am stärksten vertretenen Fächern eine enge kontextuelle Gebundenheit an den Klassenlehrerunterricht. Wird die Aufgabe der Klassenleitung mit der Sicherung für einen geordneten Rahmen für Lernaktivitäten in einen Zusammenhang gebracht (vgl. Helmke 2009, 215), trägt das Fach Kunst eine hohe Mitverantwortung. Zudem waren von den Klassenlehrerinnen 70,6% sehr froh und 22,5% froh, das Fach Kunst in ihrer Klasse zu erteilen.

Mit Blick auf die Unterrichtsvorbereitung und Gewohnheiten der Lehrpersonen wurde die Frage gestellt, wie Klassenlehrerinnen ihren Kunstunterricht überwiegend planen. 31,3% der Befragten antworteten „sehr oft" mit Hilfe von eigenen Unterrichtsplanungen. 15,6% der Befragten nutzten Kunstfachbücher, 11,3% Bastelanleitungen und 11,1% die Internetrecherche „sehr oft" für ihre Unterrichtsvorbereitungen.

Vor dem Hintergrund der Unterrichtsentwicklung beschäftigte sich eine Frage mit der Kooperation im Kollegium und damit, inwieweit diese für den Kunstunterricht genutzt wird. Aus den Ergebnissen lässt sich Folgendes ablesen: Am häufigsten fand zwischen den Lehrpersonen ein Ideenaustausch (27,6%) und die gemeinsame Nutzung von Materialien (19,3%) statt. Eine gemeinsame Unterrichtsplanung wurde noch von 12,6% der Befragten „sehr oft" genutzt. Gegenseitige Hilfestellungen nehmen bzw. geben wurde lediglich von 11,3% und 9,1% der Befragten mit „sehr oft" beantwortet.

Das Ergebnis der gegenseitigen Hilfestellung im Kollegium kann noch bekräftigt werden, da die meisten der befragten Lehrpersonen (43%) angaben, dass sie Lehrpersonen mit Qualifikation in der eigenen Schule am geeignetsten halten, Informationen und Hilfestellungen für das Fach Kunst zu geben. Analysen der Daten wurden nach Lehrpersonen mit und ohne ein Staatsexamen im Fach Kunst sowie nach Berufsjahren unterschieden.

Die über das Fach hinausgehenden berufsfeldspezifischen Faktoren beeinflussen die Entwicklung von Professionalität. Auch im Rahmen der Schuleingangsphase lassen sich das Fachwissen und die Haltungen der Lehrperson in der Domäne Kunst aufzeigen. Auf die Frage, welche Themen und Bereiche sie vor der Einschulung im Austausch mit den Erzieherinnen aus den Kindertagesstätten für sehr wichtig halten, wurden folgende Themen als „sehr wichtig" eingestuft: Austausch über Entwicklungen des Kindes (45,1%), besondere Fördermaßnahmen für das Kind (42,2%) und Feinmotorik (40,7%). Nur sehr wenige Lehrpersonen finden einen Austausch über Mal- und Gestaltungsergebnisse der Kinder (5,1%), durchgeführte Tests im Bereich Gestalten (4,7%) und behandelte Themen (1,8%) sehr wichtig.

Unter Berücksichtigung der vier Kriterien von Seifried und Ziegler (2009) sowie der Unterscheidung zwischen fachfremd und nicht fachfremd unterrichtenden Personen können Aussagen über die domänenspezifische Professionalität von

Lehrkräften an Grundschulen vorgenommen werden, ohne eine eingeengte Sicht auf das Fachwissen befürchten zu müssen.

4 Diskussion und Ausblick

Aus diesen ersten Ergebnissen lassen sich folgende Diskussionspunkte entwickeln:

Die Lehrerinnen und -lehrer, die eine erste Klasse leiten, unterrichten das Fach Kunst fast ausschließlich fachfremd. Eine Auseinandersetzung mit der fachspezifischen Professionalität von Grundschullehrkräften vor dem Hintergrund dieser Ergebnisse fordert zu einer Diskussion zum Kompetenzerwerb von Lehrpersonen nach der zweiten Ausbildungsphase.

Die Lehrpersonen zeigen eine hohe Motivation für das zu unterrichtende Fach Kunst. Dieses Ergebnis und noch ausstehende Ergebnisse können die Diskussion zur Grundhaltung von Lehrpersonen zu einzelnen Fächern und deren Unterrichtsqualität unterstützen.

Informationen zur Nutzung des Fachwissens Kunst von Lehrpersonen in der Schuleingangsphase und den damit in Verbindung stehenden Übergangsprozessen schaffen Grundlagen für eine Diskussion, die sich mit der Positionierung und Funktion der Domäne Kunst im Übergang von der Kita in die Schule auseinander setzen.

Literatur

Berner, N./Faust, G./Lipowsky, F. (2010): Kunstunterricht in der empirischen Bildungsforschung. In: BDK-Mitteilungen, H. 4, 8-10.

Fend, H. (2008): Schule gestalten. Wiesbaden: VS-Verlag.

Greb, K./Faust, G./Lipowsky, F. (2007): Projekt PERLE: Persönlichkeits- und Lernentwicklung von Grundschulkindern. Diskurs Kindheits- und Jugendforschung (2), 100-104.

Helmke, A. (2009): Unterrichtsqualität und Lehrerprofessionalität. 2. aktualisierte Auflage. Seelze-Velber: Friedrich Verlag.

Seifried, J./Ziegler, B. (2009): Domänenspezifische Professionalität. In: Zlatkin-Troitschanskaia u.a. (Hrsg.): Lehrprofessionalität. Bedingungen, Genese, Wirkungen und ihre Messung. Weinheim: Beltz, 83-92.

Weinert, F.E. (2001): Qualifikation und Unterricht zwischen gesellschaftlichen Notwendigkeiten, pädagogischen Visionen und psychologischen Möglichkeiten. In: Melzer, M./Sandfuchs, U. (Hrsg.): Was Schule leistet. Weinheim: Juventa, 65-85.

Forschungsprojekt ALPHA[1] - Kompetenzentwicklung im Berufseinstieg von Lehrer/innen

Veronika Blaschke, Diemut Kucharz, Katja Mackowiak, Matthias Baer, Petra Hecht, Mirjam Kocher, Franz Ludescher & Corinne Wyss

In einem gemeinsamen Forschungsprojekt der Pädagogischen Hochschulen St. Gallen (CH), Zürich (CH), Vorarlberg (A) und Weingarten (D) wird die Entwicklung der professionellen Kompetenz im ersten Jahr der Berufstätigkeit von Grund- und Hauptschullehrer/innen untersucht. Ziel des Projektes ist, auf der Basis von verschiedenen Datenerhebungsinstrumenten Erkenntnisse über die Entwicklung komplexen berufspraktischen Wissens und unterrichtlicher Handlungskompetenz in der kritischen Phase des ersten Berufsjahres bzw. während des Referendariats zu gewinnen.

In Anlehnung an den Professionalisierungsansatz (Bromme 1992, Weinert 1999) soll auf der Basis des Oser'schen Standardmodells (Oser 2001) die Wirksamkeit von Lehrerbildung empirisch untersucht werden. Dabei wird sowohl der Entwicklungsverlauf längsschnittlich während des Berufseinstiegjahres bzw. Referendariats erfasst als auch der Vergleich zwischen vier verschiedenen Ausbildungskonzepten angestellt, denn die Berufseingangsphase wird ganz unterschiedlich gestaltet: In Baden-Württemberg wird nach dem Studium ein 18-monatiger Vorbereitungsdienst durchgeführt. In Österreich sind im Verlauf der ersten beiden Jahre der Berufstätigkeit einzelne Fortbildungsveranstaltungen verpflichtend zu besuchen. Im Kanton Zürich wird nach ein bis zwei Jahren Berufstätigkeit eine Weiterbildung von drei bis vier Wochen Dauer besucht. Im Kanton St.Gallen werden die Studierenden im ersten Berufsjahr in Form einer Berufseinführungsphase von der Ausbildungsstätte begleitet. Im Projekt ALPHA stehen folgende Ziele im Zentrum:

1. Diagnose des Kompetenzzuwachses während des Vorbereitungsdienstes bzw. des ersten Berufsjahres;

---

[1] Die Projektbeteiligten sind Blaschke, V., Kucharz, D., Mackowiak, K., Baer, M., Böheim, G., Guldimann, T., Hecht, P., Kocher, M., Ludescher, F., Wyss, C. & Smit, R.

Das Forschungsprojekt wird von der Internationalen Bodenseehochschule (IBH) (Forschungsprojekt Nr. 860/08) sowie von den beteiligten Hochschulen finanziell unterstützt.

2. Analyse von Unterschieden zwischen den vier Standorten;
3. Ermittlung von Zusammenhängen zwischen Unterrichtskompetenzen und Persönlichkeitsvariablen;
4. Analyse der Zusammenhänge zwischen Unterrichtskompetenzen und Schülerleistungen.

Zur Erfassung der professionellen Kompetenz sowohl aus der Sicht der Probanden selbst als auch aus der Sicht Dritter werden folgende Instrumente eingesetzt:

a. Fragebogen zur Selbsteinschätzung eigener Unterrichtskompetenz (u.a. Oser 1997)
b. Vignetten zur Erfassung der Kompetenz, Unterricht zu planen (Fremdeinschätzung)
c. Unterrichtsvideografie zur Beurteilung der Handlungskompetenzen im Mathematikunterricht (Fremdeinschätzung)
d. Fragebogen 'Selbstwirksamkeit' zur Erfassung von Selbstwirksamkeitsüberzeugungen (Selbsteinschätzung; Schwarzer/Jerusalem 1999)
e. Fragebogen 'Persönlichkeitsvariablen' zur Erfassung von Persönlichkeitsmerkmalen (Selbsteinschätzung; dt. Borkenau/Ostendorf 1993)
f. Fragebogen ,Lernorientierung' zur Erfassung des Lernverständnisses (Selbsteinschätzung; Staub/Stern 2002)
g. Fragebogen zur Unterrichtseinschätzung durch die Schüler/innen (Fremdeinschätzung)
h. Leistungserfassung der Schüler/innen mittels eines standardisierten Tests.

Im vorliegenden Beitrag werden die Vignetten als Erhebungsinstrument zur Erfassung der Planungskompetenz ins Zentrum gerückt sowie erste Ergebnisse dazu vorgestellt und diskutiert.

Vignetten sind kurze Texte, in denen (schulische) Problemsituationen von Lehrpersonen beschrieben werden. zu denen die befragten Lehrpersonen (n=80) Stellung nehmen sollen, indem sie sich in die geschilderte Situation hinein versetzen und für sie eine Lösung schriftlich entwickeln. Die Antworten werden auf ihre Qualität hin anhand von deduktiv und induktiv entwickelten Kriterien analysiert. Das aus dem Vorläuferprojekt „Standarderreichung" vorliegende Auswertungsmanual orientiert sich an den vier Unterrichtsdimensionen Sachkompetenz, Diagnostik, Didaktik und Klassenführung (Helmke/Weinert 1997), unter die jeweils unterschiedliche Kriterien subsumiert werden.

Zum jetzigen Zeitpunkt liegen die Vignetten für insgesamt dreißig Berufseinsteiger/innen aus der Schweiz und Österreich für zwei Messzeitpunkte vor. Für die deutsche Stichprobe werden die Daten für beide Messzeitpunkte erst gegen Ende des Projektes vorliegen. Für eine erste Auswertung wurden für die kodierten Antworten in den Vignetten Punkte vergeben. Eine hohe Punktzahl lässt dabei auf eine besonders elaborierte und differenzierte Planungskompetenz der Berufseinsteiger/innen schließen. Es liegt die Annahme zugrunde, dass sich die Differenziertheit der Planungskompetenz über das Berufseinstiegsjahr hinweg verändert und verbessert, zumindest in einzelnen Dimensionen.

Insgesamt ließ sich über beide Messzeitpunkte feststellen, dass die Versuchspersonen im Verhältnis zur maximal erreichbaren Punktezahl nur geringe Werte aufwiesen: Für den ersten Messzeitpunkt lag die höchste erreichte Punktzahl über alle Dimensionen hinweg bei 24 von maximal erreichbaren 56 Punkten, die niedrigste Punktzahl lag bei 7. Im Durchschnitt erreichten die Versuchspersonen 16 Punkte. Für den zweiten Messzeitpunkt erzielten sie höchstens 26, mindestens 8 und durchschnittlich 16 Punkte. Es zeigte sich für die bisher analysierte Stichprobe keine positive Veränderung im Verlauf des Berufseinstiegs.

Bei differenzierter Betrachtung der einzelnen Dimensionen kann ein ähnlicher Trend festgestellt werden. Beim ersten Messzeitpunkt lag in der Dimension Didaktik die höchste erreichte Punktzahl bei 16 und die niedrigste bei 3 von maximal 36 erreichbaren Punkten. Im Durchschnitt erreichten die Versuchspersonen 11 Punkte. Beim zweiten Messzeitpunkt lagen das Maximum bei 17, das Minimum bei 4 und der Durchschnitt bei 10,5 Punkten.

Vergleichbare Ergebnisse lassen sich für die Dimensionen Diagnostik, Klassenführung und Sachkompetenz feststellen. Da zu den Dimensionen Klassenführung und Sachkompetenz jedoch nur sehr wenig Aussagen getroffen wurden, wurden nur die beiden Dimensionen Didaktik und Diagnostik ausgeführt.

Bei der Betrachtung der Entwicklung der Mittelwerte vom ersten zum zweiten Messzeitpunkt ließen sich nur geringe Veränderungen feststellen, die deskriptiv sogar eine leichte negative Tendenz zeigten, jedoch nicht signifikant waren. Hier müssen die Analysen der Gesamtstichprobe zeigen, ob sich dieser Trend durchsetzt.

Zusammenfassend lässt sich mit diesen ersten Ergebnissen zeigen, dass zum einen hinsichtlich der Differenziertheit der Antworten durchweg ein großer Spielraum zur maximal erreichbaren Punktezahl vorhanden war. Zum anderen zeigten sich keine wirklichen Entwicklungen der Planungskompetenz in diesem ersten Berufsjahr. Dieses Ergebnis entspricht nicht den Erwartungen und bedarf einer Erklärung: Eine fehlende Entwicklung in der Planungskompetenz vom ersten zum zweiten Messzeitpunkt könnte möglicherweise damit zusammen hängen, dass die Berufseinsteiger/innen zu Beginn ihrer Berufstätigkeit so stark in Anspruch genommen werden, dass theoretische Reflexionen, wie sie in den Vignetten erfasst werden, nur schwer zugänglich sind. Möglich wäre ebenfalls, dass mit zunehmender Berufstätigkeit bestimmte Planungsaspekte weniger der

Bewusstseinskontrolle unterliegen und dementsprechend stärker automatisiert ablaufen (vgl. Baer et al. 2008, 269). Fehlende Signifikanzen sind sicher auch auf die bis dato sehr kleine Stichprobe zurückzuführen. Andererseits könnten die Ergebnisse auch auf die mangelnde Validität des Erhebungsinstrumentes hinweisen. So könnten beispielsweise die Vignetten nicht differenziert genug formuliert sein, damit die Versuchspersonen auf besonders vielfältige Weise antworten. Auch der als „maximale Punktzahl" ermittelte Wert ist insofern in Frage zu stellen, als die Kriterien induktiv gewonnen und nicht theoretisch oder durch Expertenurteil ermittelt wurden.

Wie die Ergebnisse bei der Analyse des gesamten Datensatzes und im Vergleich zu den anderen eingesetzten Instrumenten ausfallen, bleibt also abzuwarten.

Literatur

Baer, M./Dörr, G./Guldimann, T./Kocher, M./Larcher, S./Müller, P./Wyss, C. (2008): Wirkt Lehrerbildung? – Kompetenzaufbau und Standarderreichung in der berufswissenschaftlichen Ausbildung an drei Pädagogischen Hochschulen in der Schweiz und in Deutschland. In: Empirische Pädagogik, Jg. 22, H. 3, 259-273.

Borkenau, P./Ostendorf, F. (1993): Neo-Fünf-Faktoren-Inventar (NEO-FFI). Göttingen: Hogrefe.

Bromme, R. (1992): Der Lehrer als Experte: Zur Psychologie des professionellen Wissens. Bern: Verlag Hans Huber.

Helmke, A./Weinert, F.E. (1997): Bedingungsfaktoren schulischer Leistungen. In: F. E. Weinert (Hrsg.). Psychologie des Unterrichts und der Schule. Enzyklopädie der Psychologie, Bd. DI. 3. Göttingen: Hogrefe, 105-118.

Schwarzer, R./Jerusalem, M. (Hrsg.) (1999): Skalen zur Erfassung von Lehrer- und Schülermerkmalen. Berlin: Freie Universität Berlin.

Oser, F. (1997): Standards in der Lehrerbildung. Teil I: Berufliche Kompetenzen, die hohen Qualitätsmerkmalen entsprechen. In: Beiträge zur Lehrerbildung, Jg. 15, H. 1, 26-37.

Oser, F. (2001): Modelle der Wirksamkeit in der Lehrer- und Lehrerinnenausbildung. In: F. Oser/J. Oelkers (Hrsg.) Die Wirksamkeit der Lehrerbildungssysteme. Von der Allrounderbildung zur Ausbildung professioneller Standards. Zürich: Rüegger Verlag, 67-96.

Staub, F.C./Stern, E. (2002): The Nature of Teacher's Pedagogical Content Beliefs Matters for Student's Achievement Gains: Quasi Experimental Evidence from Elementary Mathematics. In: Journal of Educational Psychology, Jg. 94, H. 2, 344-355.

Weinert, F. (1999): Konzepte der Kompetenz. Gutachten zum OECD-Projekt „Definition and Selection of Competencies: Theoretical and Conceptual Foundations (DeSeCo)". Neuchatel, Schweiz: Bundesamt für Statistik.